MEINE KROATISCHE FAMILIE ist wie ein Beefsteak Tatar, dieses Gericht, das auf dem Teller gut aussieht, von dem aber niemand so genau weiß, was es enthält.

Niemand in der Familie zeigt sonderlich großes Interesse an der Frage, was er oder sie ist, jedenfalls nicht, wenn es darauf hinausläuft, dass man sich in irgendeine Weltanschauung oder Massenbewegung einreiht. Identität als Bestimmung oder Bekenntnis ist ihre Sache nicht; im Alltag der Familie machen sich Blut, Boden oder Glaube kaum bemerkbar. Früher war das anders. Für die ältere Generation waren die Partei und die Kirche noch von Bedeutung, für meine Schwiegermutter die katholische Kirche, vor allem aus Tradition, und für ihren Mann die kommunistische Partei, an der er aus Überzeugung, allerdings nur um den Preis wachsender Kritik und Zweifel, festhielt. In der nächsten Generation ist das schon anders: Da verschwinden die traditionellen ideologischen Bindungen aus dem Leben der Familie.

Mit dem, was das neue Kroatien zu bieten hat, kann sich dagegen weder Alt noch Jung identifizieren. Meines Erachtens sind sich alle darüber im Klaren, dass das Leben ganz andere Zutaten enthält als das öffentliche Rezept des heutigen kroatischen Nationalstaats.

Mein Schwiegervater sollte als einer von Titos Partisanen

nach dem Krieg sogar zum Oberst befördert werden. Als kleiner Junge war er daheim in Rijeka (auf Italienisch und Ungarisch Fiume, auf Deutsch Sankt Veit am Flaum oder Pflaum, auf Slowenisch Reka) in der Kirche Ministrant gewesen, hatte sich jedoch kurze Zeit später den Kommunisten angeschlossen, um Jugoslawien von den deutschen und italienischen Besatzern zu befreien. Solche Karrieren ermöglicht nur ein Krieg. Vom Krieg aber hatte er keine Ahnung, wusste nur, dass dieser mit Mut und Ehre zu tun hatte und dass er selbst das eine besaß, das andere wollte. Sein zwei Jahre älterer Bruder war bereits bei den Partisanen und hatte den jüngeren aufgefordert, sich ebenfalls in die Wälder zu schlagen. Mein Schwiegervater hörte auf alles, was sein bewunderter älterer Bruder sagte, und hätte dieser statt des roten Sterns der Kommunisten das schwarze Hemd der Faschisten getragen, dann hätte bestimmt auch er es angezogen.

Hasste er den Feind? Wohl kaum. Deshalb griff er nicht zu den Waffen. Nicht Hass hatte zum Krieg geführt, vielmehr lehrte erst der Krieg ihn, den Feind zu hassen. Und die anderen Partisanen? Patrioten, überzeugte Kommunisten, einige Abenteurer, andere, die weiter nichts gelernt hatten oder konnten und immer schon auf einen Krieg gewartet hatten, Leute, die sich für irgendetwas oder an irgendjemandem rächen wollten, und noch mehr Leute, denen nichts Besseres einfiel. Ein paar Tapfere waren auch darunter, allerdings bei weitem nicht so viele, wie sich heraushalten wollten und nur deshalb einreihten, um sich als einer unter vielen verstecken zu können.

Was mein Schwiegervater als Partisan getrieben hat, ist unklar, von sich aus sprach er mit der Familie selten oder nie darüber. Dieser Krieg hatte ihn mal hierhin, mal dorthin verschlagen und seine Zweifel und Einwände wie leere Patronenhülsen oder überflüssiges Gepäck wegwerfen lassen. Ebenso seinen christlichen Kinderglauben. Manchmal frage ich mich, ob er nicht einer der vielen von uns war, die kein besonderes Talent oder Geschick und auch keine über die Harmlosigkeit hinausgehenden festen Überzeugungen besitzen, die in den Tag hineinleben und damit ziemlich gut zurechtkommen. Die Familie wusste nicht einmal, ob er je einen Feind erschlagen hatte; jedenfalls ließ es sich nicht mit Sicherheit nachweisen. In ihren Augen schmälerte diese Unsicherheit seine Rolle im Krieg und machte sie weniger eindrucksvoll.

Auf Jugendfotos hat er ein helles und offenes, auffallend ziviles Gesicht, dessen Weichheit, ja, fast Verträumtheit von den schwarzen Locken noch unterstrichen wird.

Der Krieg war für ihn die große Schule und das große Abenteuer, sicherlich auch die beste Zeit seines Lebens. Alles, was er je erlebt hatte oder noch erleben sollte, stand im Schatten dieser zwei Jahre in den Bergwäldern des Gorski Kotar.

Der Krieg bestimmte auch seine Identität. Hätte man ihn gefragt, was er sei, so hätte er nicht Kroate gesagt, auch nicht Offizier oder Atheist, sondern jugoslawischer Partisan und Kommunist.

Nach dem Krieg gehörte er zu den Siegern und zur Nomenklatura der Partei. Meine Frau wurde in Rijeka geboren, wuchs infolge der Laufbahn ihres Vaters jedoch in verschiedenen Garnisonsstädten des jugoslawischen Kroatiens auf, in Senj (auf Italienisch Segna, auf Deutsch und Ungarisch Zengg), Zadar (auf Italienisch Zara, Diodora auf Latein) und Split (auf Italienisch Spalato), aber auch im slowenischen Ljubljana (auf Deutsch Laibach, auf Italienisch Lubiana). Wie bei der Eisenbahn oder eben bei der Armee üblich, wurde ihr Vater fortwährend im Land umherkommandiert, damit er andere kommandierte. Am längsten blieb er in seiner Heimatstadt Rijeka, wo er seine Parteikarriere als höchster Verantwortlicher der Hafenverwaltung beendete. Rijeka ist neben dem italienischen Trieste (auf Kroatisch und Slowenisch Trst, auf Deutsch Triest) der größte Hafen an der Ostküste der Adria. Was seine Verantwortung für den Hafen alles umfasste, ist nicht ganz klar; wahrscheinlich war sie mehr militärischer als kommerzieller Natur.

Die Karriere meines Schwiegervaters in Uniform war jedoch verhältnismäßig kurz. Aus dem Binnenland des Partisanenkrieges war er unmittelbar nach Kriegsende an die Küste zurückgekehrt, wo er geboren und aufgewachsen war, und hatte dort die graue Uniform der Partisanen gegen die blaue der Flotte eingetauscht. Seine Qualifikationen? Vermutlich reichte es, dass er im Unterschied zu den Kameraden aus dem Binnenland schwimmen konnte. Jetzt war er aus den Bergen ans Meer zurückgekehrt, hatte im Grunde eine Welt gegen eine andere getauscht, zurück in seine heimische an der Küste.

Schon Venedig hatte seine adriatischen Provinzen einst administrativ in Inseln, Küste und Binnenland eingeteilt, und diese Einteilung galt auch dann noch, als die venezianische Republik zu existieren aufgehört hatte. Die Küste und die Inseln galten immer schon als die reichere und vornehmere Welt, obwohl die Insulaner oft mindestens genauso arm waren wie die Binnenländer.

Die Partisanen von der Küste oder den Inseln hatten sich den Kriegskameraden aus dem Binnenland überlegen gefühlt, eine Überlegenheit, die mit Weintrauben, Olivenöl, Salzwasser, Schiffen und der einen oder anderen mittelalterlichen Kathedrale zusammenhing. Vielleicht auch mit den strengen Wintern im Binnenland, wenn die Kälte alles Leben lähmte und selbst die Sonne fror und sich in Nebel und Schneeregenböen hüllte. Es stimmt zwar, dass zu viel Sonne die Menschen verdummt und selbstgefällig macht, aber an der adriatischen Küste erfrischt der Südwind und lüftet gleichzeitig allen Mief aus.

Während des Krieges hatte mein Schwiegervater den Winter im Gorski Kotar mehr gefürchtet als die italienischen und deutschen Feinde. Außerdem gab es im Binnenland keine richtigen Städte. Richtige Städte gab es nur am Meer. Rijeka und Dubrovnik (auf Latein und Italienisch Ragusa) waren richtige Städte, während Knin (auf Latein Tininium), Šabac (Schabatz auf Deutsch, auf Ungarisch Szabács) oder Podgorica (auf Latein Birziminium, nach dem Krieg Titograd) nur Käffer mit Schafen und Ziegen auf den Straßen waren. Sie hatten keine Bürgersteige und wurden selten gefegt. Im Sommer und im frühen Herbst verwandelte der Regen die Wege und Straßen in breite Gräben voller Matsch und Schlamm. Entlang der Küste dagegen ging man, zumindest in den Städten, auf blankgetretenen Steinen oder Marmor, worauf schon die Römer gegangen waren. Und Besen gab es zuhauf.

Vor allem aber Fisch symbolisierte dieses Gefühl der Überlegenheit. Annähernd lautlos und ohne größere Anstrengung, ja fast lässig senkten die Fischer ihre Netze ins Meer. Das war etwas anderes, als die Erde zu behacken und Steine für Mauern zusammenzuschleppen; hacken und graben, das tat man an der Küste nur im Gemüsegarten. Während im Binnenland die Kartoffeln zuerst ein- und dann mühevoll ausgegraben werden mussten, wurde auf dem Meer ohne Säen geerntet. Der Fisch kam entlang der gesamten Küste rund ums Jahr auf Tische und Teller; binnenlands war er nahezu unbekannt, wie auch Fleisch eine Seltenheit war. Nicht einmal der Schlachtmonat lieferte viel mehr Beilagen zu Kartoffeln und Mangold (auf Kroatisch und Slowenisch *blitva*, auf Italienisch *bietola*) aus dem mageren Ackerstreifen.

Die Küstenbewohner machten sich lustig darüber, was weiter landeinwärts alles nicht verfügbar war und die Leute dort nicht kannten. Die armen Teufel! Hätte man ihnen Sardellen gegeben, hätten sie auch die wie Pflanzen in die Erde gesteckt.

Entlang der Küste führte der Weg aus der Armut übers Meer, oft bis nach Amerika. Oder aber ins Kloster oder in die Kirche. Die Männer konnten Mönche oder Priester werden. Im Binnenland wurden die Männer bestenfalls Gendarmen oder Polizisten, immerhin hob eine Uniform einen von der Umgebung ab. Aus den meisten wurde freilich selten etwas und aus den Frauen überhaupt nichts.

Der Partisanenkrieg war vielleicht das einzig Verbindende zwischen Binnenland, Küste und Inselwelt. Allerdings war es vor allem das Binnenland, das sich seiner rühmen konnte. Er war förmlich der Topographie des balkanischen Binnenlands entsprungen, den geographischen Voraussetzungen, die sowohl seinen Ort als auch seinen Charakter bestimmten; es waren die Berge, Schluchten und Wälder, die die Partisanen und nicht zuletzt ihre Kriegsführung hervorgebracht hatten. Die physische Beschaffenheit der Landschaft bot keine klassischen Schlachtfelder: Was sich auf den weiten Ebenen der Ukraine und Weißrusslands zu Schlachten mit Unmengen an Soldaten, Artillerie und Panzern entwickelte, Schlachten, die ohne Unterbrechung mehrere Tage dauern konnten, wurde vom balkanischen Terrain zu Scharmützeln, Sabotage und plötzlichen Überfällen verdichtet oder zerhackt. Der Partisanenkrieg hatte Ähnlichkeit mit den mageren und steinigen Ackerstreifen des Binnenlands; seine Dürftigkeit verwies den balkanischen Kriegsschauplatz auf eine Nebenbühne des Weltkrieges. Den Rest besorgte das Ausbleiben feindlicher Flugzeuge. Die Partisanen waren in den Bergen gut geschützt, fast unerreichbar.

In größeren Formationen als einer Handvoll Männer oder vielleicht der einer Kompanie entsprechenden Einheit war mein Schwiegervater selten an Kämpfen beteiligt gewesen.

Sein Partisanenkrieg hatte sich überschaubar und sehr handfest gestaltet, und öfter als auf die ausländischen Besatzer traf er auf ihre Mittelsleute. Nicht selten kannte er diejenigen persönlich, denen er ans Leben wollte und umgekehrt sie ihm: ein Nachbar, jemand aus dem von Italienern, kroatischen *ustaše* oder Deutschen kontrollierten Dorf unten im Tal. Am liebsten hätte er gegen den italienischen Erbfeind gekämpft, da Nähe nicht immer nachbarschaftliche Eintracht fördert, eher Unversöhnlichkeit und Blutvergießen.

Ich stelle mir vor, dass sein Krieg etwas altmodisch Kleinmaßstäblichem geglichen hatte, das entfernt mit den Duellen früherer Jahrhunderte verwandt war, nur nicht deren strikte Regeln und höfische Formen besaß. Dieser sein Krieg auf dem Balkan war jedenfalls nicht mit dem Krieg anderswo in Europa zu vergleichen – was die Rote Armee und die Wehrmacht der Deutschen weiter im Osten trieben, war eine ganz andere Art von Krieg.

Dass der Krieg dort entschieden wurde, kam fast einer Beleidigung gleich.

Josip Broz, Tito genannt, hatte nicht nur an der Spitze des Partisanenkrieges gestanden, sondern ihn auch verkörpert. Anfangs war er nicht viel mehr als ein Name gewesen.

Zuerst hatte er im Ersten Weltkrieg für Habsburg, für Österreich-Ungarn, gekämpft, dann für die Weltrevolution, gegen Nazi-Deutschland, das faschistische Italien, gegen kroatische *ustaše* und serbische Königstreue, mit den Engländern und anderen Alliierten, für Stalin, danach gegen Stalin und seine eigenen Stalinisten, dann gegen den inneren Feind, kroatische, serbische oder albanische Nationalisten, und fast immer hatte er gewonnen, doch kurz nach seinem Tod ging alles verloren, mitsamt dem Staat, der mit dem Namen Tito verknüpft ist.

Niemand, nicht einmal die Partisanen, wusste genau, wer er war, nicht einmal, ob es ihn wirklich gab. Doch es gab ihn: ein mythischer Freiheitsheld mit dem romantischen Glanz, der den klassischen *hajduk* der Folklore umgibt, diese Kreuzung aus Wegelagerer und balkanischem Robin Hood, nun allerdings mit Maschinenpistole und Parteibuch ausgestattet.

Auch Tito hatte sich in die Berge zurückgezogen und sich vor dem Feind in Höhlen verborgen; war wie einst die Haiduken abhängig von der Schneeschmelze im Frühjahr, wenn er mit seinen Partisanen von den Bergen herabsteigen und den Krieg wiederaufnehmen konnte. In seiner nächsten Umgebung wurde er »der Alte« *(Starši)* genannt, was in einer Kultur, in der ein Patriarch oder Geront aus Tradition die größte Autorität besitzt, weit liebevoller als kritisch gemeint war. Dieser Berufsrevolutionär und Komintern-Agent hatte auch etwas zeitlos Altmodisches an sich, das selbst für diejenigen, die über den Kommunismus nicht sonderlich viel wussten und womöglich nicht einmal lesen und schreiben konnten, leicht zu erkennen und mit Sympathie zu bedenken war. Ebendiese kommunistische Ideologie und Disziplin waren im Verbund mit der Maschinenpistole fast der einzige moderne Einschlag am Partisanenkrieg.

Unter dem Pseudonym Tito waren somit Tradition und Moderne vereint. Dieser Mann, der von Anfang an wie eine halb mythische, wohlwollende Vaterfigur wahrgenommen worden ist und nach dem Krieg im Namen der Partei allmächtig über Jugoslawien herrschen sollte, blieb auch dann, als er sich nicht mehr vor seinen Feinden zu verstecken brauchte, eine Art Märchengestalt, ein fehlendes exotisches Glied zwischen dem alten und dem neuen Europa, auf Lebenszeit Präsident seines Landes, in Wirklichkeit ein Diktator, der mit seiner Vorliebe für phantasievolle Uniformen und seinem Appetit auf die guten Seiten des Lebens, am liebsten in dessen luxuriöser und kitschiger Form, einer längst verschwundenen Zeit anzugehören schien.

Vielleicht handelte es sich ja um einen sentimentalen Rückfall in die Wiener Operettenwelt seiner Jugend?

Sein Lebensstil besagt auch etwas über die Atmosphäre oder den Zeitgeist in dem Jugoslawien, das er schuf und das meine kroatische Familie prägte. In seiner Sommerresidenz auf Brijuni (auf Italienisch Brioni) hielt er sich nach dem Krieg einen Privatzoo. Es gehörte zum guten Ton, dass ausländische Staatsgäste ihm neue exotische Tiere schenkten, unter anderen einen Leoparden, einen Elefanten, eine Giraffe und einen sprechenden Papagei. Viele dieser Tiere wurden durch Illustrierte, Radio und Fernsehen zu jugoslawischen Berühmtheiten. Tito posierte gern vor der Kamera mit ihnen: Wenn er sie nicht gerade fütterte, unterhielten sie ihn mit allerhand Faxen. Die Jugoslawen bewunderten die Tiere in ihren Käfigen und Gehegen oder lasen in den Zeitungen über sie. Besonders beliebt war Titos sprechender Papagei Koki, eigentlich ein Kakadu, der mit einem großen Vorrat an groben Flüchen zur allgemeinen Beliebtheit seines Besitzers beitrug. Koki saß allerdings nicht ohne Grund in einem Gitterkäfig, denn wer Tito schmähte oder kritisierte, machte sich nach § 133 des Strafgesetzbuches der Verleumdung (eines sogenannten Verbaldelikts) schuldig und konnte zu mehreren Jahren Gefängnis verurteilt werden.

Leider starben etliche von Titos Tieren, da die Winter auf Brijuni zu streng für sie waren. Die Tiere, die im Freien lebten, wie die Hunde des Marschalls, erwiesen sich als robuster. Im Lauf der Jahre besaß Tito viele Hunde. Während des Krieges hatte ein deutscher Schäferhund namens Luks ihm das Leben gerettet, und alle Schulkinder in Jugoslawien wussten, wie sich die Geschichte zugetragen hatte; diese gewissermaßen staatstragende Tierfabel führte dazu, dass landauf, landab selbst Promenadenmischungen Luks getauft wurden.

Letzten Endes musste jedoch auch Tito sterben und sein Sohn Miša in Zagreb sich seiner beiden weißen Pudel annehmen. Es waren Titos letzte landesweit bekannten Hunde. Sein Sohn wohnte damals im selben Viertel wie meine Stieftochter, und deren beiden Hunde, ein Foxterrier mit Stammbaum und ein Köter, der unter die Straßenbahn gekommen und von meiner Stieftochter auf der Straße aufgelesen worden war, spielten oft mit den beiden weißen Staatspudeln, wenn alle vier Tiere im Park von Nova Ves von der Leine gelassen wurden.

Brijuni war Titos Sommerresidenz. Im Winter zog er das slowenische Bled in Alpennähe vor. Ihm standen im ganzen Land mehrere Jagdschlösser zur Verfügung, die zwar meist unbesucht und eingemottet, aber jederzeit bereit waren, ihn unverzüglich aufzunehmen, wenn ihm danach war. Nach Brijuni kamen auch Filmstars aus Hollywood zu Besuchen, die Audienzen gleichkamen. Erst wenige Jahre zuvor hatten die Deutschen Tito in den Bergen fast getötet: Das wurde nun verfilmt.

Kein anderer Kommunistenführer führte ein solches Leben, ausgenommen Nicolae Ceaușescu – genannt *Conducator* (Führer auf Deutsch, Duce auf Italienisch) – in Rumänien. Der eine wie der andere hätte als byzantinischer Fürst oder eine Gestalt aus »Tausendundeiner Nacht« überzeugender gewirkt denn als vorbildlicher *primus inter pares* aus den neuesten kommunistischen Parteibroschüren. Zwar verkörperte Tito sowohl den Kampf als auch den Sieg über sämtliche Feinde des Landes, so wie er später ein völlig neues Jugoslawien verkörpern sollte, doch als Vorbild taugte er nicht recht, dazu war er viel zu unerreichbar, mehr Mythos als Wirklichkeit. Denn Tito lebte für sein Land über und jenseits von Jugoslawien. Er soupierte und zerstreute sich fern vom Volk, verkehrte mit den Mächtigen der Welt, ließ sich bewundern und bejubeln und fasste in demselben Abstand vom Volk gleichzeitig Beschlüsse, die diesem galten. Nach seinem Tod hatte man bald den Eindruck, als hätte es ihn nie gegeben.

Nach seinem kurzen Ausflug in die Weltgeschichte war mein Schwiegervater an die Küste heimgekehrt. Zurück am Meer, schien es ihm, als sei auch die Welt aus dem Krieg nach Hause gekommen. Immer schon war ja über die Adria und das Mittelmeer der Atlantik zu erreichen gewesen, die Welt hatte dann offen dagelegen, doch während des Krieges hatte die Weltgeschichte ihn oben in den Bergen in einer Grube oder Spalte festgeklemmt, wo er sich versteckt gehalten und, flach auf dem Bauch liegend, hin und wieder, ohne richtig zu zielen, auf den Feind geschossen hatte. Dafür war er mit mehreren Medaillen belohnt worden.

Am Meer war ihm die Welt nun wieder ganz nah, auch wenn er sie nicht sehen konnte, allerdings eine andere Welt als in den Bergen, eine Welt, die von ebendiesem Meer bestimmt wurde, das da oben gefehlt hatte. Dieses endlose Wasser voller Tang und Salz war abwechselnd blau, smaragdgrün und grauweiß; wenn es grauweiß war, sah es in der Nähe der Küste manchmal so aus wie oben in den Bergen die Wiesen und Felder im Winter. Das Meer roch und schmeckte jedoch nach Salz. In den Bergen dagegen roch es nur nach Wald, Schnee oder dem knisternden Feuer gegen die Kälte.

Jenseits des Horizonts begann die Welt. Wer an der Küste wohnte, hatte sie in Reichweite des Wasserwegs, während sich einer, der in den Bergen lebte, mit Radio und Zeitung begnügen musste. Aus ihnen ging jetzt hervor, dass die Weltgeschichte sich zurückgezogen hatte und sich nun woanders abspielte. Das genügte ihm. Er wünschte sich keine Grube oder Spalte mehr, um sich darin zu verstecken.

Salz? In den Bergen war Salz noch immer etwas Seltenes und Kostbares, damit hieß es sparsam umgehen, so wie mit Zucker, Petroleum oder Zündhölzern. Und die Berge waren nah. Das Hochland erhob sich gleich hinter dem schmalen Küstenstreifen, doch es war eine täuschende, abweisende Nähe, zu Fuß brauchte man Stunden für die paar Kilometer dort hinauf. Niemand wäre aber auch auf die Idee gekommen, ohne Anliegen da hinaufzusteigen, und Anliegen gab es wenige bis keine. In den Bergen war jeder Fremde nur selten ein willkommener Besucher, und die wenigen, die keine Fremden waren, fast immer unwillkommen. Denn in den Bergen zeigte sich die Welt oft von ihrer schlechtesten Seite; viel mehr als die Post und den einen oder anderen Arzt hatte man ihr auch nicht zu verdanken, man begegnete ihr dort mit Misstrauen und Argwohn. Das spürte die Welt und hielt sich zurück.

In den Dörfern oberhalb der Küste lebte man allein unter anderen Alleinlebenden, Menschen, die hinter sich und ihren Angelegenheiten die Tür schlossen, wohingegen das Meer ohne Tür war und den Menschen erlaubte, frei zu kommen und zu gehen. An der Küste war auch ein Fremder eine Art entfernter Verwandter oder wenigstens Bekannter. Dort oben über der Küstenregion hing der Himmel meist tief über den Bergrücken. Der Horizont war kein feiner, durch all das Blau und Hellgrau gezogener Strich wie an der Küste, ein Strich, der in der Mittagshitze flimmerte und für das Auge kaum erkennbar Meer und Himmel voneinander trennte; in den Bergen war der Horizont zackig, düster, wie mit Kohle gezeichnet, ein Zaun gegen das Unbekannte, abschreckender als eine Mauer oder ein Kettenhund.

Mit der Welt meines Schwiegervaters hatten die Berge sehr wenig zu tun, und es muss eine Erleichterung für ihn gewesen sein, sie hinter sich lassen zu können. Sein Heimweg führte bergab; die Welt begann genau dort, wo Meer und Himmel ineinanderflossen.

Als der Krieg vorbei war, sollte er nicht nur an die Küste, sondern auch bald ins Zivilleben zurückkehren. Das verblüfft. Warum? Die Partisanen bildeten in der jugoslawischen Gesellschaft eine kleine, privilegierte Gruppe, der es nach dem Krieg auf unergründlichen Wegen gelungen war, weit mehr Leute zu umfassen, als sie ursprünglich gewesen waren. (Hätte ich gewusst, dass wir so viele sind, wäre ich bis nach Berlin marschiert, meinte Tito spöttisch dazu.) Doch obwohl mein Schwiegervater zu denen gehörte, die von der ersten Stunde an dabei waren, und nicht zu den vielen, die sich erst anschlossen, als schon alles vorbei war, um dann laut und lärmend aufzutreten, beschloss er, sich freiwillig zurückzuziehen.

Das war äußerst ungewöhnlich. Noch dazu schien es im Widerspruch zu seinem hohen Rang zu stehen.

Oder war sein Entschluss doch nicht so freiwillig, wie er ihn dargestellt hat? Wurden seine Dienste nunmehr als entbehrlich betrachtet? Es spricht nichts dafür: keine Dokumente, keine nachträgliche Information, weder Tratsch noch Gerüchte, die auf einen Konflikt zwischen ihm und seiner Partei schließen lassen. Die Frauen in der Familie, die es eigentlich hätten wissen können, zeigten sehr wenig Interesse an dem, was ihres Erachtens zur Welt der Männer gehörte. Deshalb bleibt uns nichts anderes übrig, als uns an seine eigene Version zu halten.

Er hatte die Nase voll vom Militär. Das Leben in Uniform war nichts für ihn.

Dafür spricht, dass er eigentlich kein martialischer Mensch war. Kasernenhöfe, Drill und Paraden waren seine Sache nicht.

Ebenso wenig Schusswaffen. Deshalb könnte es scheinen, als ob er immer schon ein ausgemachter Zivilist gewesen sei und erst der Krieg sein Leben in eine andere Richtung gedrängt habe. Wer ihn noch aus jungen Jahren kannte, hatte ihn als Provinzdandy in Erinnerung, als einen *fić firić* (das, was man in Wien einen Feschak nennt), einen rund ums Mittelmeer nicht ungewöhnlichen Typ Mann. Auf der Ostseite der Adria gehört ein solcher südslawischer *fić firić* strenggenommen zur *Italianità* der Küstenregion, hat allerdings ein größeres Talent zum Müßiggang und noch weniger Geld in der Tasche als sein italienisches Gegenstück. Als Typus hat er sämtliche Regime und politischen Moden überlebt. Auch heute noch ist er, mit Sonnenbrille und in blütenweißem Hemd, unschwer in den Cafés am Korso oder an der Strandpromenade zu entdecken, wo er, ohne die Hände zu Hilfe zu nehmen, einen Zahnstocher im Mund herumdreht oder mit einer Zigarette nach der anderen und einem einfachen Espresso, der über Stunden reichen muss, lässig seine Zeit totschlägt.

Bevor mein Schwiegervater sich den Partisanen anschloss, hatte er seine Freizeit damit verbracht, mit dem Fahrrad in Rijeka und Umgebung herumzufahren, um Lokale zu besuchen, in denen getanzt wurde. Die Mädchen mochten ihn, und meine Schwiegermutter bestätigte diese verjährten Romanzen mit ärgerlich gerunzelter Stirn und gleichzeitig zufriedener Miene darüber, diejenige gewesen zu sein, die schließlich das Rennen gemacht hatte. Nach dem Krieg ließ er sein Interesse an Frauen und Autos wiederaufleben und auch an der heimischen Fußballmannschaft, deren Spiele er sonntags vom Tribünenplatz aus oder zu Hause vor dem Radiogerät verfolgte. Seine Lieblingsmannschaft wechselte jeweils mit der Garnisonsstadt. Zu diesen frühen Interessen waren noch maßgeschneiderte Anzüge hinzugekommen.

Dieses Leben ähnelte einer Art Nachahmung in Titos Fußstapfen, wenn auch in weit bescheidenerem Format. Während seine Mannschaft gewann oder verlor, saß mein Schwiegervater am Radio, rauchte und trank einen Espresso. Die ganze Welt redete über Jugoslawien. Die Zukunft gehörte dem Kommunismus, das Land war auf seiner Seite und Hajduk Split eine der besten Fußballmannschaften des Landes.

Vor allem aber ging er wie früher wieder tanzen, am liebsten ins Offizierskasino *(Dom Armije)* der jeweiligen Garnisonsstadt, ein Interesse, das er mit seiner Frau teilte. Meine Frau erinnert sich, dass ihre Mutter und die Schneiderin in ihrer Kindheit tagelang damit zubringen konnten, ein neues Kleid zuzuschneiden und zusammenzusticheln, das am Wochenende alles überstrahlen sollte, was die anderen Frauen trugen. Es muss ihnen oft gelungen sein; auch mein Schwiegervater war mit dem Ergebnis fast immer zufrieden. So konnten sie als Mann und Frau, als fesches Paar und von allen bewundert, einige Jahrzehnte lang zusammen über den Tanzboden schweben, gewissermaßen als Belohnung dafür, dass man den Krieg gewonnen hatte. Inspiration für die Ballkleider fand sich in italienischen Modemagazinen, Kostbarkeiten, die, obwohl mitunter schon Jahre alt, immer wieder studiert wurden, wobei Eselsohren oder Abdrücke von Kaffeetassen anzeigten, was das Interesse der Frauen besonders geweckt hatte.

Die Eltern meiner Frau lasen am liebsten Tageszeitungen und Illustrierte. Bücher gab es nur wenige in ihrem Haus, ein paar schwere Geschichtsbände, die mit vielen Zahlen und verschwommenen Schwarzweißaufnahmen die Operationen der Partisanen im Gorski Kotar und in Istrien dokumentierten, dazu einige von der Partei herausgegebene Bücher, die weit eher wie eine Loyalitätserklärung oder aus Pflicht im Regal standen, als dass sie tatsächlich gelesen wurden. Sowohl vom

Inhalt als auch vom Aussehen her waren es triste Bücher, auf billigem Papier gedruckt und meistens in graue oder braune Pappe gebunden, Einbände, wie sie auch lange nach Ende des Krieges noch üblich waren, mit Buchseiten, die schnell brüchig wurden und deren Farbe bald ins Undefinierbare changierte, so dass sie schmutzig wirkten.

In dem Bücherregal stand in serbokroatischer Übersetzung auch »The Native's Return« von Louis Adamic. Der Oberst hatte es ein paar Jahre nach dem Krieg seiner Frau geschenkt, ein seinerzeit sehr populäres Buch, in dem ein amerikanischer Journalist slowenischer Herkunft Slowenien vor dem Krieg besucht und mit überbordender Sympathie sein Heimatland schildert. Meine Frau erinnert sich deshalb noch daran, weil es ein so seltenes und zugleich rührendes Geschenk war, vermutlich das einzige Buch, das ihre Mutter jemals von ihrem Vater erhalten hatte.

Mit großer Sicherheit hat sie es nie gelesen.

Nachdem er noch nicht einmal fünfzigjährig seinen Abschied von der Marine genommen hatte, arbeitete mein Schwiegervater bis zu seiner Frühpensionierung als Geschäftsführer eines slowenischen Staatsunternehmens in Rijeka. Das Unternehmen war in der Möbelbranche tätig. Seine Uniform hatte er gegen allzu kurze Hosen und ein Sakko eingetauscht, wie es Zivilisten tragen. Er schien aus freien Stücken sich selbst degradiert oder einen Tausch nach unten vollzogen zu haben. Für seine Umgebung war es die falsche Richtung. Mit der Uniform muss er auch einiges an Autorität und Ansehen eingebüßt haben. Er war jetzt nur noch einer unter vielen, keine Respektsperson mehr, jedenfalls keine, die mit bloßem Auge als solche zu erkennen war.

Ohne Uniform lief er Gefahr, ein Irgendjemand zu werden, schlimmstenfalls ein Niemand. Hatte man ihn vielleicht doch bestraft?

Dann hätte man ihn aber kaum im Rang eines Obersts belassen. Politische Gegner konnten ohne Erklärung von der Bildfläche verschwinden, doch wenn es um die eigenen Leute ging, war die Partei peinlich darauf bedacht, zu begründen, warum sie bestraft oder ausgeschlossen wurden. Mein Schwiegervater blieb jedoch bis zu ihrer Auflösung Mitglied der Partei. Deshalb spricht eigentlich alles dafür, dass es tatsächlich seine eigene Entscheidung war, den Abschied einzureichen. Trotz seiner Karriere in Uniform wirkte alles Militärische an ihm eigentlich fremd, und es ist durchaus wahrscheinlich, dass er mit Erleichterung und großen Hoffnungen ins zivile Leben zurückkehrte.

Ich bin sogar versucht, seinen Kleidertausch als stummen Protest zu sehen, als Versuch, sich diskret von der Nomenklatura und der Macht der Partei zu distanzieren, von all dem, was bis dahin sein Leben war und ebendiese Uniform garantiert hatte.

Allem Anschein nach wollte er sich eine ganz neue Existenz aufbauen, ein andersartiges Leben, und hatte eingesehen, dass dies nur möglich wäre, wenn er sich dessen entledigte, was mehr als alles andere an sein altes erinnerte. Es stimmt zwar, dass eine Uniform alle gleichmacht, jeden in die gleiche Form presst, um zu unterstreichen, was wir gemeinsam haben, nicht, was uns trennt. So gesehen, ist eine Uniform ein großer Gleichmacher. Es stimmt aber auch, dass manche, die sie tragen, gleicher sind als andere, die sie ebenfalls tragen, und viele Bekannte meines Schwiegervaters waren bestürzt: Mit einem Offizierskasino konnte es in diesem Teil Europas doch kein Büro aufnehmen.

Zu dieser Zeit nagte bereits die Krankheit an ihm. Immer öfter war er müde und blieb im Bett, sein Haar wurde vor der Zeit schütter und grau. In seiner Jugend hatte er eine Schreinerlehre angefangen, doch wie bei so vielen seiner Generation war der Krieg dazwischengekommen. Aus einem halben Schreiner war ein Partisan und Soldat geworden, ebenfalls nur ein halber, und erst gegen Ende seines Lebens hatte er die Möglichkeit, die Entscheidung zu korrigieren, die nicht voll und ganz seine eigene, selbständig getroffene gewesen war. Er war zwanzig, als er sich den Partisanen angeschlossen hatte. Der Krieg hatte *ihn* gewählt, nicht umgekehrt.

Als er nun das Sakko wählte, schien er zu glauben, dass es möglich sei, noch einmal von vorn anzufangen. Als abgedankter Oberst musste er sich jedoch damit begnügen, in der Möbelfabrik zu kontrollieren, ob andere ordentlich geschreinert, gepolstert, tapeziert und geleimt hatten und diese Möbel einer Bevölkerung verkauft werden konnten, die ihre Einrichtung früher entweder von den Eltern geerbt hatte oder selbst anfertigen musste. Nun gab es immerhin nagelneue Möbel zu kaufen, die in Fabriken hergestellt wurden, die es früher nicht gegeben hatte. Niemand musste mehr darauf warten, dass jemand starb, oder mit zwei linken Händen versuchen, etwas zu tun, wozu er nicht taugte, und auch diesen großen Fortschritt heftete sich die Partei an ihre Fahne.

Da saß er nun, umgeben von seinen in der Fabrik hergestellten slowenischen Möbeln in alpin rustikalem, aber immerhin nicht bäurisch plumpem Stil, vielleicht in einem jener schwarzen Ledersessel, die in den siebziger Jahren in Mode gekommen waren, vor einer Vitrine oder Bücherregalen mit Glasschiebetüren, alles auf Raten gezahlt, wobei die Regale nicht mit Büchern vollgestellt werden sollten, sondern eher mit Familienporträts und Schneckenhäusern, Wimpeln, vielleicht einem Jesulein aus angeschlagenem Porzellan, einem Barometer und industriell erstarrten Plastikblumen in einer Vase mit der Aufschrift *Ricordo di Trieste*, all dem kleinbürgerlichen Krimskrams, der meinen Schwiegervater dazu veranlasst haben mag, darüber nachzusinnen, wie vergeblich und sinnlos doch jede Revolution ist, möglicherweise auch darüber, dass ebendiese Tatsache, dass einer wie er im Ledersessel da saß, um sozusagen diese kleinbürgerliche Welt zu vollenden, die endgültige Bestätigung dieser düsteren Erkenntnis war.

Gut zehn Jahre lang sollte er das Unternehmen leiten, dann stellten seine Nieren ihre Funktion ein. Die Krankheit erwies sich als größere Veränderung in seinem Leben als der Verlust der Uniform. Seine letzten Jahre verbrachte er als schwerkranker Mann, der alle drei Tage zur Dialyse musste. In der Zeit, die er noch zu leben hatte, wurde die Krankheit zu seiner Hauptbeschäftigung.

Als mein Schwiegervater aus dem Militär ausschied, behielt er seine Dienstwaffe, wie ich glaube, vor allem aus sentimentalen Gründen, so wie ein ziviler Staatsbeamter, der sich an seinem letzten Arbeitstag mit Stiften und Briefpapier mit dem Logo der Behörde oder des Ministeriums eindeckt. Die Waffe mag ihn an den Krieg und mehr noch an seine Jugend erinnert haben. Er verwahrte den Revolver zu Hause in einer Schreibtischschublade und holte ihn nur zum Zerlegen, Reinigen und Ölen hervor. Vorsichtig legte er die einzelnen Teile auf ein Stück Zeitungspapier, bevor er den Revolver wieder zusammensetzte und in der Schreibtischschublade verschwinden ließ. Als sich seine Tochter und ihr jüngerer Bruder eines Tages der Waffe bemächtigt hatten, um sie näher zu untersuchen, ertappte er sie auf frischer Tat. Der Oberst war Choleriker, doch dieser Zornesausbruch übertraf alle anderen, an die sich meine Frau aus ihrer Kindheit erinnern kann.

Wie so viele andere Kriegsteilnehmer redete der Vater selten über diese Zeit. Er schwieg. Mit wem hätte er auch darüber reden sollen? Mit denen, die nicht dabei gewesen waren, gab es keine gemeinsamen Erinnerungen, und die Kameraden, mit denen es gemeinsame Erfahrungen gab, brauchte er nicht daran zu erinnern. Sein Krieg wurde zum Schweigen. Darin verband sich Verzweiflung mit seiner Verachtung gegenüber allen, die nicht dabei gewesen waren. Über den Krieg gab es vielleicht kaum etwas anderes zu erzählen als das, was man am liebsten vergessen wollte oder wovon zweifelhaft war, ob ein anderer es verstehen konnte. Folglich erzählte er lieber nichts.

Hin und wieder tauchte ein Kamerad aus früheren Zeiten auf. Dann gingen sie zusammen in die Kneipe, und der Vater kehrte erst nach Mitternacht in schmuddeliger Uniform, auf unsicheren Beinen und viel unverständliches Zeug brabbelnd heim. Die Familie nahm an, dass er wieder an der Front war, und seine Frau tat so, als würde sie seine Ungereimtheiten verstehen, und vollzog stoisch ihren Part des Heimkehrrituals: stimmte allem zu, was sie nicht verstand, briet ein paar Eier und schenkte ihm widerstrebend ein letztes Glas ein.

Bei ihnen zu Hause wurde fast nie über den Krieg geredet. Nur dunkel erinnert sich meine Frau an Bruchstücke von Erzählungen, die diesen Namen eigentlich gar nicht verdienten, und was der Vater da sagte, war weder spannend noch sonderlich interessant. Ihrer Erinnerung nach haben die Partisanen vorwiegend geschlafen, gehungert, gefroren, miteinander gestritten oder darauf gewartet, dass etwas passiert.

Gewartet worauf?

Auch in diesem Punkt gab der Vater keine Auskunft. Das Warten schien in dem bisschen, was er dann doch gelegentlich erzählte, zur Hauptbeschäftigung der Partisanen zu geraten, eine alles andere als heroische Tatenlosigkeit, die zu dem Krieg, wie er sich in Film und Fernsehen ausnahm, nicht so recht passen wollte, und seine Tochter fragte sich das eine oder andere Mal, wie diese Deutschen von derart untätigen Gegnern wie ihrem Vater hatten besiegt werden können.

Der italienische Erzfeind vielleicht. Aber die Deutschen?

In diesen plötzlich hervorsprudelnden, stenographisch kurzen Erzählfragmenten kamen sie allerdings auch nicht sehr oft vor. Wohl aber einige der Kameraden des Vaters. Einmal hatte er einem von ihnen das Leben gerettet (der muss nicht nur dankbar, sondern auch sehr geschickt gewesen sein, denn er schenkte seinem Retter anschließend ein selbstgefertigtes Fleischerbeil, das heute in einer unserer Küchenschubladen liegt). Ein anderes Mal sollte der Vater, nachdem er gegen die Disziplin und Moralvorstellungen der Partisanen verstoßen hatte, von den eigenen Leuten erschossen werden. Das klang spannend. Doch was er begangen hatte, wurde nie geklärt. Aus unbekannten Gründen und zur Enttäuschung seiner kleinen Tochter war auch aus dieser Erschießung nichts geworden.

Über all das und noch mehr schwieg er. Dass so viele von denen, die doch immerhin dabei gewesen waren, zusammen mit ihm dasselbe taten, erleichterte es der Partei, ihre Wahrheit über den Krieg zu verbreiten. Es war nicht seine Wahrheit. Sie wurde aber in den Filmen dokumentiert, die in den Kinos liefen, wohin er nicht mehr ging, oder in den Büchern über den Partisanenkrieg, die ungelesen zu Hause im Regal standen.

Für sein privates Schweigen gab es sicherlich gute Gründe, die er allerdings für sich behielt oder der Familie nicht erzählen konnte. Warum? Vermutlich gab es das eine oder andere zu verbergen, was ihn in ein unvorteilhaftes Licht gerückt hätte. Vor allem aber vermute ich, dass er aus denselben Gründen schwieg, aus denen einem Reichen nicht verständlich zu machen ist, was es bedeutet, arm zu sein, oder ein eingefleischter Lügner nicht für die Wahrheit zu interessieren ist.

Die Familie nahm sein Schweigen hin. Ihre Gründe, es zu akzeptieren, waren jedenfalls leichter zu verstehen als seine, darin zu verharren: Schließlich war er aus dem Krieg zurückgekehrt. Er hatte überlebt. Das genügte der Familie. Außerdem hatte dieser Krieg, über den man fast nichts erfuhr, immerhin die Karriere ermöglicht, die unter friedlichen und geordneten Verhältnissen wahrscheinlich nie so hätte stattfinden können.

Mehr glaubte man eigentlich nicht wissen zu müssen.

Mit den Jahren geriet der Krieg immer mehr in Vergessenheit, und dieses Vergessen verstimmte meinen Schwiegervater gegen Ende seines Lebens. Dass die Leute vergessen konnten, war nicht nur beleidigend, sondern viel eher deprimierend. Einzig er selbst und ein paar seiner damaligen Kameraden, die noch am Leben waren, erinnerten sich daran; als aber einer nach dem anderen von ihnen starb, allerdings keinen Heldentod mehr, verblasste auch sein eigener Krieg und starb allmählich dahin.

Anfangs hatte ihn das überrascht. Dann war es ihm unbegreiflich. Schließlich machte es ihn einsam. Diese Einsamkeit wurde von Bitterkeit begleitet, und auf die Bitterkeit folgte eine Art apathischer Resignation, die jedoch ebenso gut vom Alter oder von seiner schweren Krankheit herrühren konnte.

Dass der Krieg in Vergessenheit geraten war und dahinwelkte, bedeutete aber nicht, dass er damit auch zu Ende war: Er ging weiter, solange Jugoslawien existierte. Der Krieg weigerte sich aufzuhören, auch wenn die Jüngeren, die nicht dabei gewesen waren, sich nicht mehr dafür interessierten. Das Problem war ein anderes – mein Schwiegervater erkannte ihn nicht mehr. Sein Krieg war zu pflichtschuldigen Phrasen in

Parteiversammlungen, in öffentlichen Festreden oder zu Vorfilmen im Kino mutiert. Und am Ende war das, was er nicht mehr erkannte, zum Hauptfilm geworden.

Mehrere Generationen von Jugoslawinnen und Jugoslawen sollten mit dem Partisanenkrieg in dunklen Kinosälen oder im Fernsehen aufwachsen, einem nicht enden wollenden Krieg, der mit seinen Helden und ständigen Siegen alle anödete und selbst bei meinem Schwiegervater Beschämung oder zumindest Unbehagen hervorrief. Im Zuschauerraum ging das Licht aus: Zeit für *Valtr brani Sarajevo* (»Das ist Walter«) oder *Sutjeska* (»Die fünfte Offensive«, worin ein gewisser Richard Burton Tito spielte). Der Projektor surrte. Hin und wieder riss der Film. Dann flimmerten in rasender Geschwindigkeit einzelne Schatten und Lichter über die Leinwand, worauf etwas Milchiges und Zerkratztes folgte, bevor schließlich ein leeres helles Viereck die Leinwand ausfüllte.

Im Zuschauerraum ging das Licht an. Gleichzeitig verschwand der Krieg meines Schwiegervaters im Dunkel. Was auf der weißen Leinwand gezeigt wurde, hatte nichts mehr mit seinem Krieg zu tun, der war Geschichte geworden. Er musste einsehen, dass dieser Krieg endgültig vorbei war und sich fortan willkürlich abbilden und erklären ließ, als hätte er nie wirklich stattgefunden

Aber auch darauf reagierte mein Schwiegervater mit Schweigen.

Nur mit seinen wenigen Kameraden aus früheren Zeiten konnte er den Krieg so am Leben halten, wie er tatsächlich gewesen war, bevor andere ihn in Beschlag genommen hatten. Unter sich waren sie sich immer rührend einig. Dann und wann stritten sie über Details, darüber, wer was getan hatte, wo was geschehen war oder wer zuerst geschossen hatte. Diese Streitereien über im Grunde Unwichtiges hatten sie aber gerade durch den Detailreichtum davon überzeugt, dass einzig sie im Besitz der Wahrheit waren und alles andere eine Verdrehung derselben darstellte.

Doch die Jahre vergingen, und der Kreis der Kameraden schrumpfte. Etliche waren bereits tot, andere erschienen gar nicht mehr zu den Treffen. Während sich der Krieg ausbreiten durfte, der so, wie er jetzt dargestellt wurde, niemals stattgefunden hatte, nahm niemand Rücksicht auf jene, die wirklich Bescheid wussten. Das war schlimm genug. Noch schlimmer aber war, dass immer mehr von denen, die dabei gewesen waren und Bescheid wussten, sich nun verhielten, als ob die neue offizielle Darstellung authentischer wäre als das, was tatsächlich geschehen war. Da stellte sich für ihn die Frage, woran sie eigentlich zusammen beteiligt gewesen waren, ob nicht von denen, die jetzt in die von der Partei zurechtgelegte Version über den Krieg einstimmten, so mancher womöglich nicht wie er mit halbleerem Magazin sich in eine Lehmgrube gedrückt, sondern weit hinter der Front in Sicherheit bequem auf dem Rücken gelegen hatte.

Was hatte er mit denen eigentlich gemein? Damals die Jugend, den Enthusiasmus, vor allem das Abenteuer. Und heute?

Er war alt, müde und obendrein schwer krank. Vom Gestern waren wenige vage Überzeugungen geblieben, die zu verteidigen er immer noch bereit war. Doch zusammen mit wem? Mit denen, die, ohne dabei gewesen zu sein, jetzt glaubten, ein Monopol auf die Wahrheit über das zu besitzen, was damals geschehen war? Die keine Ahnung hatten, wofür er gekämpft hatte?

Diese Gedanken quälten ihn, und da er keine Lösung fand, brauchte er wenigstens eine Erklärung. Schließlich fand er eine. Diese Erklärung sollte in seinen letzten Jahren zu einer Art Entschuldigung oder Klage erstarren, nicht unähnlich den Schlagworten auf den Spruchbändern und Transparenten, welche die Kommunisten in ihren Aufmärschen vor sich hergetragen hatten.

Nichts war so geworden wie gedacht. Nein, nicht das kommunistische Programm war falsch, sondern die Leute, die es umsetzen sollten, waren die falschen gewesen. Alles hatten sie verpfuscht. Die kommunistische Idee als solche war aber richtig, doch hatte es an der Umsetzung gehapert.

Mit dieser Erklärung war er zufrieden. Damit rettete er die Ideale seiner Jugend und sprach sich zugleich von eigener Verantwortung frei. Doch ließ sich das offen aussprechen, ohne gleichzeitig die Partei anzuklagen? Also schwieg er weiterhin, klammerte sich aber an seine neue Erklärung. Und überall fand er für sie Bestätigung: Wenn er sich umsah, entdeckte er nur Unvermögen und Eigennutz. Die Parteifunktionäre waren ungebildet und von der eigenen Macht geblendet. Sie waren korrupt. Gegen Ende seines Lebens nahm er nur Tito davon aus.

Und er selbst? Ja, auch er war Mitglied dessen gewesen, was ein anderer Partisan, Milovan Djilas, die neue Klasse genannt hatte, doch die großen und entscheidenden Beschlüsse hatte er nicht mit gefasst.

Ihn hatte niemand gefragt.

Das gab seinem Schweigen zusätzlich Nahrung.

Zum Glück musste er nicht miterleben, wie Titos und sein eigenes Jugoslawien zu existieren aufhörte. Die Orden und Medaillen des Obersts waren allerdings schon vorher in einem leeren Pappkarton gelandet. Ein bisschen Metall an bunten Seidenbändern, mehr war von seinem Leben im Dienst der Partei nicht übriggeblieben, einem Leben, das nicht mehr Platz benötigte als einen leeren Schokoladenkarton der Marke Kraš.

Wollte er sich damit auch von der Partei trennen? Dagegen

spricht jedoch, dass er bis zuletzt sein zerschlissenes, abgegriffenes Parteibuch aufbewahrte, ausgestellt von einer kommunistischen Partei, die bald den gleichen Weg gehen sollte wie fast alles, wofür er in seiner Jugend gekämpft hatte.

Auf dem letzten Foto, das kurz vor seinem Tod aufgenommen wurde, sieht man einen vorzeitig gealterten Mann in auffallend elegantem Morgenrock, gezeichnet von einer schweren Nierenkrankheit und einem Leben, das sich nicht wie von ihm gedacht entwickelt hatte. Erloschenen Blicks sitzt er da, in einem Sessel versunken, bevor es wieder Zeit fürs Krankenbett gewesen sein muss.

Mein Schwiegervater wurde siebenundsechzig Jahre alt.

Ich bin ihm nie begegnet.

Seine Frau sollte ihn fast drei Jahrzehnte überleben. Sie nahm ihre Witwenrolle sehr ernst: ständig in Schwarz, eine stumme, zeremonielle Trauer mit langsamen, einstudierten Bewegungen und hocherhobenem Haupt, ein eher stoisches als weinerliches Leiden, das ihrer Trauer auch etwas Hochmütiges verlieh.

Wie ihr verstorbener Gatte stammte sie von der Küste. Meine Schwiegermutter war auf der Insel Krk (dem italienischen Veglia, Curicta auf Latein, auf Deutsch Vegl) geboren und aufgewachsen. Die Inselbewohner waren berüchtigt für ihre Sparsamkeit, es hieß, sie verkauften die Eier nach Gewicht statt pro Stück. Am liebsten verkauften sie überhaupt nichts. Vor langer Zeit war die Insel von großen Eichenwäldern bedeckt, die später, als man die neue Stadt Venedig baute, abgeholzt wurden, um dort als Pfahlwerk verwendet zu werden. Wie die Insel, so war auch meine Schwiegermutter karg, streng und abweisend. Sie konnte aber auch plötzlich lächeln oder in ein seltenes, kurzes Kichern ausbrechen, als wäre sie ein ganz junges Mädchen.

Solange man denken konnte, waren die Männer auf Krk zur See gefahren oder noch öfter nach Amerika, bevor sie von dort mit Geld in der Tasche zurückkehrten, um sich ein eigenes Haus zu bauen. Nachdem sie in New York oder Chicago jahrelang auf Baugerüsten herumgeklettert waren, war es schließlich Zeit für die eigene Familie. Wie früher verbrachten sie jedoch auch die restlichen Jahre ihres Lebens damit, zu mauern und zu zimmern, jetzt allerdings zu Hause auf Krk und als ihre eigenen Bauherren. Lange vor den Gastarbeitern der Nachkriegszeit – in titoischer Terminologie »vorübergehend im Ausland Beschäftigte« – waren sie ein Lebensmuster gewohnt, das bis in unsere Tage große Teile des Balkans prägt. Auf Krk wurde von den Frauen erwartet, dass sie zu Hause blieben, sich um die Kinder kümmerten und darauf warteten, dass die Männer nach Hause kamen, um sie erneut zu schwängern, bevor es an der Zeit war, wieder nach Amerika zu fahren.

Zu dieser Tradition abwesender Männer kam für meine Schwiegermutter während ihrer vielen Witwenjahre noch die Last der Einsamkeit hinzu. Ihr Mann war tot, ihr Sohn starb jung, und ihre Tochter verließ früh das Haus.

Wie Generationen von Frauen aus Krk vor ihr und im Unterschied zu den Männern hatte meine Schwiegermutter nicht viel von der Welt gesehen. Die große Reise ihres Lebens war der Aufbruch von der Insel, als ihre Familie sich auf dem Festland niederließ. Während des Krieges ging sie in Rijeka täglich über eine Brücke zwischen Ante Pavelićs Kroatien und Benito Mussolinis Italien zur Arbeit und hinterher zurück, ohne an viel anderes zu denken als daran, nicht zu spät ins Büro zu kommen. Nach dem Krieg ging sie immer noch über dieselbe Brücke, nun aber zwischen Jugoslawien und Jugoslawien.

Das Meer kannte sie eigentlich nur vom Strand her, dem *molo* in der Hafenstadt, oder davon, wenn sie auf einer Fähre oder einem kleinen Ausflugsdampfer an der Reling lehnte. Ihr Badeanzug war aus schwarzem Textil, verbarg alles und blieb meistens trocken. Trotzdem lagen ihr die Wellen und Brandungen des Meeres weit mehr am Herzen als die Wiesen und das wogende Gras des Festlands.

Und welche Nation?

Ohne der Frage größeres Gewicht beizumessen, hätte sie sich als Kroatin bezeichnet. Auch die Umgebung nahm sie als Kroatin wahr. Es bedeutete ihr aber nicht viel. Wie sie über die Brücke zwischen Kroatien und Italien hin- und hergegangen war, so ging sie auch zwischen dem Kroatischen und Italienischen hin und her, und keine der beiden Identitäten war stärker als das bisschen, was sie zufällig vereinte und zusammenhielt. So glich das Leben meiner Schwiegermutter schon von Anfang an einem Kaleidoskop: Die Umstände, die zufälligen Konstellationen gaben den Ausschlag, welche der beiden Identitäten die Oberhand hatte, und schon die geringste Erschütterung des Daseins konnte die Antwort auf die Frage, was sie war, unmerklich in die eine oder andere Richtung verschieben.

Also ein treibendes Schiff ohne Segel und Ruder?

Keineswegs. Die Sache mit der Nation interessierte sie absolut nicht, ebenso wenig wie sich zwischen der kroatischen und italienischen Sprache zu entscheiden. Ihr Anker im Dasein war die Religion. Und dieser Glaube interessierte sich nicht für Grenzen; in gleicher Weise war sie als Inselbewohnerin, umgeben vom Meer, wo dem Auge jegliche Grenzziehung verborgen bleibt oder sich allenfalls als Kräuselung auf der Oberfläche zu offenbaren vermag, zugleich von Kindesbeinen an ebendiese Grenzenlosigkeit gewöhnt. Zeit ihres Lebens war sie praktizierende Katholikin jenes Schlags, dem man auf den Inseln des Mittelmeers nicht selten begegnet, im fortgeschrittenen Alter in schwarze Tücher und Trauer gehüllt, die sie jeden Morgen zusammen mit Schmuck und Lippenstift anlegte, den lieben langen Tag geduldig mit ihren *Vater unser* und *Ave-Maria*, in der Küche, am Familiengrab oder im Beichtstuhl beschäftigt oder damit, eine weitere Messe für ihren Mann oder Sohn zu bezahlen.

Nur die Frauen der Familie waren noch da.

Nach dem Tod ihres Mannes und ihres Sohnes nahm die Kirche im Leben meiner Schwiegermutter einen immer größeren Raum ein. Ihr katholischer Glaube war steif und trocken und schien weniger mit oder zu ihrem Herzen zu sprechen, als er in ihrem Namen bereit war, sich Pflichten und Gebräuchen zu unterwerfen. Ohne Schwierigkeiten ließ er sich den von der Kirche diktierten Ritualen anpassen, ohne Widerstand deren strenger Form unterordnen, um darin aufzugehen. Das war ihre Art von Frömmigkeit. Dieser Glaube stand jedoch nur in Beziehung zur Kirche und zum Friedhof; mit der Nation oder der Politik hatte er nichts zu tun.

Klerikalismus war ihr in jeder Form fremd. Priester, die sich gar zu eifrig um die Welt kümmerten, manchmal sogar Anstrengungen unternahmen, sie zu verbessern, waren ihr ein Ärgernis.

Ihr Glaube schien mir mehr mit dem Körper als mit dem Geist zu tun zu haben. Öfter als ins Gebet versunken sah ich sie Kreuzzeichen machen. Strikt hielt sie sich ans Äußere, überzeugt, auf diese Weise auch für das Innere zu sorgen, denn das eine zu vernachlässigen hieße das andere verkommen zu lassen. Ein solcher Glaube war gehorsam, er war praktisch, aber wenig innig, mitunter beinahe pietätlos. Und in meinen Augen etwas bigott. Eine Kerze anzuzünden war wichtiger als eine gute Tat. Mechanisch fingerte sie an ihrem Rosenkranz, arrangierte Blumen am Altar, erhob oder setzte sich im richtigen Augenblick in der Kirchenbank mit der ganzen Präzision der

Routine und schlug mit theatralischer Geste, die sogar die des Priesters übertraf, das Kreuzzeichen über der Brust.

Ihr Glaube war dazu da, von anderen gesehen zu werden, auch von unserm Herrgott, und die katholische Kirche versorgte sie mit dem passenden Rahmen aus Bilderpracht, weihrauchgeschwängerten Prozessionen und gelangweilten Ministranten.

Besaß sie eine Bibel?

Ich glaube, nicht. Ein kleines Brevier ja, aber keine Bibel. Ihre Augen waren Bildern und prachtvollen Spektakeln geweiht, nicht Buchstaben und Wörtern. Materiell gar zu Aufdringliches machte auf sie allerdings auch keinen großen Eindruck. Balsamierten Heiligen und Reliquien aller Art stand sie skeptisch gegenüber, besonders angeblichen Resten vom Kreuz Jesu, die, alle zusammengenommen, ihrer Meinung nach gereicht hätten, die gesamte Gemeinde der Peterskirche in Rom zu kreuzigen; über Reliquienschreine mit solchen Holzsplittern beugte sie sich stets voll Misstrauen.

Von einer Israelreise brachten wir ihr als Geschenk ein Fläschchen mit heiligem Jordanwasser mit. Sie freute sich darüber; ansonsten aber war es ihre Gewohnheit, angesichts von Geschenken keine Gemütsbewegungen zu zeigen, sich zuweilen nicht einmal dafür zu bedanken. Das heilige Jordanwasser verwahrte sie zwischen Salzfass, Senfgläsern und einigen Packungen *Cedevita* (ein Vitamintrank in Pulverform) und *Vegeta* (eine Gewürzmischung) in einem Küchenschrank.

Das Fläschchen war bald leer. Meine Frau war überzeugt, dass sie das Wasser versehentlich weggeschüttet oder in einem Kochtopf auf dem Herd ihre Tomatensauce damit gestreckt hatte.

Wie eine Ehe zwischen einem aufrechten Kommunisten und einer frommen Katholikin überhaupt funktionieren konnte, gehört zu den Geheimnissen, die das Leben zu einem so einzigartigen Abenteuer machen. Ein Teil dieses Geheimnisses bestand wohl darin, dass sie die Partei des Mannes nicht ganz ernst nahm. Sein Kommunismus war für sie kein ihrem Katholizismus ebenbürtiger Glaube, eher ein Zeitvertreib für Männer, die sich ja bekanntlich selten mit den wirklich entscheidenden Fragen des Lebens befassen.

Für meine Schwiegermutter stand der Kommunismus hauptsächlich für vertikale Mobilität: Was früher unten war, war jetzt oben und umgekehrt. Das war in Ordnung. Sie selbst war jetzt eher oben als unten. Früher war das anders. Der Kommunismus brachte auch mit sich, dass jetzt alle schreiben und lesen lernen konnten, wonach sie kein Bedürfnis hatte, es anderen aber gern gönnte. Warum nicht? In Vollzeit Kommunist zu sein, so wie ihr Mann, war bestenfalls ein Beruf wie jeder andere: Die Armee der Kommunisten hatte jedenfalls die fescheren Uniformen als die Feuerwehr und die Eisenbahn.

Das Beste am Kommunismus waren die Abende im Offizierskasino mit Tanz und Livemusik. Seit den Tagen Kaiser Franz Josephs hatte sich nicht viel verändert, doch waren die Uniformen nicht mehr blass taubenblau und ihre Träger keine Grafen oder Barone; die meisten waren Söhne von Bauern und kleinen Leuten, die große Mühe hatten, ihre Unsicherheit und Ungeschicktheit zu verbergen, die der Preis der vertikalen Mobilität waren. Oft ging es daneben. Doch unter Schüsseln mit Apfelsinen und großen Blumenvasen mit Rosen und Orchideen bog sich der Soupertisch, und meine Schwiegermutter saß neben ihrem Gatten in der Mitte der Tafel. Sie müssen ein sehr elegantes Paar gewesen sein. Sie tanzte gern mit anderen Offizieren, und er war eifersüchtig; allzu auffällig mit einem der anderen Kavaliere zu flirten war ausgeschlossen. Bei Tisch wurden viele Trinksprüche ausgebracht und langweilige Reden gehalten, die aber Gott sei Dank schnell vorbei waren.

Dann war es wieder Zeit zu tanzen.

Die eine oder andere kommunistische Phrase muss meiner Schwiegermutter gleichwohl im Gedächtnis geblieben sein, und der Einsatz der Partei für das Proletariat erinnerte sie vage an die Fürsorge der Kirche für die Armen.

Ganz ohne Konflikte war eine solche Ehe aber dennoch nicht möglich gewesen. Den Alltag hatte nun die Partei im Griff, nicht die Kirche. Die Kommunisten wollten alle Religion ausrotten, zumindest laut ihren Broschüren und der einen oder anderen Rede im Offizierskasino. Meine Schwiegermutter beunruhigte das aber wahrscheinlich nicht in dem Maße, wie es ihr Mitleid mit denen weckte, die solchen Dummheiten Glauben schenkten. Die Broschüren schlug sie nicht auf, doch ihre Ohren konnte sie nicht zuklappen. Dennoch tat sie so, als hätte sie nichts mitbekommen; doch ihr Mann wusste, dass sie sowohl gehört als auch missbilligt hatte, was gesagt worden war.

Er seinerseits versuchte ihren Katholizismus zu ignorieren, so gut es irgend ging, überzeugt, dass er die Geschichte auf seiner Seite hatte und ihr Glaube, wie auch jede andere Religion, zum Verkümmern und allmählichen Aussterben verurteilt war, um von der Wissenschaft ersetzt zu werden. Bis dahin musste er allerdings unter Aufsicht gehalten werden. Seine Frau konnte die Kirche nur heimlich besuchen und an den großen Festen gar nicht; hätte ihr Gatte erfahren, dass sie dort, auf Knien mehrmals um den Altar herumrutschend, einen Heiligen (welchen, weiß ich nicht mehr) dazu zu bewegen versuchte, seine schwere Nierenkrankheit zu heilen, dann hätte er das nicht als liebevolle Fürsorge aufgefasst, sondern als reaktionären

Aberglauben und persönliche Schmach, als Angriff auf die materialistische Weltanschauung seiner Partei und die Geschichte schlechthin.

Ihr dieses Knierutschen zu verzeihen wäre nicht möglich gewesen. Das wusste sie. Doch trotz des Verbots blieb sie heimlich eine treue Kirchgängerin und wendete für Messen, Fürbitten oder den Klingelbeutel fast genauso viel Geld auf wie für die Vorbereitungen zu den Tanzabenden des Offizierskasinos.

Und beider Tochter, meine Frau, wäre niemals getauft worden, hätte nicht ihre Mutter zusammen mit ihrer Schwiegermutter dafür in allergrößter Heimlichkeit gesorgt. Gemeinsam hatten die beiden Frauen nicht nur den Verkündungen der Parteibroschüren über das baldige Aussterben aller Religion getrotzt, sondern auch – und das war mutiger und gefährlicher – dem Vater des Kindes. Der Oberst sollte in Unkenntnis darüber sterben, dass seine eigene Tochter hinter seinem Rücken durch die heilige Taufe in die Gemeinschaft der Christen aufgenommen worden war. So wurde seine Tochter, meine atheistische Frau, im großen Buch der Kirche verzeichnet, worin alles bewahrt und nichts je vergessen wird.

Sie wurde zwar getauft, ohne sich wehren zu können. Jahre später konnte sie wenigstens selbst entscheiden und sich weigern, einen Antrag auf Mitgliedschaft in der Partei zu stellen.

Am schwersten musste die Entscheidung, sie zu taufen, der Großmutter des Kindes, der Mutter des Obersts, gefallen sein. Sie vergötterte ihren Sohn. Schließlich war es sein Verdienst, dass die Familie jetzt gemeinsam in einem großen Haus leben konnte wie vor dem Krieg nur die ganz Reichen (einem Haus, das wahrscheinlich von ebendiesen beschlagnahmt, »nationalisiert« oder »konfisziert« worden war) und dass er jeden Morgen von einem Chauffeur mit dem Dienstwagen abgeholt wurde.

Auch dieser Chauffeur trug Uniform, allerdings eine einfachere. All das war das Werk ihres Sohnes. Das wusste sie. Doch obwohl sie das wusste und dafür dankbar war, hatte ihr Gewissen sie gezwungen, ihren Sohn zu verraten, weil Gott trotz allem mächtiger war als selbst Tito und die Partei.

Auch nach dem Tod ihres Mannes sollte die Partei noch in das Leben meiner Schwiegermutter eingreifen und ihr unvorhergesehene Probleme bereiten. Nach dem Zusammenbruch Jugoslawiens, während des schlimmsten nationalistischen Taumels in Kroatien, war ihre größte Sorge, wie sie mit Blumenarrangements den roten Partisanenstern auf dem Grab ihres Gatten verbergen konnte. Statt eines Kreuzes war dort ein fünfzackiger Stern in den Stein gemeißelt. Zwischen all dem grauen Granit und polierten schwarzen Marmor leuchtete er flammend rot, und sie fürchtete, dass der Stern Gewalttäter anziehen könnte, die das Familiengrab zerstören würden.

Keine Ortsansässigen, nein, nicht die Nachbarn in der Heimatstadt Omišalj auf Krk, die sie alle seit ihrer Kindheit kannte, sondern Auswärtige, die es als ihre patriotische Pflicht betrachteten oder diese als Vorwand benutzten, um alles, was an den Kommunismus erinnerte, einzureißen oder zu schänden, selbst Gräber.

Es genügte, dass sie den verhassten roten Stern trugen.

Meine Schwiegermutter war weder ängstlich noch hysterisch, doch aus guten und sehr konkreten Gründen besorgt. Die Aufarbeitung der kommunistischen Vergangenheit erfolgte in dem neuen kroatischen Staat weder tief noch sonderlich umfassend, eher spontan, hasserfüllt und fast immer handgreiflich: Überall in Jugoslawien, das fast beiläufig und ohne Plan von der Landkarte verschwand, wurden in dieser Zeit Statuen, Denkmäler und Straßenschilder entfernt oder abgerissen, während die alte, mit dem jetzt Vernichteten verbundene Mentalität bestehen blieb und schnell der neuen, nationalistischen Ordnung angepasst wurde.

Ironischerweise war an ihrer Besorgnis der schon verstorbene Tito nicht ganz unschuldig. Dem Grab des Marschalls in Dedinje in Belgrad fehlt das Monumentale und Pompöse, mit dem er sich im Leben so gern umgab. In seiner anspruchsvollen Einfachheit wirkt es fast antiseptisch, ein Denkmal, das sich zu nichts und niemandem zu bekennen scheint: ein liegender weißer Marmorblock mit dem Namen Josip Broz in großen Bronzebuchstaben und darunter, noch größer, Tito, dazu die beiden Jahreszahlen 1892–1980.

Mehr nicht.

Hier ist alles Weltliche weggelassen, auf geradezu nichts reduziert. Doch wenn das Symbol der Christen das Kreuz ist, so ist das der Kommunisten der rote Stern, und Genosse Titos Weigerung, sich zu dem zu bekennen, was doch sein Leben gewesen war, muss auf so manchen wie posthumer Verrat gewirkt haben.

Oder hatte er angesichts des Todes seine Meinung geändert? Befürchtete Tito, dass sein Lebenswerk jenseits des Grabes nicht als Aktivposten gezählt würde? Vor dem Tod, von dem ja niemand von uns sonderlich viel weiß, kann selbst ein Materialist und Kommunist hilflos dastehen. Oder haben wir es mit einem Menschen zu tun, der sich angesichts des Todes von aller irdischen Eitelkeit gelöst hat? Einem demütigen, vielleicht gar resignierten Menschen?

Es kann aber auch sein, dass wir es hier mit dem politischen Agenten und Verschwörer Tito zu tun haben, mit seiner allerletzten irdischen Tat. Wollte er sich, wie er es als steckbrieflich gesuchter Agitator und später als Partisan gelernt hatte, alle

Fluchtwege offenhalten? War dieses Grab sein Versuch, alles belastende Material zu vernichten, um so wenig Spuren wie möglich zu hinterlassen, eine misstrauische Anstrengung, die Hinterbliebenen daran zu hindern, sich im Namen des einen oder anderen Parteiflügels mit dem Erbe des toten Führers zu schmücken?

Wir wissen es nicht. Tito hat nichts hinterlassen, was uns irgendeinen Fingerzeig geben könnte.

Meine Schwiegermutter grübelte viel über die beiden Gräber nach, über Titos Grab und das ihres Ehemanns, so als würde zwischen ihnen eine Verbindung bestehen, die auch für ihr eigenes Leben von großer Bedeutung sei. Ich sprach oft über den Tod mit ihr. Meine Eltern haben beide kein Grab, sie waren verbrannt worden und ihre Asche anschließend in einem Gedenkhain verstreut, obwohl mein Vater sich gewünscht hatte, zusammen mit meiner Mutter unter einem Grabstein zu liegen. Da sie aber zuerst starb und kein Grab haben wollte, hatte er keine Wahl mehr; allein wollte er auch nicht in der Erde liegen, und so wurde mein Vater ebenfalls in den Wind gestreut.

Meine Schwiegermutter war über dieses Ritual, das sie eher als Abwesenheit eines Rituals empfand, fasziniert und erschrocken zugleich. Kam die Rede auf das Leben nach dem Tod, wiederholte sie jedes Mal, dass sie sich keinen Tod ohne Beerdigung und Grab vorstellen könne; nur für jemanden, der im Meer ertrank, machte sie eine Ausnahme. Und sie bekannte, mehr Verständnis für die Serben zu haben, die aus Sarajevo geflohen waren, als für meine Eltern: Die orthodoxen Serben hatten auf den Friedhöfen die Särge mit ihren Toten ausgegraben und sie mitgenommen, bevor sie die Stadt verlassen mussten. Sie könne sich nicht vorstellen, selbst so etwas zu tun, doch sei es immerhin menschlich verständlich und christlich gewesen, was die Serben getan hatten.

Und deren Tote würden ja bald in neuen Gräbern ruhen.

Nicht einmal Tito war ohne Grab ausgekommen, auch wenn das, in dem er lag, einiges zu wünschen übrigließ. Ein Freund meiner kroatischen Familie war bis zum Schluss in seiner Nähe gewesen. Als junger Arzt in dem Krankenhaus in Ljubljana, in dem Tito behandelt wurde, hatte er den undankbaren Auftrag erhalten, diesem mitzuteilen, dass es notwendig sei, ihm den unteren Teil des linken Beins zu amputieren. Keiner der älteren und erfahrenen Kollegen hatte es gewagt, ihm diese Botschaft zu überbringen. Tito hatte eine Operation strikt abgelehnt, er würde sich lieber erschießen, als sich von ihnen zum Krüppel machen zu lassen. Medizinische Gründe ließ er nicht gelten.

Gebt mir einen Revolver statt eures Skalpells, soll er gesagt haben.

Nach Meinung der Ärzte konnte sein Leben jedoch ohne Amputation nicht gerettet werden. Schließlich hatte man Tito sogar überzeugen können, doch da war es bereits zu spät. Nach der Amputation verschlechterte sich sein Zustand rapide; vier Monate rang er mit dem Tod, und es ist zu vermuten, dass man das, was nach der Operation noch sein Leben genannt wurde, mehr aus politischen denn aus anderen Gründen verlängerte. Josip Broz Tito starb am 4. Mai 1980.

Der Freund der Familie war überzeugt, dass Tito nicht geglaubt hatte, jemals sterben zu müssen. Der Tod sei etwas für andere, nicht für ihn. Erst als sich eine Amputation medizinisch als unumgänglich erwiesen hatte, soll er begriffen haben, dass der Tod bei ihm keine Ausnahme machte. In dem Moment, als er der Operation zustimmte, gab er dem slowenischen Freund der Familie zufolge sein Leben auf. Nachdem Tito das halbe Bein verloren hatte, nahm der Tod auf einem Stuhl in seinem Krankenzimmer Platz, um zu warten, bis er an der

Reihe war. Genauso wenig wie er an den Tod geglaubt hatte, soll er an ein Leben nach diesem Leben geglaubt haben. Vielmehr habe sich der Marschall an das einzige Leben geklammert, das er hatte, an dieses spannende und verschwenderische Leben, um das ihn doch alle Welt beneiden sollte.

Was der slowenische Freund da erzählte, gefiel meiner Schwiegermutter nicht. Missbilligend hielt sie den Kopf hoch und fingerte an ihrem Rosenkranz, wie immer, wenn sie sich aufregte. Tito hatte sie tief enttäuscht. Seine Hoffnung, dem Tod zu entgehen, hielt sie für Blasphemie, für eine dieser Kindereien, denen Männer manchmal anhingen, und da sie ihn sonst immer eher in Schutz nahm als kritisierte, war schon schlimm genug, dass er sich als ein Mann wie jeder andere herausgestellt hatte. Am schlimmsten aber war, dass Tito ihren Gatten mit seinem roten Stern auf dem Friedhof im Stich gelassen hatte; der Marschall war desertiert, während von seinem Fußvolk erwartet wurde, dass es den Kampf, der allem Anschein nach bereits in der totalen Niederlage geendet hatte, bis zuletzt weiterführte.

Und dann dieses nichtssagende Grab!

Ein Führer musste sich auch im Tod und darüber hinaus als vorbildlich erweisen. Als Toter hatte Tito dem Tito, der in ihrer Erinnerung lebte, ernsthaft Schaden zugefügt. Er hatte sich als Waschlappen herausgestellt, und nichts verachtete meine Schwiegermutter an Männern so sehr wie Schwäche (vor allem die, nicht in Maßen zu trinken). Der Marschall hatte sich nicht nur als feige, sondern auch noch als unsolidarisch erwiesen. Der rote Stern taugte für ihren Gatten, für ihn selbst aber war er nicht gut genug.

So hatte sie sich das wichtigste Schlagwort der Kommunistischen Partei »Brüderlichkeit und Einheit« *(bratstvo i jedinstvo)* nicht vorgestellt. Sie glaubte selbst mehr Mut bewiesen zu haben, als sie mit ihren Blumen den Stern auf dem Familiengrab vor Gewalttätern zu schützen versuchte.

Noch erbärmlicher freilich als Tito war Franjo Tudjman. Tudjman war einer von Titos Günstlingen und der jüngste Partisanengeneral gewesen, der aber später in Ungnade fiel. Erst nach dem Zerfall Jugoslawiens machte er wieder Karriere. Den ersten Präsidenten des neuen kroatischen Staates hielt meine Schwiegermutter aber für einen Verräter. Dass er die Partei verlassen hatte, spielte keine Rolle, nicht einmal, dass er den Kommunismus schließlich gänzlich abstreifte, so wie man ein schmutziges Hemd auszieht – mit den Worten meiner Schwiegermutter: wie eine sich häutende Schlange –, um in ein sauberes zu schlüpfen und fortan als kroatischer Patriot und Katholik auftreten zu können. Von alldem ließ sie sich nicht beeindrucken. Tudjmans katholischer Glaube war nicht mehr als ein Teil seines Amtes, etwas, was von einem Landesvater erwartet wurde, schlicht und einfach politische Berechnung statt ein Bekenntnis des Herzens.

Aber einen solchen Glauben konnte sie nicht ernst nehmen; zumal der Präsident die Kirche auch noch dadurch lächerlich machte, dass er immer wieder demonstrierte, wie unbekannt ihm ihre Rituale waren.

Eine solche Verwandlung war ihr dann doch zu viel: zu abgebrüht, zu frech und respektlos. Sie bezeichnete sie als Heuchelei, zumal sie der Ansicht war, Tudjman habe nicht einmal gelernt, ein richtiges Kreuzzeichen zu machen. Wahrscheinlich hatte er als Erwachsener, bevor er seinen Kinderglauben wieder ausgrub, nie einen Fuß in eine Kirche gesetzt.

Das Kreuzzeichen? Tudjman schaffte es nicht, dass es wie ein frommes Bekenntnis aussah zu dem, der für ihn am Kreuz gelitten hatte, sondern immer so, als würde er sich selbst dekorieren. Sosehr der Präsident des Landes sich auch anstrengte, es wurde verkehrt. Und kein Kardinal oder Bischof wagte es, ihn zu korrigieren; meine Schwiegermutter verachtete den Präsidenten des Landes und schämte sich für ihre Kirche.

Manchmal plagten aber auch sie Zweifel. Dieses Leben eines Tages zu verlassen, fand sie natürlich und unausweichlich, sie hatte sich längst damit abgefunden. Aber konnte man denn sicher sein, dass es auch ein Leben nach dem Tod gibt? Wer wusste das schon?

Ihrem insularen Argwohn getreu verließ sie sich nicht so recht auf die Priester und war gleichzeitig zu stolz, sich ihnen gegenüber glaubensschwach zu zeigen. Also wandte sie sich mit ihren Zweifeln an uns andere Familienmitglieder, die allerdings nur mit den Schultern zuckten oder etwas sagten, was sie ärgerte statt beruhigte. Mit niemandem von uns konnte sie ihre Besorgnis teilen.

Ich schlug vor, dass Gott sie prüfe wie einst Hiob. Von Hiob hatte sie gehört, aber sicherlich nie die Geschichte über ihn und seine Prüfungen gelesen. Die Bibel behandelte meine Schwiegermutter wie die meisten Bücher: Sie war nicht einmal dazu da, dass man darin blätterte und hier und da ein paar Verse las, kein Buch, das sie überhaupt öffnete, es reichte, dass die Priester es für sie taten. Zu irgendwas müssten diese dickleibigen und selbstgefälligen Menschen ja gut sein, meinte sie und schlug, erschrocken über das, was sie gesagt hatte, im nächsten Augenblick die Hand vor den Mund. Um ihr aus der Verlegenheit zu helfen, lachten wir über das, was sie gesagt hatte.

Ihre Zweifel zerstreuten sich jedoch nicht, und mit der Zeit neigte sie zunehmend zu der Auffassung, dass diese mehr mit den Priestern der Kirche als mit Gott zu tun hatten. Sie hatte sie im Verdacht, sie um das ewige Leben zu betrügen, um es für sich selbst zu behalten. Die Priester hätten sich zwischen sie und Gott gestellt; sie und andere Gutgläubige seien schlicht

Opfer einer großen Verschwörung. Und diese Verschwörung würde betrieben, um das Geheimnis zu hüten: Nur wer einen Priesterrock oder Nonnenschleier trage, erhalte Zutritt zum Jenseits, alle anderen blieben davon ausgeschlossen. Und ihr Zorn darüber, von der Priesterschaft der Kirche womöglich getäuscht zu werden, war ebenso groß wie ihre Besorgnis, nicht eingelassen zu werden.

Ich versuchte sie davon zu überzeugen, dass ihre Zweifel nichts als Schatten ihres Glaubens seien. Glaube und Zweifel gehörten zusammen. Sie seien wie siamesische Zwillinge: So wenig wie sich ihr eigener Körper von dem Schatten, den er wirft, trennen lasse, so unmöglich sei es, sich Glauben ohne Zweifel vorzustellen, und mit den Priestern der Kirche habe das nichts zu tun, nur mit ihr selbst. Das schien sie etwas zu beruhigen.

Ich nehme an, es war vor allem der Vergleich mit dem Körper und dem Schatten, der sie überzeugte, weniger die Zwillinge. Sie kam zur Ruhe. Ganz eigenständig, so schien es ihr, lediglich mit etwas Nachhilfe von ihrem Schwiegersohn, hatte sie diese schwere Prüfung bestanden und Klarheit gewonnen.

Vielleicht war es ungefähr so, als ihr Gatte bei der ersten Feindberührung seine Feuertaufe erleben musste.

Ich hatte erwartet, sie würde das neue Kroatien begrüßen, in dem die Kirche an die Stelle der Partei getreten war. Doch dieses neue Kroatien war ihr ziemlich egal. Es war vor allem zu klein, und dass sich ein derart gestutzter Staat einen falschen Katholiken als Präsidenten hielt, erschien ihr sogar logisch. Verglichen mit Jugoslawien war dieses neue Vaterland eng und provinziell. Wo war die einstige Größe geblieben? Es war vor allem eine Frage der Proportionen. Die stimmten nicht mehr.

Was einst marginal gewesen war, machte sich jetzt mitten im Alltag der Menschen oder auf den ersten Seiten der Zeitungen breit. Auch schienen die Leute einfältiger zu sein als früher, vollauf damit beschäftigt, Dinge interessant zu finden und zu diskutieren, für die früher kein Mensch Zeit aufgebracht hätte. Zeit gab es immer noch, aber kaum etwas, wozu man sie hätte verwenden können.

Wertvoll konnte man sie nicht gerade nennen.

Die neue demokratische Ordnung betrachtete sie mit Unverständnis. Dass man sich jetzt frei äußern, versammeln und sogar Parteien gründen konnte, ohne um Erlaubnis bitten zu müssen, war für sie ein Rezept für das Chaos. Sie konnte es auch nicht ernst nehmen, dass die Regierung dadurch eingesetzt werden sollte, dass Rentner, junge Burschen mit gerade mal etwas Flaum auf der Oberlippe und selbst stadtbekannte Taugenichtse ein Kuvert mit einem Stimmzettel in einen Pappkarton steckten. Macht kam doch auf andere Art zustande und wurde auch anders ausgeübt; darüber wusste sie Bescheid. Und die Wirklichkeit schien ihr Misstrauen zu bestätigen: Auf das sozialistische Jugoslawien hatte die Welt gehört, für das demokratische Kroatien interessierte sich kaum ein Mensch.

Auch das Haus in Rijeka, in dem sie wohnte, verfiel, was in der kommunistischen Zeit nicht so gewesen war. Früher hatte sie pünktlich ihre Miete bezahlt, kaputte Glühbirnen im Treppenhaus waren ausgewechselt worden, und war im zweiten oder dritten Stock der Aufzug stecken geblieben, wurde er repariert. Jetzt kamen sowohl für die Glühbirnen als auch für den Aufzug Extrarechnungen, obwohl sie wie früher pünktlich ihr Hausgeld bezahlte. Das Treppenhaus war schmutzig, und im Eingang waren mehrere Scheiben kaputt. Wenn das der Preis dafür war, dass die Wohnung jetzt ihr gehörte, wollte sie lieber die alte Ordnung mit Treppenreinigung und funktionierender Beleuchtung zurückhaben. Lieber Mieterin und alles in Ordnung als Wohnungseigentümerin, die man mit Rechnungen für Dinge überschüttete, die früher gratis waren. Wem gehörte das Treppenhaus eigentlich jetzt? Die Nachbarn machten ihre Tür zu und taten so, als wäre das nicht ihr, sondern anderer Leute Problem. Doch wessen? Als ordnungsliebender Mensch kehrte meine Schwiegermutter schließlich das Treppenhaus vor ihrer eigenen Tür und bald auch vor den anderen Türen im zweiten Stock, hinter denen frischgebackene Wohnungseigentümer wie sie lebten, doch ohne ihre hohen Ansprüche an Ordnung und Sauberkeit.

Jetzt war sie deren unbezahlte Putzfrau.

Auch die kleinen Parzellen, die sie auf Krk geerbt hatte und die feudal über die ganze Insel zerstreut lagen, bereiteten ihr Kummer. Die neue Wirtschaftsordnung (sie nannte sie Kapitalismus, ein Wort, das sie sicherlich von ihrem verstorbenen Gatten aufgeschnappt hatte) verlangte, dass diese Parzellen urkundlich nachgewiesen wurden, damit sie in ein Kataster eingetragen werden konnten. Die Kommune schickte ihr ein Luftbild, auf dem sie markiert waren, und diese Aufnahme, um die meine Schwiegermutter niemanden gebeten hatte, musste sie bezahlen. Es war schon vorher ihr Grund und Boden gewesen, doch laut Kommune hatte er eigentlich gar niemandem gehört, da er in keinem offiziellen Register registriert gewesen war. Jetzt sollte er mit einem Eigentümer versehen werden, da der Kapitalismus kein anderes als registriertes Eigentum zuließ und alles, was keinen gesetzlichen Eigentümer hatte, gar niemandem gehören konnte. Laut Kommune war das ein großer Fortschritt. Denn wenn man nicht wusste, wem was gehörte, konnte nichts gekauft oder verkauft werden, ohne dass etwas den Eigentümer wechselte, was möglicherweise jemand anders gehörte als dem, der es verkaufte.

Das empörte sie. Sich ihren eigenen Grund und Boden abzukaufen würde ihr nicht im Traum einfallen, ebenso wenig hatte sie die Absicht, ihn zu verkaufen.

Außerdem sollten ihre Parzellen, auf denen gerade mal ein Hühnerstall oder ein paar Olivenbäume Platz hatten, eingezäunt oder auf andere Weise markiert werden, auch das auf ihre Kosten. Das empörte sie ebenfalls, besonders da sie und alle anderen auf Krk genau wussten, welche Parzellen immer schon ihr und ihrer Familie gehört hatten. Doch um zu bestätigen, was alle wussten, sollten sie nun von einem aus Rijeka beorderten Landvermesser kartiert werden, der meine Schwiegermutter dann mit Papieren versehen würde, die belegten, dass der Grund und Boden, der immer schon ihrer war, tatsächlich auch ihrer war, und sowohl für den Landvermesser als auch für diese eigentlich völlig unnötigen Papiere wäre sie gezwungen zu bezahlen.

Erst dann könnte sie mit ihrem Grund und Boden anfangen, was sie wollte. Da sie aber nicht die Absicht hatte, überhaupt etwas damit anzufangen, steigerte sich ihr Zorn auf die Kommune und die Behörden noch: Wenn das die neue Wirtschaftordnung darstelle, sei sie für die alte. Die Kommunisten waren wenigstens immer für das Grenzenlose gewesen; sie hatten Schranken, Mauern und Klassengrenzen eingerissen, jetzt aber kam eine neue Zeit mit Zäunen, blauen, roten und schwarzen Linien auf Karten – und ausgerechnet Mauern. Statt offen zu sein, wurde wieder eingeschlossen und Stacheldraht verlangt, wo die Schafe zuvor frei umhergestreift waren.

Zwischen ihr und der Gesellschaft hatte sich eine Kluft aufgetan. Zum Schlechteren verändert hatte sich jedoch die Gesellschaft, während sie so ziemlich allein an der älteren und besseren Ordnung festhielt. Die neue Ordnung schien ihr armseliger. Es gab sogar deutlich weniger Offiziere als früher, und sie waren kleiner, ihre Uniformen knitterten und saßen schlecht.

Das alles war schon schlimm genug. Noch schlimmer aber war der Verlust an Geographie. Es ging ihr um den Raum. Sie litt darunter, dass alles so viel kleiner geworden war, fast lachhaft klein. Denn was klein war, so ihre jugoslawische Überzeugung, war hässlich und langweilig. Und es stellte eine neue Bedrohung dar, auch für sie, es machte sie provinziell und unbedeutend, und fragte jemand, woher sie komme, war sie dazu übergegangen zu sagen, sie sei in Jugoslawien geboren, allerdings in eine Familie mit alten venezianischen Wurzeln.

Dies war eine trotzige Verteidigung des Raums in eigener Sache, in der Absicht, sich von dem neuen, geschrumpften Staat, durch den auch sie zu schrumpfen drohte, zu distanzieren. Das Ausland oder alles, wonach man heute in den Geschichtsbüchern suchen musste, war besser als das neue Heimatland.

Meine Schwiegermutter schnappte immer öfter nach Luft, sie fühlte sich eingesperrt; allen Ernstes behauptete sie, ihr Emphysem habe sich verschlimmert, seit der geographische Raum, in dem sie notgedrungen lebte, so dramatisch geschrumpft war.

Mit der Größe war auch die frühere Buntheit und Farbenpracht verschwunden. Das jugoslawisch Vertraute hatte sich in etwas Exotisches oder in eine hässliche Karikatur verwandelt. Meine Schwiegermutter störte es, dass ihre jüngere Schwester im mazedonischen Bitola (dem alten türkischen Monastır, Monasterium auf Latein) jetzt im Ausland wohnte, wenngleich sie nie auf den Gedanken gekommen wäre, sie zu besuchen. Im Einklang mit den orthodoxen Serben regte sie sich darüber auf, dass sich ihre mittelalterlichen Klöster nicht mehr in Serbien befanden, sondern im muslimischen Kosovo. Gleichzeitig hatte sie nichts gegen Albaner, beklagte vielmehr, dass es entlang der kroatischen Küste jetzt weniger albanische Eisverkäufer und Juweliere gebe (was eigentlich nicht stimmte). Niemand habe so ein Eis wie die Albaner zubereitet, aus erstklassiger Sahne und Vanille, oder sei so höflich und geduldig. Sie vermisste ihren *kajmak*, den serbischen Frischkäse, vermisste die feschen Montenegriner mit ihren hochmütigen Mienen und ihrer Leidenschaftlichkeit, ärgerte sich Abend für Abend über den Wetterbericht im kroatischen Fernsehen, wo jegliches Wetter jetzt abrupt an der bosnischen und slowenischen Grenze endete, weigerte sich, die vielen neuen kroatischen Feiertage, fast alle katholisch, im Kopf zu behalten, behauptete, Sarajevo mit seinen Moscheen, Minaretten und verträumten orientalischen Gärten sei viel schöner als Zagreb, wenn auch nichts im Vergleich zu einer richtigen Stadt wie Venedig; sie vermisste sogar die einfältige Jugendstafette, die jedes Jahr durchs Land gezogen war und an Titos Geburtstag am 25. Mai (gar nicht sein richtiges Geburtsdatum) in Belgrad geendet hatte.

Wie Jugoslawien untergegangen war, konnte sie sich nicht ganz erklären, hielt es aber für einen Irrtum oder – wenn ihr die Beine vom Rheuma schmerzten – für das Ergebnis einer Verschwörung. Kaum jemandem konnte man noch vertrauen. Woher kamen diese unbekannten Leute ohne Manieren, doch mit Unmengen Geld in der Tasche? Kriminalität hatte es zu Titos Zeiten nur in Amerika gegeben. Aber auch Amerika war nicht mehr das, was es einmal war, und von dem untergegangenen Jugoslawien konnte man bald alles und jedes behaupten. In ihrer Jugend waren »Jugoslawien« und »Jugoslawen« nur andere Begriffe für »Serbien« und »Serben«, doch das war vor dem Zweiten Weltkrieg und eine leicht zu durchschauende politische Maskerade gewesen. Nach dem Krieg hatten dieselben Wörter eine völlig andere Bedeutung bekommen. Da benutzten die Kommunisten sie, und anfangs hatten sie gut geklungen, wenn man auch nach wie vor mitunter misstrauisch und nicht ganz sicher war, was sie eigentlich bedeuten sollten, außer dass sie nicht mehr ausschließlich mit Serbien zusammenhingen.

Aber wenn es Jugoslawien jetzt nicht mehr gab?

Es schien, als wären »Jugoslawien« und »Jugoslawen« zu etwas geworden, dessen man sich schämen müsste; wer diese Wörter öffentlich benutzte, schien sie bewusst in den Schmutz ziehen zu wollen und das, was gewesen war, oder diejenigen anzugreifen, die sich wie meine Schwiegermutter weigerten, sich dessen zu schämen, was gewesen war. Sie verstand sich nicht auf den neuen Nationalismus. Zwar hatte sie nichts dagegen, Kroatin zu sein – allein Katholikin und Kroatin zu sein war schließlich schon eins –, aber weder für das eine noch für das andere brauchte sie einen ganz neuen Staat, am allerwenigsten einen Staat, in dem sie sich eingesperrt fühlte, und bald hing ihr alles Kroatische zum Hals heraus.

Hätte jemand sie gefragt, dann hätte sie sich wohl am ehesten dafür entschieden, Italienerin zu sein. Vermutlich hatte ihre Auffassung mit der Insel Krk zu tun. Denn näher betrachtet, war ihre kroatische Identität nicht ganz selbstverständlich: Franki, ihr Mädchenname, verriet tatsächlich Wurzeln, die weit ins Venezianische oder eher Fränkische zurückreichten, bis in eine Zeit, in der es in diesem Teil Europas noch gar keine Slawen gegeben hatte. Italienisch war ihre zweite Sprache, und italienisch waren die meisten ihrer Gewohnheiten, angefangen bei dem, was sie in ihrer Küche zubereitete, sich und uns in den Mund steckte, bis hin zu dem, was sie an Kleidung trug oder gern hörte.

Die Kirchenglocken läuteten ebenso für Kroaten wie für Italiener zur Vesper, im Rundfunk oder auf dem Grammophon aber sang Mario Lanza nur für meine Schwiegermutter. Wollte sie Schuhe, Espresso oder Parmesan kaufen, fuhr sie in der jugoslawischen Zeit nach Triest, und Nudeln, Reis oder Schalentiere wurden in ihrer Küche auf die gleiche Art wie in Venedig und Friaul zubereitet.

In dem, was im Landesinneren auf den Teller kam, stocherte sie nur herum oder rümpfte die Nase darüber; dort grillte man ganze Schweine über dem Feuer, und das Fett lief einem über die Finger. An Mitteleuropäischem ließ sie die eine oder andere Mehlspeise oder auch Apfelstrudel gelten, die, so war sie überzeugt, der traditionellen Mittelmeerküche angehörten. Dass sie mehr mit Böhmen und Wien zu tun hatten als mit ihrer mediterranen Welt, hielt sie für Verleumdung.

Die letzte Mahlzeit ihres Lebens war ein Teller Fisch. Ihren Rosenkranz hatte sie auf den Nachttisch neben dem Krankenbett gelegt. Dann wollte sie allein sein, drehte sich zur Wand und starb, fast auf den Tag genau drei Monate vor ihrem achtundachtzigsten Geburtstag; weder ihre Tochter noch ihr Schwiegersohn waren an ihrem Totenbett zugegen.

Hätte man meine Schwiegermutter gefragt, was sie sei, hätte sie nicht Kroatin gesagt, auch nicht Katholikin oder die Frau eines Obersts. Sie hätte gesagt, sie sei eine arme Witwe, die der neue kroatische Staat um die Pension ihres längst verstorbenen Mannes bestohlen hat, weil es sich so getroffen hatte, dass er jugoslawischer Kommunist gewesen war.

War sie enttäuscht, dass ihre Tochter keine praktizierende Katholikin war?

Wahrscheinlich. Dennoch ließ sie weder ihre Tochter noch sonst jemanden etwas von dieser Enttäuschung merken. Ihre Tochter, meine Frau, wurde neunzehnhundertneunundvierzig in Rijeka geboren, ein Kind des Krieges, den sie nicht erlebt hat. Einem Weltkrieg entkommt man jedoch nicht so leicht, und mit Hilfe der in der Nachkriegszeit herrschenden Armut langte er auch nach ihr; den Rest besorgten schlechte Ernährung und Vitaminmangel, sie bescherten ihr schwache Augen und krümmten ihr das Rückgrat zu einer gelinden Rachitis, die sich im Lauf der Jahr einigermaßen unmerklich, doch unerbittlich verschlimmern sollte.

Ein Friedensschluss ist oft lediglich die Fortsetzung des Krieges mit anderen Mitteln.

Als kleines Mädchen bohrt sie in der Ecke, wo ihr Bett steht, Löcher in die Wand und isst den Mörtel, vielleicht weil sie instinktiv weiß, dass sie zu wenig Milch und Kalk zu sich genommen hat.

Gleichwohl war in ihrer Kindheit der Krieg vorbei, und ihr Vater und Jugoslawien hatten gesiegt. Die Deutschen hatten den Krieg verloren, obwohl sie bald wieder in Jugoslawien auftauchten. Zuerst in jugoslawischen Filmen, wie üblich in Uniform, wobei sie auf der Leinwand »Halt!«, »Schnell, los, los!« oder »Alle raus!« schrien. Ihre Sprache hörte sich wie das Gebell großer Hunde oder das Rasseln von Ankerketten im Hafen an. So ging es jahraus, jahrein. Im Kino waren die Deutschen freilich nicht mehr gefährlich, wenngleich sie als eine Art ewige Verbrecher und Verlierer auch weiterhin eine wichtige Aufgabe erfüllten, so leicht wurde man sie denn doch nicht los.

Im Sommer sollte meine Frau ihnen an den Stränden der Adria in Badeanzug oder Badehose statt Uniform begegnen, und zu ihrer Verwunderung waren sie freundlich, schrien oder brüllten nur selten, kauften bei den Albanern Eis und widmeten sich wie alle anderen ihren aufblasbaren Schwimmreifen und Korkgürteln. Dennoch wagte sie es nicht, ihren im Kino erworbenen begrenzten deutschen Wortschatz an ihnen zu erproben.

Obwohl die Deutschen den Krieg verloren hatten, wirkten

sie unbekümmert. Hatten sie ihre Niederlage nicht zur Kenntnis genommen? Und warum erlaubten ihnen die Jugoslawen, ihre eigenen Leute, sich aufzuführen, als wären sie es gewesen, die den Krieg gewonnen hatten?

Meine Frau empfand es auch als zutiefst ungerecht, dass der Feind von gestern viel mehr Geld zu haben schien als ihre Leute, die ihn tatsächlich gewonnen hatten. Abend für Abend aßen die Deutschen in dem teuren Restaurant, in dem sie selbst zusammen mit ihren Eltern nur ein einziges Mal gewesen war, an dem Tag, als ihr Vater eine Beförderung feierte. Die deutschen Gäste saßen jeden Abend dort, offenbar ohne etwas Besonderes zu feiern, hatten leere oder halbleere Weinflaschen vor sich auf dem Tisch stehen und sangen gemeinsam Lieder, entweder in strammem Takt oder anmutig zart, keineswegs so traurig und wehmütig wie die Lieder, die sie gewohnt war.

Ihr Vater sagte, dass er am Krieg teilgenommen habe, um im eigenen Land nicht als Sklave von der Gnade von Ausländern leben zu müssen. Diese Sommerdeutschen schienen allerdings von einer ganz anderen Spezies zu sein, zumindest aus einem ganz anderen Land zu kommen als die Deutschen auf der Kinoleinwand. Als Kind konnte meine Frau das nicht in Einklang bringen: Wie konnten Leute, die den Krieg verloren hatten, besser essen und trinken als diejenigen, die ihn gewonnen hatten? Und warum verbeugten und verneigten sich die jugoslawischen Kellner vor ihnen tiefer als vor ihren eigenen Landsleuten? Hier ahnte sie ein verborgenes Geheimnis, womöglich gar eine unangenehme Wahrheit, über die die Erwachsenen nicht sprechen wollten, die aber vieles von dem untergrub, was sie ihr, dem Kind, beizubringen versuchten.

Auch die Italiener hatten den Krieg verloren, benahmen sich aber so, als hätte es niemals einen Krieg gegeben, zumindest keinen, an dem sie beteiligt waren. Für ihren Vater waren sie die Erzfeinde gewesen: grausam, hinterhältig, allzu nahe Verwandte. Die Deutschen? Sie waren hier immerhin Fremde, Gegner, die nicht mit gleicher und gewohnter Inbrunst bekämpft wurden. Als Soldaten hatte er die Italiener verachtet. Zu seiner Tochter sagte er, sie seien nur in den Krieg gezogen, damit sie eine Gelegenheit erhielten, zu kapitulieren und so schnell wie möglich alle ihre Waffen dem Feind zu übergeben.

Obwohl sie begriff, dass man so keinen Krieg gewinnen konnte, weckte dies ihre Sympathie. Ohne recht zu wissen, warum, freute sie sich über die Sorglosigkeit der Italiener, die in gewisser Weise genau ihrer Erwartung entsprach. Am Strand wurde sie immer wieder bestätigt. Die Italiener waren auch dann fröhlich, wenn es gar keinen Anlass zur Fröhlichkeit gab. Sie fragte sich damals, wie das wohl war, einem Volk anzugehören, das alle mochten, aber niemand ernst zu nehmen schien.

Die Italiener hatten auf der anderen Seite der Adria eigene Badestrände und kamen deshalb seltener als die Deutschen, doch wenn sie kamen, benahmen sie sich, als wären sie hier zu Hause; lärmten, lachten und stritten kunterbunt durcheinander, aßen am Strand statt im Restaurant und waren mehr daran interessiert, sich mit fetten Cremes einzuschmieren, um in der Sonne liegen zu können, als zu baden und zu schwimmen.

Die italienischen Familien waren viel größer als die deutschen, oft schienen sie keinen Anfang und kein Ende zu haben. Ein Italiener allein? In diesem Fall hatte er sich zwischen der Imbissbude und dem Uferrand verirrt und fahndete jetzt nach seiner abhandengekommenen Familie.

Alles schien die Neugier der Italiener zu wecken, erschrecken konnte sie offenbar nur die Stille. Trinkgeld hinterließen sie keines, dafür überall am Badestrand Orangenschalen, Korken, Flaschenverschlüsse, Zigarettenkippen und die eine oder andere leere Flasche. Die Italiener waren nicht viel anders als die Jugoslawen. Zu Hause erinnerte ihr Vater jedoch daran, dass sie vor nicht allzu langer Zeit Faschisten gewesen seien, auch wenn sie nichts mehr davon wissen wollten, und daran, dass es wohl nirgends auf der Welt schlechtere Soldaten gebe als sie.

Die Familie hatte eine Verwandte in Neapel, Tante Natalia. Sie trug eine Perücke, damals eine Seltenheit, und lebte, nachdem sie ihren italienischen Mann früh verloren hatte, mit ihrem Hund allein. Starb der Hund, wurde er sofort durch einen neuen ersetzt, stets einen weißen Pudel, der meistens denselben Namen bekam wie der tote, während ihre Perücken sowohl Gestalt als auch Farbe wechselten, mal schwarz, mal blau, mal rot waren. Titos weiße Pudel waren groß und einem Marschall angemessen, während Tante Natalia sich stets einen ganz kleinen, ja winzig kleinen hielt, ohne dass es ihre Macht über die Familie irgendwie verringert hätte. Für die Familie meiner Frau war sie in gewissem Sinne noch mächtiger als Tito.

Damit war Tante Natalia vermutlich die einzige lebende Person, die sogar meine Schwiegermutter fürchtete. Wie sie eigentlich miteinander verwandt waren, gab stets Anlass zu komplizierten Untersuchungen und Auslegungen. Die beiden Frauen vertraten unterschiedliche Versionen, deren einzige Gemeinsamkeit darin bestand, dass sie miteinander unvereinbar waren; stellte aber jemand ihre Blutsbande vorsichtig in Frage, zog er den Zorn der beiden auf sich und wurde sofort angegriffen. Der kleine weiße Pudel gab Laut.

Zu Weihnachten kamen ein oder zwei Fotos aus Neapel, auf denen der Hund zusammen mit der Tante abgebildet war. Der Hund saß auf Tante Natalias Schoß. Gelegentlich schickte sie ein Paket mit echtem Kaffee und süßen, verklebten Bonbons. Diese Pakete waren Geschenke und gleichzeitig Tante Natalias Art, über die Familie zu herrschen. Kam kein Paket, so wusste man in Rijeka, dass man wohl in Ungnade gefallen war. Dann ging es darum, herauszufinden, warum, damit die Ursache des Missfallens beseitigt werden konnte.

Kam daraufhin ein Paket, war wieder alles eitel Freude.

Als kleines Mädchen bekam meine Frau bei einem Besuch bei Tante Natalia in Neapel die erste Banane ihres Lebens zu Gesicht. Die Hälfte davon durfte sie ganz allein aufessen. Diese neapolitanische Banane hatte bei ihr für alle Zeiten einen unauslöschlichen Eindruck hinterlassen; lange hatte sie die gelbe, mit dunklen Flecken überzogene Schale aufbewahrt, die zuerst braun, dann fast schwarz wurde und schließlich so verschrumpelt war, dass sie einem Stück Leder glich und ihre Mutter sie wegwarf. Was umso unverständlicher war, als sonst nichts weggeworfen wurde.

Wenn Tante Natalia zu Weihnachten oder Ostern aus Neapel anrief, stand die gesamte kroatische Familie um den Telefonapparat herum, obwohl der Hörer jeweils nur für eine Person reichte; nur der Oberst hielt sich hinter seiner Zeitung verborgen im Hintergrund. Es hieß, Tante Natalia sei sehr reich, doch es gab keine Beweise dafür, und es war unergründlich, wie sie es hätte werden können. Gleichwohl galt sie als die Erbtante der Familie, auch wenn der Oberst den Frauen im Haus verboten hatte, über so etwas Kleinbürgerliches und Reaktionäres wie erben zu sprechen.

Einigermaßen hielten sie sich an sein Verbot. Denn ohne es offen auszusprechen, hegten alle denselben Verdacht: dass es sich allen Gerüchten zum Trotz um sehr wenig Geld handelte.

Die jugoslawischen Partisanen hatten den Krieg gegen die Deutschen und den Faschismus gewonnen, am Rande hatten aber auch die Engländer und Amerikaner dazu beigetragen.

Manchmal, doch eher beiläufig, tauchten auch sie auf der Kinoleinwand auf. Sie riefen Bewunderung hervor, weil sie den Eindruck erweckten, eher aus Versehen in den Krieg geraten zu sein oder ihn mit einem Spaziergang oder Ausflug verwechselt zu haben. Mit den Deutschen, die sogar als Verlierer eine mit Schrecken vermischte Bewunderung hervorriefen, konnten sie sich jedoch in keiner Weise messen; einen solchen Feind eigenhändig besiegt zu haben stärkte aber das Selbstbewusstsein eines jeden.

In Belgrad wurde zwar behauptet, dass auch die Russen ihren Anteil daran gehabt hätten, den Deutschen den Garaus gemacht zu haben, dass eigentlich die Rote Armee und nicht die Partisanen, die Engländer oder Amerikaner Hitler besiegt und ein Rotarmist die rote Fahne mit Hammer und Sichel in Berlin gehisst habe. Außerdem sollte die Rote Armee Belgrad befreit haben. Nicht Tito. Letzteres wurde in Rijeka übel aufgenommen, weniger deshalb, weil es der Wahrheit entsprach, sondern weil es nicht wahr sein durfte. Die Serben galten jedoch traditionell als russophil, orthodox und weniger informiert, als ein Volk ohne Meer, Papst und Manieren.

Belgrad befreit?

Um der Wahrheit die Ehre zu geben, sei gesagt, dass man in Kroatien darüber nicht so viel wusste. Man interessierte sich auch gar nicht sonderlich dafür. Sicher war nur, dass man außerhalb Serbiens vom Krieg der Russen gegen die Faschisten nicht viel mitbekommen hatte, und tauchte er ab und zu im Fernsehen auf, dann wirkte er mit seinen unüberschaubaren Massen anonymer Soldaten, die im Schutz von Panzern durch eine endlose öde Landschaft ohne Berge und Täler voranrückten, eintönig. Die Russen waren jedoch weit weg; der Katholizismus und die Tatsache, dass sie nicht übers Meer zu erreichen waren, bewirkten, dass sie noch weiter weg erschienen.

Meine Schwiegermutter war der Ansicht, dass sie zu viel tranken und die Gewohnheit hatten, sich mitten in der Nacht (nachdem sie zu viel getrunken hatten) plötzlich auf die Socken zu machen und irgendeinen armen schlaftrunkenen Freund zu wecken, um mit ihm darüber zu diskutieren, wie man leben soll oder ob es Gott gibt oder nicht. Wenn es schlimm kam, soffen sie mehrere Tage am Stück. Dann machten sie sich, wiederum mitten in der Nacht, auf die Socken, um noch mehr Wodka aufzutreiben, und erwachten schließlich Tage später verkatert in einer Schneewehe an einem Ort, wo sie noch nie zuvor gewesen waren.

Tschaikowskis Schwanensee war laut meiner Schwiegermutter in Ordnung, aber bewahre Gott, und dabei bekreuzigte sie sich, uns vor den Russen!

Für die Russen gab es im Mythos vom Krieg keinen richtigen Platz. Die Engländer waren wenigstens kühn mit Fallschirmen bei den Partisanen in den Bergen gelandet; es waren weit weniger gewesen als Deutsche und Russen, und manchmal trugen sie neckische kurze Hosen, wenn sie nicht gar wie Tito Pfeife rauchten. Die Engländer waren exzentrisch und diskret und hinterließen nicht viele Spuren.

Die Amerikaner dagegen waren anders. In einer Familie, die mütterlicherseits seit Generationen Verbindungen zur Neuen Welt hatte, überraschte das kaum: Amerika war schließlich schon immer als Auswanderungsland und Einkommensquelle zur Hand. Die Männer, die dort gearbeitet hatten, brachten nicht nur ihr erspartes Kapital in Dollar mit, sondern auch eine kleine Freiheitsstatue aus Plastik oder ein billiges chinesisches Teeservice, das sie in New Yorks *Little Italy* gekauft hatten, wo sich die Kroaten, zu wenige, um eine eigene Kolonie zu bilden, traditionell zu Hause fühlten. Der Vater meiner Schwiegermutter hatte schon um die vorige Jahrhundertwende beobachtet, wie dann die Chinesen die Italiener und Kroaten aus ihren traditionellen Vierteln zu verdrängen begannen, und den deutschen Kaiser von der »gelben Gefahr« sprechen hören, in der Überzeugung, dass sich die Chinesen in nicht allzu ferner Zukunft die ganze Welt unterwerfen würden.

In einer solchen Welt, sagte der Großvater meiner Frau damals oft, wolle er nicht leben.

Das ist mehr als hundert Jahre her. In der Kindheit meiner Frau hatte sich seine Prophezeiung jedenfalls noch nicht erfüllt. Kein einziger Chinese war in Rijeka oder Omišalj aufgetaucht. Nach dem Zweiten Weltkrieg wusste man sogar eher weniger über Chinesen und was sie trieben, als man zu Zeiten ihres Großvaters gewusst hatte, und schon bald sollte Deutschland sogar auf einer ziemlich isolierten Insel wie Krk Amerika als gelobtes Land ablösen. Paradoxerweise erschien Amerika nun weiter entfernt als früher, und es gab so manche, die meinten, das liege nicht an den Amerikanern, sondern am Kommunismus. Amerika gab es dort trotzdem immer noch, wenn auch nicht mehr so wie früher als Reiseziel, sondern als eine Präsenz, die dadurch verstärkt wurde, dass Jugoslawien den Krieg gewonnen hatte und die Amerikaner zufällig auf derselben Seite gestanden hatten.

Nach dem Krieg mangelte es an fast allem. In der Bäckerei in Omišalj wurde spätabends Brot gebacken, und am besten waren die Brötchen (*kaiserice;* auf Habsburgerdeutsch *Kaisersemmeln*), doch aus irgendeinem Grund galt warmes Brot als ungesund. Auch durfte man vor dem Baden kein Brot essen. Rizinusöl dagegen war zuträglich. Kroatische Verwandte in Amerika schickten wie Tante Natalia aus Neapel Pakete. Oder sie kamen mit Geschenken überladen zu Besuch. Mehr als alles andere überzeugten diese Geschenke die Hiergebliebenen davon, dass diejenigen, die einst für immer weggegangen waren, die bessere Wahl getroffen hatten; die Gefühle, mit denen die Geschenke der Emigranten entgegengenommen wurden, waren gemischt.

Wer in den fünfziger Jahren Kind war, fand Kaugummi am begehrenswertesten von allen amerikanischen Geschenken, diesen rosa, länglichen *Tschungum* (ich habe meine Frau gebeten, das Wort zu buchstabieren, doch sie sagt, es sei nie ums Buchstabieren gegangen, nur ums Kauen) aus *Nevijork*, der so wertvoll war, dass man ihn sogleich halbierte, wenn man das Glück hatte, einen zu ergattern. Die Pakete aus Amerika kamen nur selten, und ihr Inhalt wurde oft teuer weiterverkauft, was *Tschungum* betraf, Stück für Stück.

Den Handel betrieben ältere Frauen, die amerikanische Verwandte hatten. Was den weiten Weg aus Amerika gekommen war, einfach nur anzubieten war ausgeschlossen; nicht einmal für Kinder wurde da eine Ausnahme gemacht, und der insularen Sparsamkeit getreu ließ man nicht mit sich feilschen. Allerdings gab es manchmal einen farbenfrohen Comic auf geglättetem Papier als Dreingabe. Doch was Bazooka Joe trieb, war nicht so leicht zu sagen, da keines der Kinder lesen konnte, jedenfalls kein Englisch. Sie lernten aber schnell, den Kaugummi nicht hinunterzuschlucken, und auch, dass sich ein schon tagelang gekauter, der keinerlei Geschmack oder Farbe mehr hatte, trotzdem noch gegen irgendetwas eintauschen ließ. Mit Hilfe eines zerkrümelten Lippenstifts konnte man ihm wieder seine frische rosa oder hellrote Farbe geben. Ungefähr zehn Jahre später sollte auf der Insel Brač (auf Italienisch Brazza; Bretia in Latein) der erste jugoslawische Kaugummi hergestellt werden, der aber bei weitem nicht so gut schmeckte wie der amerikanische.

Das erhöhte auch den Respekt vor dem amerikanischen Kriegseinsatz noch.

Wer auf den Inseln oder an der Küste aufwuchs, betrachtete

trotzdem Italien als das wichtigste aller fremden Länder. Italien war am nächsten, jenseits des Wassers oder wie Triest jenseits der Grenze. Die Eltern hörten Rundfunksendungen aus Italien, und bald sollte es auch Fernsehen von dort geben, etliche Jahre bevor Jugoslawien sein eigenes Programm bekam. Die Kinder aus dem Viertel in Rijeka versammelten sich vor dem Fernseher des Nachbarn, der sich als Erster einen Apparat, nicht größer als ein Schuhkarton, zugelegt hatte. Wie die Sendungen, so kam auch der Apparat aus Italien. Er stand auf einem Hocker, den man auf einen Tisch gestellt hatte. Dicht an dicht saßen die Kinder auf dem Sofa aufgereiht, um das Musikfestival aus San Remo zu sehen; ihre ausgestreckten Beine und Füße ragten über die Sofakante, und um besser sehen zu können, hatte man das Licht im Zimmer gelöscht. Langsam wogten auf dem Bildschirm in körnigem Weiß oder Grau schattierte Gestalten hin und her.

Es war fast wie im Kino. Doch im Gegensatz zum jugoslawischen Kino, in dem der Krieg weitertobte, herrschten im italienischen Fernsehen Musik und Gelächter, ausgerechnet das, was nicht ganz ernst zu nehmen war.

Jahr für Jahr tauchten Mike Bongiorno und Raffaella Carrà auf dem Bildschirm auf. Die Kinder wuchsen aus ihren Schuhen und Kleidern heraus, während sich weder Mike Bongiorno noch Raffaella Carrà auch nur im Geringsten veränderten. Das Lied, das den Sieg davontrug, konnten sofort alle singen oder zumindest summen. Das Repertoire meiner Frau enthält weit mehr italienische Schlager als amerikanische oder englische, und unter den Idolen ihrer frühen Jugend stechen Caterina Valente oder Domenico Modugno mit stärkerem Glanz hervor als Bill Haley oder Elvis Presley (wobei ihr von Presley seine amerikanischen Variationen von *O sole mio* und *Torna a Surriento* immer noch am besten gefallen).

Italienisch ist ihre zweite Sprache. Sie hat es nie studiert, vielmehr ist die Sprache da, als hätte sie von Anfang an in der Luft gelegen oder als wäre sie von Geburt an auf rätselhafte Weise Teil ihrer Natur. Viel öfter als in Auge oder Hand hatte sie das Italienische im Ohr. Ihr Verhältnis dazu ist unmittelbar und kindlich, richtig erwachsen werden konnte es bei ihr nie. Seit ihrer Kindheit ist diese Sprache jedoch ganz in der Nähe ihrer kroatischen Muttersprache zu Hause, die Sprache endloser Sommertage und des Äthers, lange Zeiten hindurch abwesend oder, ohne großes Aufheben von sich zu machen, eben einfach da, so wie das ewige Rauschen einer Muschel, die man nur ans Ohr zu legen braucht.

Hat ihre Mutter mit ihr italienisch gesprochen?

Hin und wieder vermutlich. Doch bestimmt nicht so oft, dass Italienisch als ihre zweite Muttersprache gelten könnte. Diese Sprache musste sie vielmehr auf indirekten, fast unergründlichen Wegen erreicht haben. Und nur selten in schriftlicher Form: wenn doch, so waren ein Einschlagpapier, eine ausgerissene Zeitungsseite oder ein Schuhkarton wichtiger als ein Buch. Allerdings konnte nichts, was auf Papier geschrieben oder gedruckt war, mit den Worten und Phrasen konkurrieren, die sie am Badestrand aufschnappte oder die ihr Tante Natalia aus Neapel am Telefon zu sagen hatte. Und am wohlsten fühlt sich ihr Italienisch in der Küche; ohne sich dessen bewusst zu sein, wechselt sie zwischen Kasserollen und Töpfen die Sprache und geht vom Kroatischen zum Italienischen über. Wie ihre Mutter zieht sie Pasta den Kartoffeln vor, Gemüse dem Fleisch, Fisch der Wurst, Olivenöl der Butter und Wein dem Bier. Alles, was in den Mund gesteckt werden soll, löst diesen linguistischen Reflex aus, der so tief in einer Kultur verankert ist, die in weiterem Sinne als lateinisch, katholisch-mediterran oder italienisch anzusehen ist, dass sie friert, sobald die Sonne hinter einer Wolke verschwindet, sich weigert, im Haus eine Strickjacke anzuziehen, sich in der Natur verloren fühlt (in jeder Natur, größer als ein Park oder ein Garten), lieber Mandolinen *(tamburice)* als Blechmusik hört, Zugluft am Fußboden fürchtet und den Gedanken, eingeäschert zu werden – und nicht mit allen ihren Knochen und anderen Überresten intakt im Sarg liegen zu dürfen –, unerträglich findet.

Unter gar keinen Umständen kann sie sich vorstellen, in Stockholm mit seinem Protestantismus und seiner Feuerbestattung begraben zu werden.

Zum großen Kummer ihrer Mutter konnte nichts sie dazu bewegen, in die Kirche zu gehen. Und zum Gram ihres Vaters wurde sie nie Mitglied der kommunistischen Partei. Viele ehemalige Parteimitglieder ihrer Generation, die ihre Vergangenheit heute lieber vergessen oder leugnen, tun sich immer noch schwer, ihr dies zu verzeihen. Wie alle anderen trat sie zwar als Kind in der blauen Mütze *(pionirska kapa)*, dem kurzen blauen Rock und der weißen Bluse mit dem roten Halstuch der Pioniere auf, um ein Papierfähnchen zu schwenken und zu Titos und der Partisanen Ehre Lieder zu singen. Aber das war es dann auch. Aus unbekannten Gründen wurde sie der Partei nie als Kandidatin vorgeschlagen, was umso merkwürdiger war, als ihr Vater sicherlich ein Wort für sie hätte einlegen können.

Wollte er nicht? Wurde sie vergessen? Oder hatte es mit der Karriere ihres Vaters zu tun? Sollte er auf diese Art bestraft oder der Erpressung ausgesetzt werden?

Höchstwahrscheinlich aber scheiterte es ausschließlich an ihrer eigenen Abneigung. Sie wollte nicht. Gegen ihren Eigensinn kamen die Eltern nicht an, auch sonst niemand. Die Partei interessierte sie ebenso wenig wie die Kirche, ihre Ideologie nicht und auch ihre Organisation als Sprungbrett für irgendeine Karriere nicht. Allein schon sich der alltäglichen Parteidisziplin zu unterwerfen hätte für sie wohl eine nicht zu bewältigende Aufgabe dargestellt. Die Partei verschwand früh aus ihrem Leben, und ihr Kontakt zur Kirche blieb auf ihre heimliche Taufe beschränkt.

Als Erwachsene vermisste sie weder die eine noch die andere Institution.

Es ist nicht schwierig, sich die Enttäuschung der Eltern über ihre missratene Tochter vorzustellen, mag auch die Enttäuschung des einen Elternteils eine andere gewesen sein als die des anderen. Laut Taufschein der katholischen Kirche ist meine Frau nach ihrem Vater Ivan auf den Namen Ivanka getauft, erst mit zweitem Namen auf Slavenka. Der äußerst seltene zweite Name mit seinem leisen Anklang an den romantischen Panslawismus des neunzehnten Jahrhunderts (*slava* bedeutet in den meisten slawischen Sprachen »Ehre« oder »Ruhm«) hört sich zwar patriotisch an, ist aber nicht national geprägt. Im Gegenteil. Ziemlich sicher bezogen die Eltern damit durchaus bewusst Stellung zum Vielvölkerstaat Jugoslawien. Ein Name wie Slavenka hat deshalb auch etwas Gekünsteltes oder Konstruiertes an sich und erinnert an die soziale Ingenieurskunst jener Zeit. Die Eltern nannten sie lieber Ivanka. In einem frühen Aufruhr gegen den Vater aber sollte sich Ivanka jedoch mit Haut und Haar zu Jugoslawien bekennen und auch ihre Namenswahl durchsetzen.

Fortan wollte sie Slavenka heißen. Nicht anders. Die Eltern kapitulierten. Ich habe weder ihre Mutter noch irgendjemanden sonst sie jemals anders als Slavenka nennen hören.

Der Familienname Sušanj ist unverkennbar kroatisch und lässt sich auf einen Stadtteil von Rijeka zurückführen. Dieser solide Grund sollte in Trümmer gehen, als sie in erster Ehe Frau Drakulić wurde (eigentlich von rumänisch *dracul*, »Drache« oder »Teufel«; wörtlich bedeutet Drakulić »der kleine

Drache«). Außerdem war ihr erster Mann zufällig Serbe, doch wie sein Nachname schon vermuten lässt, mit walachischem Hintergrund, also einer von diesem rumänischsprachigen Volk, das, ohne je einen eigenen Staat besessen zu haben, über den ganzen Balkan verstreut ist und mal Vlachen, mal Walachen, mal Aromunen genannt wird. Als sie zum zweiten Mal heiratete, behielt sie, da sie bereits unter diesem Namen veröffentlicht hatte, aus ihrer ersten Ehe den Nachnamen Drakulić und wurde für die Behörden und in offiziellen Dokumenten daraufhin zu Frau Drakulić-Ilić. Auch ihr zweiter Mann war zufällig Serbe, so dass aus der Kroatin Ivanka Sušanj eine Art jugoslawisch-kosmopolitische, aus nationalistischer Sicht vor allem serbische Slavenka Drakulić-Ilić geworden war, bei der nichts, aber auch gar nichts vom ursprünglich Kroatischen übriggeblieben war.

Solche Metamorphosen waren zu jener Zeit vielleicht nicht ganz üblich, aber auch nicht selten. Als nun ihre zweite Ehe ebenfalls in die Brüche ging, legte sie den Namen Ilić ab und wurde wieder zu Slavenka Drakulić, in keiner anderen Absicht, als sich ihren Namen als Schriftstellerin zu bewahren. Dass sie gleich zweimal einen serbischen Mann geheiratet hatte, galt den kroatischen Nationalisten als Beweis für »Jugonostalgie« und ganz allgemein patriotische Unzuverlässigkeit. Nicht einmal, dass beide Ehen mit einer Scheidung endeten, stimmte sie milder, da sie ja offensichtlich nur aus allzu menschlichen und nicht aus politischen oder nationalistischen Gründen in die Brüche gegangen waren.

Ein Name wie Slavenka Drakulić rief in einem Moment, in dem sich Kroatien mitten im Kampf um seine nationale Selbständigkeit befand, jedoch leicht Argwohn hervor. Und was sie über diesen Kampf schrieb, schien diesen Argwohn nur noch zu bestätigen. Allein schon ein solcher Name war für die

Patrioten, die in ihren eigenen Reihen mit großer Vehemenz auf alles Jagd machten, was nach Protest oder Provokation aussah, ein rotes Tuch. Auch etliche ihrer Kollegen waren dieser Meinung. Ivan Aralica, Autor dickleibiger historischer Romane, in denen viel geritten und gelitten wird, ermahnte sie in bester Absicht, ihren Namen noch einmal zu wechseln: Alle wüssten doch, dass sie eigentlich eine waschechte kroatische Sušanj aus Rijeka sei.

Warum sich nicht zu seiner Herkunft bekennen? In diesen Zeiten einen fremden Nachnamen zu behalten, noch dazu gepaart mit einem panslawistischen, kommunistischen Vornamen, machte sich einfach nicht gut. Schlimmer noch – es wirkte wie Gleichgültigkeit gegenüber dem Schicksal der eigenen Nation. Doch diejenigen, die für dieses Schicksal die Verantwortung auf sich nahmen, wie etwa ihr Kollege Aralica, waren großmütig und bereit zu verzeihen: Den kroatischen Familiennamen wieder in Gebrauch zu nehmen würde ihr schließlich ermöglichen, in den sicheren Schoß der Nation zurückzukehren, und wäre gleichzeitig eine schöne öffentliche Loyalitätserklärung, sozusagen ein Opfer auf dem Altar der Nation, ungefähr so, wie wenn ihre Mutter zusammen mit dem Priester und der Gemeinde in der Kirche das Glaubensbekenntnis herleierte. So in der Art hatte sich der ältere Kollege wohl ihre Rehabilitierung vorgestellt.

Vergebens. Woran sich bereits ihre Eltern die Zähne ausgebissen hatten, sollte sich auch für den Freund und Berater Präsident Tudjmans als zu harte Nuss erweisen.

Die Schwiegereltern meiner Frau – ich bin ihr dritter Mann – waren alle vier Serben, wenngleich die Muttersprache der beiden ersten Kroatisch gewesen war, nicht Serbisch. Sie kamen aus der Herzegowina, wo angeblich das reinste und schönste Kroatisch gesprochen wird. Ihre Familien waren schon seit

Generationen in Kroatien ansässig, während die Schwiegereltern aus der zweiten Ehe meiner Frau aus dem serbisch besiedelten Teil Bosniens stammten. Doch keiner von ihnen war jemals länger als zu ein paar wenigen Kurzbesuchen in Serbien gewesen, zwei von ihnen sogar nie; alle vier waren wie ihre Schwiegertochter Atheisten oder zumindest Agnostiker und alle vier hinreichend alt, um mit Sicherheit als Neugeborene getauft worden zu sein, mit größter Wahrscheinlichkeit von einem orthodoxen Priester, einem serbischen Popen.

Mit Ausnahme dieser alles andere denn als durch Fakten gesicherten Taufen gibt es eigentlich nichts, was sie zu Serben gemacht haben könnte. Weder Muttersprache noch Vaterland, auch nicht Sitten und Gebräuche.

Blut?

Dann aber Blut in Gestalt des Wassers aus dem Taufbecken oder eines gemeinsamen biologischen Ursprungs in ferner, halb mythischer Vergangenheit. Auf dem Balkan hat traditionell mehr als alles andere die Religion die Identität bestimmt, wobei gerade in diesen vier Fällen die Bestimmung alles andere als überzeugend wirkt. Dennoch betrachteten sich diese Menschen als Serben und nichts als Serben. Das mag eigenartig erscheinen, so als ob sie »Nation« und »nationale Zugehörigkeit« als etwas durch und durch Künstliches und Beliebiges aufgefasst hätten, etwas, was der oder die Einzelne wählen und verwerfen kann, wie er oder sie lustig ist, einfach als etwas, was man selbst bestimmt, und nicht, als was man für alle Ewigkeit geboren wird.

Ein sympathischer Gedanke. Man fragt sich aber, was für identitätsstiftendes Material sich in diesen vier Fällen dann wohl verwenden ließe.

Meine Frau ist der Ansicht, als gar nichts geboren zu sein. Wenn sie mitunter doch über ihre Identität nachdenkt, so deswegen, weil jemand anders diese in Frage stellt und behauptet, sie sei etwas, was sie selbst nicht zu sein meint. Jenseits des strikt Individuellen und Existentiellen sich mit einem Begriff wie Identität zu beschäftigen hat in ihren Augen wohl überhaupt keinen Sinn. Die vielleicht einzige Ausnahme verlangt ihr die Sprache ab: Ohne das Kroatisch, das sie schreibt, wäre sie eine andere. So viel ist immerhin sicher. Sie würde sich selbst freilich nicht als kroatische Autorin bezeichnen, sondern als Autorin, die kroatisch schreibt.

Gleichwohl wurden wir in Zusammenhängen, in denen wir es am wenigsten erwartet hatten, daran erinnert, dass es viele gibt, die an Blut und Boden glauben und große Macht besitzen. Das einzige Kind meiner Frau, ihre – ungetaufte – Tochter Rujana aus erster Ehe, hat in ihrer *domovnica* (in etwa das Gegenstück des kroatischen Staates zu einer Geburtsurkunde) ein kleines »s« stehen. Eine *domovnica* ist das wichtigste aller kroatischen Personalpapiere und bildet die Grundlage aller weiteren, wie zum Beispiel eines Passes.

Wir wussten nicht, was dieses »s« bedeutet. Wir hatten uns auch nie für diesen Buchstaben interessiert, der uns erst Sorgen zu machen begann, als Jugoslawien in den Kriegen zerstückelt wurde. Sie erstreckten sich auch auf Kroatien.

Stand dieses »s« vielleicht für Serbin?

Wir waren uns dessen nicht sicher. Etwas anderes als Serbin wollte uns jedoch nicht dazu einfallen. Uns war nur nicht recht klar, was ein solches »s« gerade in Rujanas Fall konkret bedeuten könnte. Stand es für ihre sprachliche Zugehörigkeit? Sie sprach und schrieb jedoch kroatisch, nicht serbisch. Hatte es etwas mit Vaterland und Heimat zu tun? Rujana wurde aber in Zagreb geboren und hat ihr ganzes Leben dort verbracht, bis der Krieg ausbrach und sie mit ihrem Mann nach Wien zog, wo sie zehn Jahre bleiben sollten, bevor sie nach Kroatien zurückkehrten. Oder hatte es mit Religion zu tun? Doch sie glaubte an keinen Gott; als Ungetaufte konnte sie sich nicht einmal auf das Wasser aus dem Taufbecken berufen. Ebenso wie ihre Mutter ging sie nie in die Kirche. Falls dieses »s« tatsächlich für Serbin stand, schien Rujana ohne entsprechende Voraussetzungen mit Vater, Großvater und Großmutter in derselben behördlichen Schublade gelandet zu sein. Das hätte sie nicht gestört, doch gab es einen ganz entscheidenden Unterschied: Die Identität, die jene freiwillig gewählt oder zu der sie sich aus traditionellen Gründen bekannt hatten, war ihr von den neuen kroatischen Behörden ohne ihr Wissen per Dekret aufgenötigt worden.

Sie selbst wurde nicht einmal gefragt.

Nachdem wir alle möglichen Erklärungen geprüft hatten, waren wir unserer Sache allmählich ziemlich sicher. Dieses »s« musste für Serbin stehen. Die kroatischen Behörden rechneten offenbar in Blut und Hälften, was umso unangenehmer war, als wir davon ausgingen, dass alle Einwohner des neuen Staates im Sinne der Französischen Revolution Staatsbürgerinnen und -bürger waren. Der Buchstabe »s« strotzte vor Blut, obwohl wir diese Art der Identitätsbestimmung für immer beseitigt geglaubt hatten.

Doch da schienen wir uns geirrt zu haben, und in einem Krieg zwischen Kroaten und Serben konnte sich diese blutsverwandtschaftliche Festlegung fatal auswirken. Wie konnten wir uns dagegen schützen? Wer mit Blut argumentierte – und jetzt floss Blut, mehr noch aber wurde damit argumentiert –, für den war ein solches »s« in Rujanas *domovnica* in streng formaler Bedeutung zumindest zur Hälfte wahr. Ihr Vater war Serbe, kein Kroate. Und ihre Mutter war nicht viel besser, hatte sie sich doch zweimal mit jetzigen Feinden eingelassen und sich noch dazu geweigert, den serbischen Nachnamen abzulegen, den ihr geschiedener Mann ihr hinterlassen hatte.

Vermittels eines Schriftstücks hatten die Behörden Rujana mitgeteilt, was ihres Erachtens in ihrem Fall gelte, und uns blieb nichts anderes übrig, als uns damit abzufinden. Mich erinnerte die Sache an das Deutschland der dreißiger Jahre und die Nürnberger Rassengesetze. Wozu konnte so ein Buchstabe in einer offiziellen, mit Stempeln versehenen Urkunde nicht alles missbraucht werden? Rujanas »s« sah zwar harmlos aus: klein, fast unauffällig in einen bürokratischen Text eingebettet, der ansonsten aus neutralen wie unverfänglichen Fakten bestand. Trotzdem stellten wir uns die Konsequenzen ausschließlich in Form von Verpflichtungen und Unannehmlichkeiten vor.

Dieses »s« beunruhigte und bedrückte uns allmählich. Wir fühlten uns ausgeliefert. Ich erinnerte mich, dass ab Herbst 1938 auf Verlangen der Schweiz und Schwedens in deutsche Pässe ein »J« gestempelt wurde, ein rotes »J« auf der ersten Seite des Passes, damit kein Zweifel darüber herrschte, wer Jude war und wer nicht. Sicherlich erleichterte ein solcher Buchstabe den Behörden ihr Handwerk.

Doch davon sagte ich dem Rest der Familie nichts. Jetzt war wieder Krieg, und Buchstaben in offiziellen Dokumenten drohten abermals ihre Unschuld zu verlieren.

Mag sein, dass es übertrieben hysterisch klingt, einem einzigen Buchstaben auf einem behördlichen Schriftstück so viel Bedeutung beizumessen; letzten Endes war es ja nur ein Papier. Der Krieg zündelte jedoch an zuvor Alltäglichem und Unverfänglichem, fachte wie ein riesiger Blasebalg Unruhe und Hysterie an, und wir studierten dieses »s«, als wäre es ein verdächtiger Fleck auf der Haut, der plötzlich zu wuchern anfangen könnte, eine Bedrohung, die über uns hängen würde, solange die verschiedenen jugoslawischen Bürgerkriege nicht vorbei waren. Rujanas »s« war buchstäblich ein Geburtsmal, das sich, bislang harmlos, als bösartiges Melanom herausstellen konnte, als Krebsgeschwulst auf dem ansonsten kerngesunden Körper der kroatischen Nation.

Und der Krieg war nicht weit entfernt. In der Krajina hatten serbische Separatisten ein paar Raketen auf Zagreb abgefeuert, eine schlug in dem zu diesem Zeitpunkt leeren Präsidentenpalast ein, später eine weitere im Nationaltheater. An der Straßenecke, an der wir täglich vorbeigingen, kamen durch eine Rakete einige Zivilisten ums Leben. Wir besuchten Dörfer in der Gegend von Karlovac, aus denen die Serben zuerst die Kroaten vertrieben hatten, bevor diese zurückkamen, um ihre serbischen Nachbarn zu verjagen und dann angeblich einige von ihnen in ihren eigenen Brunnen zu ertränken. Die Brunnen waren jetzt mit ungehobelten Brettern vernagelt, um sie herum hatte seit Wochen niemand mehr das Gras gemäht. Die Serben waren fort; die Stille in solchen Dörfern kündete weithin von ihrer Abwesenheit.

Doch ihre Häuser standen noch da, manchmal nicht viel mehr als ein paar Wände, ein Dach und leer gähnende Fensteröffnungen; von Fallrohren und Fensterrahmen angefangen bis hin zu Türklinken war alles gestohlen, was die serbischen Nachbarn nicht hatten mitnehmen können oder nicht mehr brauchten. Mit den gestohlenen Türklinken wurden jetzt woanders Türen geöffnet, freilich in Häusern, die Kroaten gehörten.

Solche verlassenen und ausgeplünderten Dörfer lagen höchstens eine knappe Autostunde von Zagreb entfernt. Was dort geschehen war, sollte später ethnische Säuberung genannt werden.

Zurück in Zagreb, holten wir nochmals Rujanas *domovnica* mit dem beunruhigenden Buchstaben hervor. Zu jener Zeit lag Dubrovnik vom Land und von See aus unter Beschuss. Montenegrinische Reservisten wurden einberufen, kamen von den Bergen herunter und plünderten entlang der Küste Häuser, die nicht nur Kroaten gehörten; in Domizilen, die nur im Sommer benutzt wurden, entdeckten sie große Kühlschränke und Fernseher, Weinkeller und Dachböden, die voller *pršut* (dem luftgetrockneten dalmatinischen Schinken) hingen, ein unbekannter und unerreichbarer Luxus, der sie in der Überzeugung bestärkte, dass es ihr Recht sei, sich zu bedienen.

Vukovar wurde damals mit schwerer Artillerie kurz und klein geschossen, große Teile der Stadt lagen schon in Ruinen, serbische paramilitärische Einheiten zogen ein und richteten im größten Krankenhaus der Stadt schwerverwundete kroatische Verteidiger in ihren Betten hin. Dubrovnik hielt stand, Vukovar fiel, und wir saßen nicht einmal dreihundert Kilometer entfernt in Zagreb zusammen und drehten und wendeten ein Dokument mit einem verstörenden »s«, das, wie immer wir es wendeten und drehten, von links wie von rechts wie von Montag bis Dienstag gleich aussah. Geschichte mag an der Front oder auf dem Schlachtfeld gemacht werden, aber gedeutet wird sie am Küchentisch.

Litten wir mit Dubrovnik und Vukovar? Ich, der eingeheiratete Ausländer, war der Einzige in der Familie, der beide Städte gut kannte. Niemand von uns hatte jedoch Familie oder gute Freunde in Vukovar, und die paar Leute, die wir in Dubrovnik kannten, hatten die Stadt längst verlassen. Fast alles, was wir über die Ereignisse an derlei Orten wussten, hatten wir von ein paar einberufenen Bekannten erzählt bekommen, im Fernsehen gesehen oder aus den Zeitungen erfahren. Wir breiteten Landkarten auf dem Küchentisch aus. Eine zusammenhängende Front ließ sich darauf nicht nachvollziehen; es wurde mal da, mal dort gekämpft, allem Anschein nach ohne Plan oder Überlegung, zufällig und fast ungewollt, als wenn man versehentlich den Inhalt eines Glases über das Tischtuch gießt.

In Zagreb aber ereignete sich nicht viel, meistens gar nichts; um uns herum verlief das Leben fast wie immer, Sorgen und Freuden blieben seltsam unverändert. In der *Operacija Oluja* (Operation Sturm) genannten Offensive eroberte die kroatische Armee die Krajina zurück, die gleich zu Beginn des Konflikts von serbischen Separatisten besetzt worden war. Präsident Tudjman kam als Befreier nach Knin (Tenin auf Italienisch, Tinin auf Ungarisch), über der historischen Festung der Stadt knatterte eine riesige kroatische Fahne im Wind, unter der wie eine Klasse auf dem Schulausflug die politische Elite des Landes stand.

Wurde Salut geschossen?

Ich glaube mich daran zu erinnern. Immer wieder wurde im Fernsehen der Besuch des Präsidenten im befreiten Knin gezeigt, und wie sich bald herausstellte, handelte es sich bei fast allen, die bei der Operation Sturm ums Leben gekommen waren, um serbische Zivilisten, alte Menschen, die es nicht geschafft hatten, rechtzeitig zu fliehen, oder dazu nicht in der Lage gewesen waren.

Ein einberufener kroatischer Bekannter erzählte von tagelangem Warten auf der Ladefläche eines Lastwagens, von kalten, sternenklaren Nächten, mangelnder Verpflegung, betrunkenen Offizieren und vom Versuch zu schlafen als einziger Beschäftigung; meinem Schwiegervater mit seiner Erfahrung aus dem Partisanenkrieg wäre das bekannt vorgekommen.

Und dann war plötzlich alles vorbei. Der Krieg war gewonnen. Der Lastwagen setzte sich wieder in Bewegung, und mein Bekannter und seine Kameraden auf der Ladefläche hatten keinen einzigen Schuss abgefeuert. Für sie war der Krieg vorbei, ohne überhaupt begonnen zu haben, und hinterher sollten sie zornig und nachdrücklich an ihren Einsatz fürs Vaterland erinnern und als »Veteranen« Kriegs- und Invalidenrenten einfordern, wozu sie strenggenommen gar kein Recht hatten.

Heldenmut in den Hergängen zu entdecken fiel mir schwer. Ebenso etwas, was wirklich die Bezeichnung Krieg verdient hätte. Letzteres zu äußern war nicht ungefährlich. Es gab jedoch viel zu wenige Berufssoldaten. Das vorhandene Personal war schlecht ausgebildet und offenbar unfähig zu größeren, aufeinander abgestimmten Operationen; auch konnte man sich des Eindrucks nicht erwehren, dass die Kämpfer bestrebt waren, dem Feind auszuweichen, und eher daran interessiert, über wehrlose Zivilisten herzufallen.

Ich versuchte meine Zweifel mit historischen Vergleichen zu untermauern, die in Zagreb nur selten bei jemandem auf Interesse stießen. Doch ich blieb beharrlich. Was als Krieg bezeichnet wurde, erinnerte mich eher an Überfälle, an Terror gegen die Zivilbevölkerung, und was als militärische Truppe bezeichnet wurde, an jene Art irregulärer, paramilitärischer »Truppen« (auf Türkisch *Başıbozuk* oder *delibaş*), deren sich auf dem Balkan in einer Kriegsführung, die immer wieder in Strafexpeditionen und Plünderungszüge ausartete, schon die Osmanen bedient hatten.

Dieser jetzige »Krieg« war nicht viel anders. Wer immer wollte, konnte sich eine Schusswaffe schnappen, sich wie zum Karneval mit irgendeiner Uniform verkleiden und mitmachen. In den Dörfern wurden Unbewaffnete ermordet, auch Frauen und Kinder, damit die große Masse der Nachbarn die Flucht ergriff und nicht mehr wiederkehrte. Es ging darum, ein Exempel zu statuieren, zu zeigen, was demjenigen blühte, der zu bleiben versuchte. Und die Abschreckung funktionierte:

Jedes Mal flohen weit mehr Menschen, als an Ort und Stelle getötet wurden.

Wie viele fielen, flohen oder ermordet wurden, war nahezu unmöglich zu sagen, aus propagandistischen Gründen wurden alle Angaben dazu systematisch übertrieben. Man protzte mit Zahlen über getötete Feinde und übertrieb gleichzeitig kräftig die eigenen Verluste, um Zorn und Selbstmitleid zu erregen. Keine Seite war daran interessiert, sich an die Fakten zu halten, grob zurechtgebogene oder schlichtweg frei erfundene Zahlen waren viel brauchbarer als die tatsächlichen, die eine Manipulation der Beschreibung dessen, was wirklich geschehen war, nur erschwert hätten. Mit Statistik zu lügen war eine Investition in die politische Zukunft und sollte den Weg zum Herzen der Nation öffnen.

Wer es hören wollte, dem erzählte ich, wie während des Aufstands gegen Nicolae Ceaușescus Diktatur in Timișoara versucht worden war, uns zu täuschen, wie man verbrannte und in Stacheldraht gewickelte Leichen von Menschen, die zuerst gefoltert und schließlich vom rumänischen Geheimdienst *Securitate* ermordet worden seien, zur Beschau aufgereiht und zu Opfern des Regimes erklärt hatte. Mit Blick auf das, was wir von Ceaușescus Diktatur wussten, wollten wir gern glauben, was da behauptet wurde. In Wirklichkeit aber handelte es sich um Tote aus einem städtischen Leichenschauhaus und um Leichen, die in einem nahe gelegenen Friedhof ausgegraben worden waren. Was ich in Rumänien erlebt hatte, galt mit Sicherheit auch für Kroatien und Bosnien:

Allen Angaben darüber, wer wen getötet hatte, wie auch über die Zahl der Todesopfer, war mit großer Skepsis zu begegnen. Dies war keine Frage von Zynismus. Am besten wäre es aber, wenn wir solche Angaben mit kühlem Blick und nüchterner Distanz prüften.

Meine Ausführungen wurden sehr übel aufgenommen. Man gab mir zu verstehen, dass ich es nur deshalb besser zu wissen glaubte, weil ich zufällig aus einem Teil Europas käme, wo man mit seinem Nachbarn nicht mehr in Krieg geriet. Das habe jedoch mit der europäischen Geschichte zu tun und sei nicht mein persönliches Verdienst. Ganz offensichtlich hatte ich die Leute verletzt, als ich sie mit meinen Argumenten alle miteinander in ein und denselben Topf geworfen hatte, ungewollt hatte ich an einen sehr viel größeren Gegensatz als den zwischen Kroaten und Serben gerührt. Denn was ich sagte, wurde als kollektive Beleidigung aufgefasst, und mit einem Mal waren sie sogar bereit, ihre serbischen Feinde zu verteidigen: Der Gegensatz zwischen West und Ost, zwischen *wir* und *sie* war plötzlich viel stärker als der zwischen Kroaten und Serben. Mit meiner Kritik an ihrem Krieg hatte ich diesen Teil Europas – niemand sagte Balkan – insgesamt angegriffen.

Denn trotz des Krieges trennte Kroaten und Serben nicht viel, es hätte sich nur schwer jemand finden lassen, der privat anderer Meinung war. Die Serben waren immerhin eine Art Brüder und Schwestern, nahe Verwandte, manchmal sogar echte Verwandte, wenn auch nicht immer besonders beliebte – auf gar keinen Fall aber waren sie Fremde wie die Albaner oder Rumänen.

Möglicherweise war dies ein Teil der Erklärung dafür, dass sie das, was in Timișoara geschehen war, nicht interessierte. Sie wussten nichts über das größte Land des Balkans, und was sie nicht wussten, bestärkte sie nur in allen ihren Vorurteilen: eine byzantinische Kultur, weder richtig Osten noch richtig Westen, bevölkert von Zigeunern und Dieben.

Mein Angriff auf »ihren« Krieg hatte sie tief gekränkt. In ihren Augen hatte ich zu erkennen gegeben, was sie befürchtet, vielleicht auch geahnt hatten, nämlich den Dünkel, wenn nicht gar die Verachtung des Westeuropäers ihnen gegenüber, so als schafften sie es in ihrem Teil Europas nicht einmal, einander ordentlich totzuschlagen. Es wurde nicht offen gesagt, doch ich begriff, dass sie der Meinung waren, mich dank des Krieges durchschaut zu haben. Auch ich war einer von *denen*, einer dieser Leute aus dem Westen, die trotz ihrer wohlwollenden Neugier und ihres freundlichen Lächelns eigentlich auf sie herabsahen.

Und nichts verstanden.

Beschämt entdeckte ich, dass das, was sie entdeckt zu haben glaubten, mit dem, was ich tief im Innern manchmal dachte, ziemlich gut übereinstimmte. Das war eine überaus schmerzliche Entdeckung. Doch sosehr ich auch versuchte, mich meiner Gefühle zu erwehren, konnte ich mich in diesem Krieg nicht so recht engagieren, denn mit seinem Pathos, seiner Verlogenheit und brutalen Unbeholfenheit hatte er auch etwas Unernstes an sich, etwas Operettenhaftes, mochte diese Operette auch blutig sein.

Ich fand mich bestätigt, als ein Bekannter von uns ausgezeichnet werden sollte, ein junger Mann, der tatsächlich an schweren Kämpfen teilgenommen hatte, bevor er während eines Fronturlaubs desertiert und untergetaucht war. Untertauchen bedeutete in seinem Fall, dass er zu einem Freund zog, um die Adresse zu wechseln; er bewegte sich frei in Zagreb, ging zum Fußball und trank wie früher im Stadtzentrum am *Jelačić trg* seinen Kaffee. Ein paar Monate später tauchte er ganz offiziell wieder auf, um eine Medaille für im Feld bewiesene Tapferkeit entgegenzunehmen. Am Abend vor seiner Auszeichnung stand er in unserem Wohnzimmer und bügelte höchstpersönlich seine Uniformjacke für den feierlichen Tag. Sobald er seine Medaille dann entgegengenommen hatte, tauchte er wieder unter.

Dieser Krieg, so schrecklich er war, ließ sich einfach nicht ganz ernst nehmen. Im Freundeskreis stand ich mit meiner Meinung, die mein Verhältnis zu den anderen zu belasten drohte, ziemlich allein und bald isoliert da. Die Männer regten sich mehr auf als die Frauen. Meine Frau versuchte zu vermitteln. Auf Aufforderung der Behörden hatte sie alle unsere Fenster mit Pappe zugeklebt, um zur Verdunkelung der Stadt beizutragen; ich zankte mit ihr und sagte, das sei völlig unnötig und surrealistisch, lediglich ein bürokratischer Versuch, die Kriegsmoral zu stärken, denn niemals würden serbische Flieger Zagreb bombardieren. Doch sie gab nicht nach, und die braunen Pappstreifen, die auf ihre Art düsterer waren als die Frontberichte in den Zeitungen, blieben an den Fenstern. Es sollte ihr einziges Zugeständnis an den Krieg bleiben.

Ein enger Freund wurde an der Front, die keine war, erschossen. Seinen Tod betrachteten wir als schrecklichen Unfall; Krieg herrschte erst, wenn wir die Gefallenen nicht mehr kannten, wenn ihre Namen in den Zeitungen uns fremd waren. Die Listen mit den Toten wurden länger und länger, aber zu sagen, dass wir mit Kroatien darunter litten, wäre eine Übertreibung. Wir waren eher aufgebracht oder frustriert über ein Töten, das wir als völlig sinnlos empfanden, und da meine Frau nicht zögerte, dies ohne Rücksicht auf die in Kroatien herrschende Meinung, wonach das Morden ausschließlich auf serbischer Seite und das Leiden auf kroatischer Seite stattfinde, offen zu schreiben und zu sagen, gelangten auch wir in die Randzone des Krieges.

Das war schlimm genug. Meine Frau wurde öffentlich beschuldigt, ihr eigenes Land verraten zu haben; der Eingang unseres Hauses wurde mit nationalistischen Parolen (oder noch Schlimmerem) besprüht, an unserem Auto wurde der Lack zerkratzt, und nachts meldeten wir uns schlaftrunken am Telefon, wenn uns Leute, die alkoholisiert oder wütend waren (oft auch alkoholisiert und wütend), mit einem grausamen Tod bedrohten. Auf der Straße wurde meine Frau als Hure beschimpft und in der Presse als Hexe, als eine so unattraktive Frau, dass sie Serben habe heiraten müssen, weil kein kroatischer Mann sie hätte haben wollen.

Ich war nicht viel besser, da ich die aktuellen Vorkommnisse ständig mit vergangenen Kriegen und Konflikten verglich, nur um das, was hier vor sich ging, für unmaßgeblich zu erklären. Viele Leute, auch nahe Bekannte, grüßten nicht mehr. Das gehörte zu den allerschmerzlichsten Erfahrungen. Der ausgebliebene Gruß, das mangelnde Lächeln, der leere Blick. Andere waren plötzlich wie vom Erdboden verschluckt. Oder wir konnten schon von weitem sehen, wie sie die Straßenseite wechselten, um einer Begegnung auszuweichen, die unangenehm und mit der patriotischen Stimmung nicht mehr vereinbar gewesen wäre. Aus aufrichtiger Überzeugung gingen uns allerdings nur wenige aus dem Weg, manche hatten wohl eher Angst. Doch die meisten verhielten sich aus rein opportunistischen Gründen vorsichtig, aus Bequemlichkeit oder Berechnung. Nach dem Krieg sollten uns fast alle wieder grüßen, als wäre nichts gewesen. In einer Zeit patriotischen Überschwangs aber erwies sich Zivilcourage als Mangelware.

Manchmal fragte ich mich, ob mein Schwiegervater, hätte er noch gelebt, auf seine Tochter stolz gewesen wäre. Ihre Mutter war es, glaube ich, ohne dass sie es ein einziges Mal sagte. Meine Schwiegermutter bekämpfte den Krieg, indem sie so tat, als würde er nicht existieren. Ich verstand ihre Reaktion falsch, deutete sie dahingehend, dass sie und ich einer Meinung seien, wenn wir ihn nicht ganz ernst nahmen, entdeckte aber bald, dass es sich bei ihr nicht um Skepsis und Distanz, sondern um eine nahezu stumme Verzweiflung handelte.

Für sie war der Krieg eine weit größere Katastrophe als für irgendjemanden sonst in der Familie. Wenn sie vor dem Fernseher saß, glitt mechanisch der Rosenkranz in ihrer Hand hin und her. Am liebsten hätte sie die Abendnachrichten überhaupt nicht gesehen, trotzdem saß sie jedes Mal auf ihrem Platz auf dem Sofa und rief nach uns, damit wir die Sendung nicht verpassten. Sie seufzte öfter als früher, doch galten die Seufzer nicht mehr ihren beiden toten Männern, ihrem Ehemann und ihrem Sohn. Die Schikanen gegen ihre Tochter beunruhigten sie; die Gewalt der Straße war trotz allem schlimmer als die Gewalt an der Front, die sie sich so recht nicht vorstellen konnte. Dennoch trug sie den Kopf höher als gewöhnlich und ließ sich nicht dazu herab, in ihren Augen pöbelhaftes oder gar barbarisches Benehmen zu kommentieren.

Auch Frau Trailović, die freundliche serbische Dame in der Bäckerei in Nova Ves, schwieg, steckte aber jeden Morgen diskret ein paar Kipferl oder etwas Kleingebäck extra in unsere Papiertüte. Es war die symbolische Fürsorge einer Frau, die alt genug war, um gelernt zu haben, dass einer Geste der Sympathie und ein paar trockenen Brotkanten hier auf Erden manchmal großes Gewicht zukommt. Ihr Brot kam direkt aus dem Ofen, und für mich ist der Geruch von frisch gebackenem Brot seitdem mit Fürsorge und Mitgefühl verbunden.

Derlei seltene Solidaritätsbekundungen waren so verstohlen wie rührend. Ich musste dabei manchmal an Mitglieder einer Ordensgesellschaft denken, die inmitten der uneingeweihten Masse heimlich miteinander Zeichen austauschten; nichts war so ermunternd, so aufbauend wie diese Gesten, die zeigten, dass man nicht allein war.

Ich hatte den Eindruck, dass Frauen, auch lediglich entfernte Bekannte wie die Kellnerinnen in unserem Viertel oder die Damen am Zeitungskiosk und im Friseursalon, öfter als

Männer offen ihre Sympathie zum Ausdruck brachten. Die Männer waren mehr mit dem Krieg als solchem beschäftigt; sie bezweifelten selten, dass er notwendig und sogar gerechtfertigt war, und gingen dann dazu über, detailliert darzulegen, wie er geführt werden müsste, wollte man ihn gewinnen. Sie verwickelten uns in militärstrategische Diskussionen, von denen ich kaum etwas verstand, die schnell prinzipiell und ideologisch wurden und nicht selten zugunsten derer endeten, die in den Medien offen meine Frau anzugreifen pflegten. Sie sprachen mit Begeisterung und Wärme über den Krieg. Ich versuchte, sie zu meiden.

Das Schweigen meines Schwiegervaters über den Partisanenkrieg sollte sich nun wiederholen. Das erste Opfer des Krieges war vielleicht nicht so sehr die Wahrheit, als vielmehr die vertraulichen Gespräche von früher. Selbst Leute in unserer allernächsten Umgebung schwiegen mittlerweile. Sie schienen den Krieg dadurch zu bekämpfen, dass sie ihn nicht erwähnten, sich weigerten, dazu Stellung zu beziehen.

Oder bedeutete ihr Schweigen Zustimmung?

Oft taten sie so, als wüssten sie nicht, dass meine Frau öffentlich angegriffen wurde, weil sie öffentlich über das zu sprechen versuchte, wozu sie schwiegen: Hartnäckig schwiegen sie zu dem, was tagtäglich vor sich ging, als läsen sie keine Zeitungen mehr und hätten sich sowohl von ihrem Fernseher als auch von ihrem Radiogerät getrennt. Erst wenn man sie daran erinnerte, dass es sich doch um öffentliche Attacken auf ihre Freundin handelte, sagten sie: Ja sicher, natürlich, und beeilten sich hinzuzufügen, sie seien sich völlig im Klaren darüber, dass es äußerst unangenehm sein musste, angegriffen zu werden und sich nicht zu den gleichen Bedingungen verteidigen zu können.

Selbstverständlich seien sie gegen jegliche Form von Verleumdung. Und beteuerten ihre Freundschaft.

Doch was früher, nicht so genau unter die Lupe genommen, wie solide Freundschaft ausgesehen hatte, kann schon von Anfang an Risse gehabt haben, Risse, die erst der Krieg zutage brachte. Manche dieser Risse ließen sich auch nach seinem Ende nicht mehr kitten. Am merkwürdigsten aber war, plötzlich auf Sympathie zu stoßen, wo niemand sie vermutet hatte, und auf Kritik oder – schlimmer noch – auf Schweigen, wo wir eigentlich fest mit Solidarität oder einem klaren Wort gerechnet hatten.

Das war die größte Enttäuschung: dieses stumpfsinnige Schweigen, das schlimmer war als jede offene Verleumdung, schlimmer noch als eine Verleumdung in Gestalt einer reinen Lüge.

Täglich fand sich zum Frühstück der Krieg am Küchentisch ein, als hätten wir den Tag nicht mit einer Tasse Kaffee, sondern mit einem Teller voll giftiger Suppe zu beginnen. Es reichte, die Zeitungen aufzuschlagen, um sofort schlechte Laune zu bekommen. War dies unser Alltag? Was wir da lasen, wirkte wie ein nationalistischer Aufguss des Kommunismus, allerdings aus dessen allerfrühester, heroischer und blutiger Phase, die selbst erlebt zu haben wir zu jung waren. Trotzdem kannten wir alles auswendig: den Personenkult, den schrillen Ton, die folgenschweren Insinuationen und Denunziationen, die langatmige Auslegung mit erhobenem Zeigefinger, das Fragmentarische und Unausgesprochene, die ständigen Warnungen und Drohungen.

In den letzten Jahren Jugoslawiens war das meiste davon langsam, aber, wie es schien, sicher verschwunden. Jetzt war es wieder da.

Unsere schreibenden Kolleginnen und Kollegen, etliche mit uns befreundet oder bekannt, schrieben Dinge, von denen wir wussten, dass auch sie wussten, dass es sich um Lügen handelte. Sie hielten sich eng an das, was von höchster Stelle vorgegeben und von ihnen erwartet wurde. Der journalistische Auftrag bestand nun darin, zu wiederholen und zu bekräftigen, dabei jene Distanz zu vermeiden, die nach Kritik hätte aussehen können. Einige Kollegen versuchten sich dadurch zu retten, dass sie sich an eine Handvoll magerer, bescheidener Fakten klammerten oder Dinge schrieben, die so selbstverständlich waren, dass dafür kein Papier hätte vergeudet werden müssen.

Jedes Frühstück dasselbe. Zunehmend aufgebracht, lasen wir die Zeitungen, oft auch laut im Versuch, einander mit Zitaten aus absurden Nachrichten oder Kommentaren zu übertreffen.

Etliche der besten Journalisten des Landes hatten ihre Redaktionen verlassen, noch öfter verlassen müssen, und ohne sie taten sich in den Spalten große Lücken auf, die rasch mit unleserlichen Texten gefüllt wurden, vergleichbar einem Schiff, das mit Ballast beladen wird. Kompetenz und vor allem Mut standen tief im Kurs. Direktes wurde durch Indirektes ersetzt, sei es, dass es sich um Selbstzensur handelte, sei es, dass ein paar verkappte kritische Bemerkungen in einen Nebensatz geschmuggelt wurden. Dennoch war das, was nicht geschrieben wurde, wichtiger als das, was in die Zeitung geriet.

Ich war dazu übergegangen, die Zeitungen von hinten zu lesen, und beschränkte mich bald auf eine einzige, *Jutarnij list* (Das Morgenblatt), die größte Tageszeitung des Landes. Doch jeden Morgen dasselbe: zuerst mehrere Seiten Sport, dann diverse einheimische Skandale und Unglücksfälle, vermischt mit leichtbekleideten, manchmal fast nackten Damen, bevor der Ton schließlich ernster wurde, wenn ich mich den ersten Seiten der Zeitung und dem Krieg näherte. Dort gab es statt nackter Brüste und Fußballspieler Panzer und jubelnde Soldaten. Die erste Seite war fast ausschließlich dem Schicksal des Landes gewidmet. Der martialische Ernst bekam jedoch etwas Pompöses und Lächerliches, wenn jeden Tag dargelegt werden musste, womit sich »Kroatiens Präsident, Herr Doktor Franjo Tudjman« seit dem vorigen Mal, das heißt seit gestern, befasst hatte.

Dasselbe Spiel im Fernsehen zur besten Sendezeit. Nicht einmal Tito hatte sich in seinen letzten Jahren in den jugoslawischen Medien so breitgemacht wie Tudjman jetzt in den kroatischen. Jeden Tag wurde irgendeine Delegation empfangen, eine Truppe oder ein Frontabschnitt inspiziert, eine Ausstellung eröffnet, oder es traf ein uns allen unbekannter ausländischer Politiker zu einem wichtigen Besuch in Zagreb ein. Der durfte dann in der Zeitung und auf dem Bildschirm Tudjman die Hand schütteln, und im Rundfunk erhielt er mitunter fast ebenso viele Titel wie der kroatische Präsident.

Wir lebten zwar im gleichen Land wie er, erkannten es in den Medien aber nicht wieder. Unser Land war verschwunden.

Stattdessen wurde von einem Land berichtet, das mit begeisterten Patrioten, Frontkämpfern oder Kriegsopfern bevölkert war, die sich alle rührend einig waren und immer wieder dasselbe sagten. Die Leute, die wir gern gehört hätten, kamen nicht zu Wort. Obwohl es dieses Land nur auf dem Bildschirm gab, erwartete man von uns, dass wir es ernster nahmen als das real existierende Kroatien.

Anfangs regten wir uns darüber auf, dass wir das Land, in dem wir lebten, verloren hatten. Es war, als hätte man es uns gestohlen. Und es tat weh wie der Phantomschmerz einer amputierten Extremität. Der Schmerz war mit dem, was wir verloren hatten, verbunden. Aber dann regten wir uns letzten Endes mehr über das auf, was wir täglich sahen und hörten, über diese bombastisch verlogene und sentimentale Berichterstattung aus einem Land, das es nicht gab, in dem wir aber notgedrungen lebten. Nicht um uns zu informieren, nicht um Fakten oder die

Wahrheit zu erfahren, lasen wir noch Zeitung oder sahen fern, sondern um mit wachsender Besorgnis zu erfahren, was in dieser Scheinwelt als Wahrheit und Fakten galt.

Wir trafen Kollegen, die ihren Job noch hatten und sich täglich mit dieser Wahrheit befassen mussten, die fortwährend damit beschäftigt waren, an den Potemkin'schen Kulissen des Regimes zu zimmern. Bevor wir mit ihnen zusammenkamen, sagten wir uns, dass es das Beste sei, über etwas anderes als über den Krieg zu reden, dass unsere kritische Haltung ein Luxus sei, den wir uns nur leisten könnten, weil wir unser Einkommen aus dem Ausland bezogen (was fast einem Verrat gleichkam). Unsere Arbeit bestand schließlich zu einem nicht geringen Teil darin, dort das schreiben zu können, was sich im kriegführenden Kroatien nicht veröffentlichen ließ.

Wir sagten uns, dass unsere Kollegen in Kroatien schulpflichtige Kinder zu Hause hätten oder eine alleinstehende alte Mutter zu versorgen. Für diese Kollegen Verständnis aufzubringen fiel nicht schwer, wir schämten uns sogar stellvertretend für sie; lange bevor sie selbst die Gelegenheit dazu hatten, entschuldigten wir sie im Voraus. Wir versuchten aber, den Krieg als Gesprächsthema zu meiden, und redeten möglichst über neutrale und unverfängliche Dinge, über Wind und Wetter, über ein Buch, das wir gelesen hatten, bloß nicht über das, was uns alle beschäftigte und worüber in den kroatischen Zeitungen nichts stand.

Doch das ließen unsere Kollegen nicht zu. Offener und schonungsloser, als wir es getan hätten, kritisierten sie stattdessen, was sie selbst geschrieben hatten, versicherten mit uns überzeugender Aufrichtigkeit, dass auch sie sich für das, was sie schrieben, schämten, ihnen aber keine andere Wahl bliebe, weil sie zu Hause nun mal schulpflichtige Kinder hätten oder eine alleinstehende alte Mutter zu versorgen.

Gleichwohl war das Schlimmste nicht das, was in der Zeitung geschrieben stand oder im Fernsehen gesagt wurde, nicht einmal das über die wenigen Leute wie meine Frau, die offen Kritik übten; damit konnte man leben, manchmal sogar darüber lachen. Besorgniserregender war, dass die geschriebenen oder gesprochenen Worte als Aufforderung zum Handeln aufgefasst werden konnten, als Freibrief für selbsternannte Patrioten, im Namen der Nation das Gesetz in die eigenen Hände zu nehmen.

Hatte man nicht von höchster Stelle das Recht dazu erhalten? Der Patriotismus in den Medien lockte auch die Verrückten hervor. Plötzlich begegnete man ihnen im Zagreber Alltag. Wo hatten sie gesteckt? Laute Männer mit eckigen, zackigen Bewegungen, Männer jeden Alters und je älter, desto aggressiver. Auf der Straße oder in der Straßenbahn, im Café oder im Supermarkt. Woher kamen sie? Mit einem Mal waren sie da: in gefleckten Tarnuniformen, die ihre Bierbäuche nicht zu camouflieren vermochten, bereit, jeden herunterzumachen oder zu drangsalieren, den sie in seiner Liebe zur kroatischen Nation als lau verdächtigten.

Einem derartigen Volksaufgebot gegenüber waren wir hilflos, gleichsam ausgeliefert.

Bald war außerdem klar, dass wir uns auch gegen dieses »s« in Rujanas *domovnica* nicht schützen konnten. Was hätten wir tun sollen? In einem offiziellen Dokument etwas durchzustreichen oder zu radieren war undenkbar. Nach wie vor hielten wir uns an das Gesetz, mochten wir auch nicht sicher sein, dass der Staat sich ebenfalls daran hielt. Dieses »s« war unbestreitbar Teil eines offiziellen Dokuments und als solches Teil der Identität meiner Stieftochter, wie der Staat sie begriff. Wie sie selbst zu der Sache stand, war nicht von Bedeutung, nachdem die staatliche Bürokratie ihr Teil dazu gesagt hatte. Wir konnten auch nicht annehmen, dass es an der Sache irgendetwas ändern würde, sollten wir herausfinden, wofür dieser Buchstabe stand; das Wissen allein wäre nicht die Lösung unseres Problems, und um Aufschluss zu erlangen, müssten wir wohl oder übel an den Ausgangspunkt zurückkehren: Aufschluss erlangen könnten wir nur, indem wir uns an die Behörden wendeten.

Aber wollten wir das?

Und was wäre dann der nächste Schritt? Beantragen, dieses »s« aus ihrem Dokument zu streichen? Praktisch von den Behörden fordern, dass sie etwas korrigierten, was von ihrem Standpunkt aus sachlich und rein formal völlig korrekt war?

Wir kamen zu dem Schluss, wenn dieses »s« das bedeutete, wovon wir überzeugt waren, dass es es bedeutete, es das Beste sei, überhaupt nichts zu unternehmen. Stillzuhalten, uns abzufinden, nichts zu fordern, nicht mehr als nötig die Aufmerksamkeit auf uns zu ziehen. Wir entschieden uns, als Untertanen und nicht als Staatsbürger aufzutreten. Und wir setzten unsere einzige Hoffnung darauf, dass der Krieg bald zu Ende sein würde.

Keine Fragen zu stellen hieß jedoch nicht, dass wir an den Antworten nicht interessiert gewesen wären. Es ging nicht um mangelnde Neugier. Doch unsere Neugier und unser Nichtwissen mussten auf andere Weise als mit Hilfe von Fragen gestillt werden. Denn fragen ist gefährlich. Fragen sind Instrumente aus dem Werkzeugkoffer der Machthaber, und Informiertheit war hier gleichbedeutend mit Macht, viel zu wertvoll, um mit jemandem geteilt zu werden. Fragen zu stellen war ein Privileg der Machthaber und dazu da, ihre Macht auf Kosten derer zu festigen, die keine hatten.

Der Machtlose, der dennoch eine Frage stellt, würde sich

nur unnötiger Gefahr aussetzen. Es wäre sofort übel vermerkt worden und hätte Argwohn geweckt, wo vorher vielleicht gar keiner war. Am besten war es deshalb, zu schweigen und keinerlei Auskünfte zu verlangen, am allerbesten, überhaupt nichts zu wissen. Denn dem Mächtigen eine Frage zu stellen bedeutet, auch *ihn* in Frage zu stellen, darauf zu pochen, an Wissen und Informationen teilzuhaben, eine Forderung, die fast immer zu Bestrafung oder ins Unglück führt.

Also besser von Fragen absehen und so die Lage der Dinge bestätigen, in diesem für die Nation schicksalsschweren Moment durch Stillhalten unsere Solidarität mit den Machthabern demonstrieren, weder zu viel noch zu wenig, doch hoffentlich ausreichend Solidarität, um in Ruhe gelassen zu werden.

Unnötige Probleme konnten wir uns nicht leisten.

Nema problema! »Kein Problem!« Diesen Spruch hörte ich mehrmals am Tag: in der Straßenbahn, auf der Bank, im Café, im Supermarkt. Ihm zu entkommen war ganz und gar unmöglich. Aber in einer Welt ohne Probleme bedarf es auch keiner Fragen, und *nema problema* war hier das tragende Element im Alltag der Gesellschaft, eine Formel, die mit ihrem sorglosen, leicht einfältigen Optimismus jedes Problem leugnete und von Fragen jeglicher Art abschreckte, so dass ich bei jedem neuerlichen »Kein Problem!« ahnte, es dieses Mal mit einem höchst wirklichen und vermutlich unlösbaren zu tun zu haben.

Bei dem Entschluss, nichts zu unternehmen, hatten wir gleichwohl ein unbehagliches Gefühl. Es hatte sich nichts geändert. Rujana blieb aus der Sicht der Behörden zwar Kroatin, aber eben eine mit einem kleinen »s« versehene Kroatin. Warum, wussten wir nicht, hatten aber auch nicht gefragt.

Hätte sie selbst auf die Frage, was sie sei, antworten dürfen, dann wäre kein »s« dabei gewesen, ebenso wenig wie sie sich als Kroatin, Patriotin, Katholikin oder Kommunistin bezeichnet hätte. Vielmehr als diplomierte, wenn auch nicht praktizierende Archäologin, als eine Frau, die sich, so gut es geht, mit dem, was sie schreibt, durchzubringen versucht, außerdem als Besitzerin von drei Hunden.

Es fragte sie aber niemand.

BODEN

DAS DORF IM KROATISCHEN ISTRIEN, in dem ich einen Großteil des Jahres wohne, liegt hoch oben auf einem Bergrücken, zweihundertdreiundneunzig (293) Meter über dem Meer, und diese Angabe ist so wichtig, dass sie auf einer an der Kirchenmauer angeschlagenen Steintafel steht.

Die Tafel ist das heraldische Schild des Dorfes. Das Meer kennen die Menschen hier weder als Traum noch als Sehnsucht, nur als etwas, das es ihnen zusammen mit der Meterangabe ermöglicht, ihre Position im Verhältnis zu allen anderen zu bestimmen; dass das Meer dennoch nicht weit weg ist, verrät einzig und allein die insulare Selbstgenügsamkeit dieser Menschen, eine Selbstgenügsamkeit, wie man sie sonst nur auf den Inseln der Adria oder entlang der Küste in Städten wie Venedig, Split oder Dubrovnik antrifft. Die Steintafel an der Kirche verkündet, dass wir uns auf einem völlig anderen Niveau befinden als die Dörfer unter uns in den Tälern und – das braucht gar nicht schriftlich festgehalten zu werden – dass sich jemand, der eine solche Höhe erreicht hat, ungern unter das gewohnte Niveau begibt.

Wer den Gipfel erreicht hat, will dort bleiben. Die eingesessenen Dorfbewohner, so arm und elend wie die meisten im Innern Istriens, sprechen gern schlecht über diejenigen, die weiter unten leben. Zum Gottesdienst müssen diese armen

Menschen jeden Sonntag aus ihren Tälern zu uns heraufkommen. Sie haben in ihren Talgründen keine eigenen Kirchen, und auf einer Anhöhe nimmt sich eine Kirche eben doch am besten aus. Früher kamen sie zu Fuß, heutzutage mit dem Auto. Doch schwarzgekleidet wie eh und je. Die Männer sind jetzt nur noch Chauffeure; während die Frauen in die Kirche gehen, steuern sie schnurstracks das Wirtshaus an. Dort sitzen sie dann den ganzen Gottesdienst über bei ihrem Glas, und diese Arbeitsteilung zwischen Wirtshaus und Kirche zeigt, dass der uralte Streit zwischen Fleisch und Seele, zwischen Welt und Geist auf bestem Weg ist, zugunsten des Fleisches und der Welt entschieden zu werden.

Doch zweihundertdreiundneunzig Meter sind und bleiben zweihundertdreiundneunzig Meter, und bevor die Frauen die Kirche betreten, erinnert sie die Steintafel links neben dem Kirchenportal an das, was hier im Leben nicht zu ändern ist.

Der Friedhof liegt genau im Westen, und von nirgendwo im Dorf ist der Sonnenuntergang so schön wie von der Friedhofsmauer aus, wo die Sonne oft als feuerroter Ball am Horizont hinter den Zypressen versinkt. Früher war an dieser Stelle eine Befestigung mit Aussicht über verschiedene Täler, und obwohl das bald mehr als tausend Jahre her ist, nennen die Leute im Dorf den Friedhof immer noch Kastell (auf Kroatisch und Slowenisch *kaštel*, *castello* auf Italienisch).

Die Kelten waren als Erste hier.

Manchmal habe ich jedoch das Gefühl, Kelten sei nur der Name für unsere geballte Unkenntnis der dunklen Vorgeschichte, für alles, wovon wir nicht die geringste Ahnung haben oder was sich nicht erklären lässt, selbst wenn die Historiker sagen, das sei alles wirklich wahr: Unser Friedhof sei auf den Ruinen einer keltischen Wallburg errichtet und auch der Name des Dorfes, Sovinjak, sei keltischen Ursprungs.

Das Dorf interessiert das jedoch alles nicht. Jegliche Wissenschaft und Kenntnis, die über den gesunden Menschenverstand hinausgeht, gilt als überflüssig. Das Dorf hält sich an die Natur. Was es braucht, um eine Welt zu erklären, die nur selten größer sein darf als das Dorf, holt es aus dem Vorrat an Überzeugungen und Mythen hervor, der in seinem ungeordneten kollektiven Bewusstsein aufbewahrt ist. Man leistet sich hier seine eigene Geschichtsschreibung, und ohne eine wie auch immer geartete historische Rücksicht wird der Name Sovinjak mit dem reichlichen Vorkommen von Eulen bei uns erklärt.

In den meisten slawischen Sprachen heißt Eule *sova*.

Und tatsächlich: Es gibt hier ungewöhnlich viele Eulen, sie scheinen sich in den Kronen der großen Laubbäume dicht am Stamm wohl zu fühlen, und die Alten im Dorf sagen, das sei schon immer so gewesen oder zumindest, so weit sie zurückdenken können. Die Eulen gehören zum Dorf. Bricht die Dämmerung an, sind sie bald zu hören, und das ist für die Geschichtsschreibung des Dorfes eine weit wichtigere Tatsache als die ausgestorbene und von niemandem je vernommene Sprache der Kelten.

Dass das Dorf Sovinjak heißt, erhält damit buchstäblich seine natürliche Erklärung.

Unser Gastwirt Lino hat sogar eine Standarte anfertigen lassen, die bei allen Prozessionen hier im Dorf vorweggetragen wird, bei Erntefesten oder zur Karnevalszeit, wobei die meisten von der Kirche zum Friedhof und vom Friedhof zurück zur Kirche führen. Auf diese Standarte ist der Name des Dorfes gestickt, auf Italienisch (Sovignacco), aber auch auf Keltisch (Sovinjak), was sowohl die kroatische als auch die slowenische Sprache übernommen haben.

Und mitten auf die Standarte ist eine große Eule gestickt.

Im Dorf zählen nur die Tiere der Luft und des Bodens. Von Fischen hat es keine Ahnung, ebenso wenig von Schalentieren. Was aus dem Meer kommt, kennt das Dorf nicht, und was es nicht kennt, wird nicht als Nahrung betrachtet. Man steckt nur das in den Mund, was man seit Generationen in sich hineingefuttert und hinuntergeschluckt hat. Lediglich Klippfisch (*bakalar* auf Kroatisch, auf Italienisch *baccalà*) und der eine oder andere Karpfen finden den Weg hierher, doch ausschließlich zu hohen Feiertagen und weil die Kirche es seit undenklichen Zeiten vorschreibt.

Im Binnenland Istriens verlangt nicht einmal eine Katze nach Fisch.

Trotzdem ist auch hier das Wasser von größter Bedeutung. Wasser ist so kostbar, dass die Menschen es früher einander stahlen. Noch in den ersten Jahren nach dem Zweiten Weltkrieg gab es in Sovinjak nur zwei Zisternen, in denen Regenwasser aufgefangen wurde, eine im Garten des Priesters und eine neben der Schule, wobei die neben der Schule eine junge Lehrerin aus Slawonien gemauert hatte, die nach dem Krieg von der kommunistischen Partei hierherbeordert worden war. Istrien ist arm, Slawonien dagegen ein reiches Bauernland mit fleißigen Menschen, mitteleuropäisch und überaus wohlhabend.

Hier, in unserem Dorf, litt die slawonische Lehrerin. Aber wahrscheinlich krempelte sie Sovinjak mehr um als seinerzeit die Partisanen. Zumindest die Schulkinder sollten etwas zu trinken haben in einem Dorf, wo das Trinkwasser aus Gräben oder Wasserlachen kam, Regenwasser, das mit Essig versetzt wurde, um die schlimmsten Verunreinigungen abzutöten. Alles Trinkbare war selten und kostbar, die Milch, die man den Kindern gab, wurde gesalzen, damit sie sich nicht an ihre angenehme Süße gewöhnten. Milch war Medizin oder etwas für feierliche Anlässe. Wein trank man im Dorf ausschließlich mit Regenwasser gemischt, das seinerseits bereits mit Essig versetzt worden war.

Sich mit diesem kostbaren Wasser zu waschen wäre undenkbar gewesen: Schmutz und Ungeziefer schrubbte man sich mit Lappen oder dem, was die Natur in Form von Gras oder Laub hergab, vom Leib.

Das Wasser in Sovinjak kommt aus dem Erdinnern oder von oben. Das von oben hat an Bedeutung verloren, seit Wasserleitungen bis zum Dorf herauf verlegt wurden, außer als Gesprächsstoff. Von oben bekommen wir entweder zu wenig oder zu viel. Doch selbst wenn wir zu viel Wasser bekommen, ist es zu wenig; es hat sich halt nur alles auf einmal ergossen, eine Grausamkeit oder Laune der Natur, die, wenn man nachdenkt, eigentlich nur unterstreicht, wovon es halt zu wenig gibt. *Od Trsta dva prsta, od Motovuna dva vagona.* Das stimmt. Regen aus Triest im Westen ergibt nie mehr als zwei Fingerbreit, Regen aus Motovun (Montona auf Italienisch) im Süden dagegen zwei volle Wagenladungen. Diese Feststellung stützt sich auf eine sehr lange und gründliche Beobachtung.

Die beiden Wagen aus Motovun wecken außerdem Assoziationen an die Eisenbahn. Und tatsächlich, der Regen aus Motovun findet sich in Sovinjak wie nach einem Zugfahrplan ein: Wir sehen ihn schon früh unter uns im Mirnatal und können auf die Minute genau sagen, wann er bei uns eintreffen wird.

Hochgelegene Siedlungen wie Sovinjak symbolisieren für gewöhnlich Macht oder Isolation. Oder sie symbolisieren sowohl Macht als auch Isolation, die dann zum Hochmut führt. Die Lebensbedingungen so hoch oben sind jedoch karg; wohin das Auge blickt, tritt nackter Fels zutage, die Erde findet nur schwer Halt, mit Platzregen einhergehende Stürme spülen sie die Abhänge hinunter.

Oft schlägt der Blitz ein, und was an Erde dann noch übrig ist, wird von ihrem Besitzer eifersüchtig bewacht. Die Menschen auf dem Gipfel eines solchen Berges werden von einer besonderen Art Hochmut beherrscht, einer fatalistischen, erbarmungslosen Rücksichtslosigkeit gleich; man glaubt genug Steine gegessen zu haben und hält es nun für an der Zeit, dass andere sich davon zu ernähren versuchen, um die missliche Lage hier oben besser verstehen zu können. Bitte sehr!

Die Menschen auf so einer Bergkuppe sind oft einsam und mit sich selbst beschäftigt, wobei sich das eine aus dem anderen ergibt. Sie blicken über die Täler unter sich und überlegen vielleicht einen Augenblick lang, wie es sich da unten wohl lebt, um sich gleich im nächsten davon zu überzeugen, dass sie es eigentlich gar nicht wissen wollen. Mit all den zerkauten Steinen im Magen glauben sie es verdient zu haben, sozusagen von hoch zu Ross auf alle anderen herabzuschauen. Lediglich voreinander können die Dorfbewohner hin und wieder eine unbeholfene Demut an den Tag legen, dann allerdings aus Schwäche, nicht aus Überzeugung des Herzens.

Im Dorf wird einzig und allein beklagt, dass man von oben das Elend der anderen nicht richtig sehen kann: wie mager da unten die Schweine sind, wie karstig und staubig die Felder, wie elend die Frauen, Hunde, Kinder und Häuser.

Wer aus der Ebene oder den Tälern heraufkommt, wird entdecken, dass es hier keine Schweine gibt. Das wundert ihn. In den Dörfern unten gibt es seit jeher Schweine. Diese Verwunderung erfüllt die Bewohner Sovinjaks mit einer Genugtuung, die mehr als mit dem, der zu ihnen heraufgekommen ist, mit ihnen selbst zu tun hat, weil auch diejenigen, die hier auf dem Berg leben, oder zumindest ihre Väter oder Vorväter, nicht bis hierher gekommen wären, hätte man nicht zuerst die Italiener erschlagen oder in die Flucht getrieben oder hätten diese sich nicht, von Titos Partisanen, die ebenfalls Schweine hielten und jeden Italiener, der dies nicht tat, als potentiellen Faschisten betrachteten, zu Tode erschreckt, einfach auf und davon gemacht.

Vor dem Krieg gab es in Sovinjak keine Schweine, und obwohl die Italiener heute nur noch zu Besuch kommen, um auf dem Friedhof ihre Gräber zu pflegen und sonntags anschließend vielleicht im Wirtshaus zu Mittag zu essen, hat das Dorf an dieser urbanen Ordnung festgehalten. Hier gibt es keine Schweine, und das hat das Dorf wohl der italienischen Stadtkultur zu verdanken, deren letzte Reste der Krieg endgültig getilgt hat.

An einem Ort, der so hoch über dem Meeresspiegel liegt wie Sovinjak, verfestigt sich leicht die Vorstellung, man befinde sich an ebendiesem Ort genau im Zentrum, im Herzen des Daseins schlechthin. Das trägt zum Selbstbewusstsein des Dorfes bei. An klaren Tagen haben wir von Sovinjak aus eine Sicht über fast ganz Istrien, wodurch niemandem entgehen kann, dass auch eine Reihe anderer Orte hoch oben liegt, wenn wir auch nicht genau sagen können, *wie* hoch. Grimalda, Vrh (Vetta auf Italienisch), Zamask (Zumesco), Grožnjan (Grisignana) und Motovun liegen jedenfalls beunruhigend hoch.

Hat der Nordwind (auf Kroatisch und Slowenisch *bura*, auf Italienisch *bora*) den Himmel rein gefegt, werden wir, besonders im Winter, gereizt und sonderbar ängstlich, und es ist nicht auszuschließen, dass diese Gemütslage mit der Topographie zusammenhängt, die uns das Wetter so deutlich vor Augen führt. Obwohl unsere Perspektive diese Orte an anderen Tagen als tiefer gelegen erscheinen lassen kann, als sie vielleicht sind, liegen sie bei klarem Wetter hoch genug, um bei einem solchen Rundblick Zweifel zu wecken, jedenfalls erheblich mehr, als wenn es bewölkt ist.

Aus hoch wird dann tief und umgekehrt. Das Wetter scheint mit der hierarchischen Weltordnung des Dorfes zu spielen wie der Wind mit Herbstlaub. Deshalb fürchtet das Dorf den Wind aus dem Norden, der nicht nur Leib und Seele zusetzt, sondern auch so brutal die Lage und Welt der Dorfbewohner bloßlegt, die einzige, die sie nun mal haben.

Letzten Endes ist hier im Leben doch alles nur Wetter.

Im Dorf bevorzugt man deshalb die Aussicht nach Norden, wo alles, was wir sehen können, tiefer liegt oder tiefer zu liegen scheint als Sovinjak, zumindest bis zu dem Punkt in der Landschaft, wo die Talgründe auf das steile Bergmassiv treffen, dessen Gipfel und schattige Klüfte auch im Sommer mit Schnee bedeckt sind. Dort oben lebt fast niemand. Kein einziges Haus, nicht einmal ein Stall oder eine dieser Steinhütten (auf Kroatisch *kažun*, auf Slowenisch *hiška*, *casita* auf Italienisch) für einen Schäfer und seine Tiere ist zu entdecken. Dieses Massiv bildet eine scharfe Grenze zwischen Nord und Süd, zwischen Mitteleuropa und der mediterranen Welt. Es heißt in Sovinjak Ćićarija (auf Italienisch Monti della Vena oder Altopiano dei Cici). Dort oben leben nach wie vor ziemlich wilde Menschen von kleinerer Statur, die, wenn man glauben darf, was in Istrien über sie behauptet wird, noch nie das Meer gesehen haben. *Ciccio non è tipo da barca*, heißt es in Sovinjak. »Diese Menschen sind nicht für die Seefahrt geschaffen.« Mit großen Reisigbündeln auf dem Rücken gingen ihre Frauen einst barfuß bis nach Triest und verkauften sie dort den Städtern als Heizmaterial.

In einem alten Baedeker mit rotem Einband stieß ich auf den deutschen Namen von Ćićarija, der, wie ich finde, am besten im Winter passt, wenn die Berge grauschwarz und abweisend dastehen, als wären sie eine mit Schloss und Riegel verrammelte Pforte nach Mitteleuropa: Tschitschenboden. Im Winter halte ich mich an den deutschen Namen.

Das slawische Ćićarija passt dagegen zu den flimmernden weißen Bergen im Sommer, und dieses Weiß kommt zeitig im

Mai und erstreckt sich manchmal bis weit in den Oktober. Doch egal, welchen Namen man für dieses Massiv vorzieht, ist es weit mehr als nur ein Stück Landschaft: Es ist eine striktere und ehernere Grenze als alles, was wir Menschen im Gelände abgesteckt oder auf Karten oder Erdgloben eingezeichnet haben. Denn diese Grenze hat die Natur gezogen und wird buchstäblich von allen und allem respektiert: von Flora und Fauna, von Mentalität und Essensgewohnheiten, von Krankheiten, vom Klima und selbst von der Geschichte.

Was es auf der einen Seite des Bergmassivs gibt, ist auf der anderen nahezu undenkbar. Nur in ihrer unmittelbaren Nähe, so wie in Sovinjak, mischen sich die mitteleuropäische und die mediterrane Welt, so dass wir sowohl Kartoffeln als auch Nudeln, Blasmusik und Mandolinen, Pferde und Esel, Nadelbäume und Palmen, Bier und Wein, Äpfel und Oliven haben.

Diese Grenze erstreckt sich sogar hoch in die Lüfte, wo sie Vögel und Niederschläge trennt, und tief in die Erde, wo sie dasselbe mit Gesteinsarten und Humus tut.

Für den Menschen dagegen bedeutet ein Grenzland Flucht und Provisorien. Wer hierbleiben und nicht riskieren will, fliehen zu müssen oder ermordet zu werden, sollte mehrere Sprachen sprechen, ohne sich eindeutig zu einer zu bekennen, am besten alle gleich schlecht, und bei Wahlen immer für die größte Partei stimmen, ungeachtet seiner politischen Sympathien. Die behalte man tunlichst für sich. Besser noch hat man erst gar keine. Vermutlich hat man das in jedem Grenzland immer schon gewusst, da es fortwährend von fremden Staaten und Völkern erobert und regiert wurde, so dass seine Existenz weit mehr mit Anpassung als mit trotziger Verteidigung von Blut, Sprache oder Religion zu tun hat.

Viel wichtiger als die Freiheit war stets der Boden.

Hier einen Staat zur Kenntnis nehmen heißt immer sich gegen ihn schützen. Sogenannte Identitäten sollte man deshalb mehrere besitzen als nur den einen Anzug im Kleiderschrank. Wer in einem Grenzland zu Hause ist, kommt nie allein, ist immer mehr als einer, oder aber er ist nicht von hier. Das hat weniger mit Toleranz zu tun als mit Not und Unterordnung. Der Grenzlandbewohner sollte jede Fahne ehren, die gehisst wird, auch eine, die er nicht kennt, jedem noch so unbedeutenden Politiker zujubeln, der auf Besuch kommt, und notfalls nicht zögern, seinen Nachbarn zu denunzieren. Im Gegenzug kann er damit rechnen, hierbleiben zu dürfen und in Ruhe gelassen zu werden.

Die Mächtigen werden ihm allerdings nie trauen und, überzeugt, dass er es nicht wagen wird, sich gegen sie zu erheben, gleichzeitig seine feige Anpassungsfähigkeit verachten. Es gehört zu den Bedingungen des Grenzlandes, dass sich die Mächtigen in diesem Punkt selten irren. Und wenn es doch hin und wieder vorkommt, ist es ohnehin zu spät. Istrien ist vor allem Grenzland: zwischen Mitteleuropa und der Welt des Mittelmeers, zwischen Völkern, Sprachen und Staaten. Es ist von allem etwas zugleich, ohne dass sich genau sagen lässt, was das eigentlich heißt. Istrien ist auch ein Grenzland zwischen Land und Wasser. Noch vor einer Generation war für nur wenige Binnenländer das Meer etwas anderes als der Weg hinaus zu anderen Kontinenten, von denen man selten zurückkehrte. Diese Menschen waren in Istrien an den Fingern einer Hand abzuzählen. Von Sovinjak ans Meer sind es nicht einmal vierzig Kilometer, kaum eine halbe Stunde Autofahrt.

Was hätte auch jemand von hier am Meer zu suchen? In Zeiten, in denen man zu Fuß gehen musste, gab es keinerlei Grund, sich dorthin zu begeben. Einen Fisch kaufen oder fangen? Ihn ins Dorf mit zurückbringen, wo ihn niemand essen würde?

Wenn sich die Binnenländer heute einigermaßen an die Nähe des Meeres gewöhnt haben, so ist das eine neuere Gewohnheit, die weder mit Sehnsucht noch mit Geographie, sondern allein mit Verkehrsmitteln zusammenhängt. Von Orten wie Grožnjan, Brtonigla (auf Italienisch Verteneglio) oder von hoch gelegenen Stellen in der Ćićarija aus können wir im Binnenland einen Zipfel Meer sehen. Aber es singt hier niemand vom Meer. Meine Schwiegermutter vermisste in Sovinjak Musik, die von brandroten Segeln handelt, von Häfen und der besonderen Sehnsucht nach zu Haus, die von großen Wassern geweckt wird. Auf den Inseln und an der Küste singt man vom Freund auf See (natürlich immer ein Mann: Freundinnen auf See sind undenkbar) oder von seiner Sehnsucht nach zu Haus, aber niemals von der Sehnsucht nach dem Land oder nach den Bergen und nur selten von Haustieren oder von der Ernte. Auch in Istrien singt man von der Sehnsucht nach der Liebsten, nicht aber vom Meer oder überhaupt vom Wasser, dafür von Ochsen (auf Kroatisch *boškarine*) oder vom Lamm, das in eine Schlucht gefallen ist und gerettet werden muss.

Wovon in dieser Musik erzählt wird, hat außer der Liebe und ihren Qualen ausschließlich Wind und Wetter gemeinsam. Die wichtigsten Musikinstrumente im Binnenland Istriens sind Dudelsack und Ziehharmonika, hin und wieder vielleicht eine Tuba, eine Trommel und auch mal eine Klarinette. Saiteninstrumente? Eigentlich nur der Kontrabass, manchmal mit nur einer Saite, der im Hintergrund wie eine einsame Spätsommerhummel brummt. An der Küste spielt man lieber Saiteninstrumente (*tamburica*, die kroatische Mandoline oder Balalaika), die mit den Fingern gezupft werden.

Ein Bogen ist in einer Musikkapelle dort eine Seltenheit.

Grenzland bedeutet aber auch ethnische Säuberung. Wir müssen uns die Landschaft nur von unserem Garten aus betrachten: in allen Richtungen verlassene Dörfer, überwucherte leere Häuser und Ställe sowie Felder und Obstgärten, die sich die Natur langsam zurückholt. Der Krieg nimmt hier kein Ende, weder in der Natur noch zwischen den Menschen, er nimmt nur eine neue Gestalt an oder tritt in Verkleidung auf. Selbst Franjo Tudjman kam der örtlichen Bevölkerung Istriens nicht bei, dem *roten* Istrien, wie der damalige *župan* (Landrat) in Anspielung auf Istriens rote oder rotbraune Erde sagte.

In Wirklichkeit aber meinte er den Stellenwert des Kommunismus hier im fast einzigen Teil Kroatiens, in dem die Partisanenmonumente unbehelligt geblieben sind. Der Kommunismus wirkt in Istrien immer noch stark nach. Das hat jedoch nichts mit Ideologie zu tun, denn die Kommunisten werden hier ausschließlich deswegen geschätzt, weil sie die ethnische Säuberung an den Italienern betrieben haben.

Doch es ist geradezu das Kennzeichen eines Grenzlands, dass die Grenzen dort so oft neu gezogen und verändert werden, dass es bald sinnlos ist, von diesseits und jenseits zu sprechen. Die Grenze hat in einer solchen Region am allerwenigsten Bestand, niemand sollte sie für mehr als ein Provisorium halten. Wer hier überleben will, muss in seinem Bewusstsein mehreren verschiedenen Kulturen Raum geben, was zwar Ambivalenz und Unsicherheit hervorruft, aber auch einzigartige Einsichten und Möglichkeiten der Perspektivverschiebung bietet.

Dies »Mentalität« zu nennen würde die betreffende Person jedoch als zu sehr vom Intellekt bestimmt beschreiben. Luciano, der, abgesehen von den Jahren als Metzger in Australien (deren fast einziges sprachliches Ergebnis eine Floskel wie *how are you today?* ist), sein Leben in Sovinjak verbracht hat, ist weit mehr durch seinen Körper als durch seinen Intellekt zu einem Grenzlandmenschen geworden. Er weiß nicht so viel von Sovinjak, wie er Sovinjak ist oder in sich hat. Und was sein

Körper ist und hat, das hat er sich ohne Rücksicht auf Grenzen über die hiesigen Hügel erwandert, auf der Suche nach wildem Spargel oder um die aufgelassenen Oliven- und Obstgärten zu inspizieren, von denen er behauptet, sie gehörten ihm. Rauf und runter, hin und her, Jahrzehnt um Jahrzehnt hat er sich den Alkohol aus dem Körper gewandert, der ihn – lebte er in einem der Dörfer in den Talgründen – schon längst umgebracht hätte.

Gleichwohl ist die Grenze vorhanden, und sei es nur als zwingende Vorstellung. Eine Grenze ist eine zweischneidige Erscheinung. Denn jede Veränderung einer bestehenden Grenze geht für die »gewinnende« Seite mit einem Gefühl der Unsicherheit, der latenten Bedrohung einher. Es betrifft den Boden, auf dem man nicht von alters her zu Hause ist, auf den man jetzt aber meint, ein Recht zu haben, allerdings ein Recht, das letztlich auf Gewalt, Vergewaltigung oder Vertreibung gegründet ist. Diese Unsicherheit verstärken zudem die wenigen Nachbarn, die vorher hier die Herren waren und aus höchst unterschiedlichen Gründen geblieben sind. Es sind noch genug Italiener da, dass Istrien nicht ein für alle Mal als ethnisch gesäubert gelten kann. Sie sind das personifizierte schlechte Gewissen der neualten Bewohner, Verlierer, die, nachdem der erste Schock sich gelegt hat, was Jahrzehnte dauern kann, sich so ganz allmählich wieder ihren alten Interessen zuwenden. Nun aber mit einem bitteren Zorn, der Angst hervorruft.

Das Dorf hat zwei Monumente. Oder soll man sie Denkmäler nennen? Eins für die kommunistischen Partisanen aus dieser Gegend, die im Krieg gefallen sind oder von den italienischen Faschisten ermordet wurden und von denen alle im Dorf etwas gehört haben, und eins für den großen Sohn des Dorfes, einen Komponisten, von dem niemand etwas gehört hat.

Beide Monumente hat der Staat errichten lassen. Das Monument für die Partisanen der jugoslawische und das für den Komponisten der kroatische. Der kroatische Staat möchte eigentlich das vom jugoslawischen Staat errichtete Denkmal abreißen, doch das lässt das Dorf nicht zu, das seinerseits das vom kroatischen Staat errichtete entfernen möchte, was wiederum dieser nicht zulässt.

Slavko Zlatić (1910–1993) hat das Dorf früh verlassen. Seine Musik hat hier nie jemand gehört. Dieser Komponist ist dem Dorf gleichgültig, er hat in Sovinjak weder ein Echo noch Spuren hinterlassen. Die Büste des Komponisten steht unter einer der großen Kastanien an der nördlichen Kirchenmauer, und in der linken Hand hält er eine Pfeife.

Auch Tito ließ sich zuweilen mit einer Pfeife abbilden, doch in Titos Fall muss die Pfeife nichts Besonderes bedeuten. Tito konnte sich mit allem Möglichen in der Hand abbilden lassen, ohne dass irgendwelche Schlüsse daraus zu ziehen gewesen wären, ihm war alles erlaubt. Slavko Zlatić dagegen war bloß Slavko Zlatić, und im Dorf ist eine Pfeife, ebenso wie ein Schreibstift oder eine Brille, ein fremder Gegenstand, insbesondere in der Hand von einem, der angeblich *einer von uns* ist, selbst wenn sich keiner an ihn erinnern kann. Als Büste ist der Komponist sowohl mit Pfeife als auch mit Brille ausstaffiert, zwei Gerätschaften, die zu Intellektuellen und, damit zur Stadt gehören, was hier gemischte Gefühle auslöst.

Denn eine Brille ist auch ein Klassensymbol. Es sind jetzt Leute an der Macht, die lesen und schreiben können, die sich gern mit gesammelten Werken umgeben: die von Tito umfassen einundzwanzig Bände. Lenin bringt es auf fünfundvierzig. Diejenigen, die vor noch gar nicht langer Zeit weder das eine noch das andere konnten, bringen Schreibgeräten und Büchern Ehrfurcht, aber auch Misstrauen entgegen. Eine Brille gehört zum Lesen und Schreiben, doch mehr noch zur Macht, und eine Pfeife erinnert womöglich entfernt an die Glut der Revolution, die niemals erlöschen darf. Genossen, die lesen und schreiben können, tragen oft eine Brille, und die radikalsten unter ihnen, die dauernd am Rednerpult stehen, rauchen manchmal Pfeife.

Der allergrößte Respekt aber wird einem Revolver entgegengebracht. Im Zweifel hält sich das Dorf an ihn. Ein Revolver steht auf jeden Fall höher als ein Schreibstift mit allem Drum und Dran. Als die Partisanen in der letzten Kriegswoche den Schullehrer erschossen haben, einen freundlichen Mann mit sanftem Blick hinter dicken Brillengläsern, hat niemand protestiert. Es hat aber auch niemanden sonderlich erstaunt; vielmehr war damit zu rechnen gewesen, deshalb fast selbstverständlich.

Monumente werden errichtet, um die Vergangenheit zurechtzurücken, die erst in Bronze gegossen oder in Stein gehauen ihre endgültige Form erhält. Die Botschaft ist simpel: So war es und nicht anders. Diese Art Geschichtsschreibung ist vielerorts aus der Mode gekommen, allerdings nicht in dem Teil Europas, wo man weiterhin Ritter- oder Fürstenstatuen aufstellt, die mitunter Personen darstellen, von denen man nicht einmal genau weiß, ob sie überhaupt existiert haben. Die große Zahl solcher Monumente ruft aber eher Zweifel und Unsicherheit hervor als das Gefühl endgültiger historischer Wahrheit; sie scheinen auf wackeligen Sockeln und Fundamenten zu stehen, Statuen, die jederzeit umgestürzt werden können, als ob diese Version der Geschichte nur ein Entwurf wäre und bald wieder umgeschrieben würde.

Auf dem großen Platz in Zagreb steht die Statue des *ban* (ungefähr Markgraf) Josip Jelačić, das heißt, er sitzt mit gezogenem Säbel zu Pferde. Jelačić befehligte entscheidende Einsätze im Dienste Habsburgs, als es die Aufstände des »Völkerfrühlings« 1848 niederzuschlagen galt. Er fürchtete, der Griff

Ungarns um Kroatien könnte enger werden, falls die Ungarn gegenüber Wien mehr Selbständigkeit erlangten. Ross und Reiter waren ursprünglich nach Norden ausgerichtet, und Jelačić zeigte mit seinem Säbel in dieselbe symbolische Richtung, auf Budapest, wo der Aufstand gegen Habsburg ausgebrochen war. Nach dem Zweiten Weltkrieg wurde das Standbild als reaktionärer Restposten der Vergangenheit von Titos Kommunisten entfernt. In Franjo Tudjmans kroatischem Nationalstaat holte man es aus dem Magazin, wo es aufbewahrt worden war, und stellte es wieder auf den Platz, diesmal aber nach Süden ausgerichtet, doch wahrscheinlich mehr aus ästhetischen als aus historischen Gründen.

So ist das wichtigste Monument des Landes sowohl unsanft als auch willkürlich behandelt worden, anstatt für alle Ewigkeit auf seinem ursprünglichen Ort verbleiben zu dürfen. Immerhin ist es dem Einschmelzen entgangen; *ban* Jelačić sitzt wie eh und je dort zu Pferde, ein Denkmal, an dem man sich in Zagreb gern verabredet. »Wir treffen uns unterm Pferdeschwanz.« Unterm Pferdeschwanz hat man sich auch schon zu Kaisers Zeiten getroffen, in der jugoslawischen und später in der faschistischen Zeit, und nach der unfreiwilligen Unterbrechung durch den Kommunismus wurde diese Tradition wiederaufgenommen. Über Generationen war das Reiterstandbild auf dem Platz der wichtigste Treffpunkt der Zagreber, und wo sie sich verabredet hatten, solange es im Depot lagerte, wäre eine eigene Untersuchung wert.

Doch während der Mensch die Geschichte nicht richtig in den Griff bekommt und das Reiterstandbild mal so, mal so hingestellt hat, platziert die Geschichte die Kroaten fortwährend an ein und dieselbe Stelle: in die Nähe der kräftigen Hinterbeine des Pferdes, unter seinen erhobenen Schwanz – ein nicht ganz ungefährlicher Ort, den sie allem Anschein nach immer wieder freiwillig aufsuchen, so als wüssten sie von vornherein, was sie von der Geschichte zu erwarten haben.

Diese Stadt oder dieser Staat versieht auch Sovinjak mit einer offiziell sanktionierten Geschichte. Wie immer wehrt sich das Dorf gegen eine solche Geschichtsschreibung und tut ebenso beharrlich, was es kann, um sie durch Mythen zu ersetzen. Darüber hinaus versucht der Staat, die historischen Bauten des Dorfes zu schützen, die Pestkapelle aus dem frühen sechzehnten Jahrhundert und die Klosterruine. Die Kapelle wird jedoch immer wieder mal renoviert, ohne je fertig zu werden, und die Klosterruine nutzt das Dorf als Steinbruch; muss hier irgendetwas gebaut werden, so bedient man sich der Steine dieser Ruine.

Das erbost die Behörden. Diese Bauern stehlen und unterminieren mit ihren aus archäologisch wertvollen Steinen errichteten Hühnerställen die offizielle Geschichte der Nation. Elektrizität dagegen fasziniert das Dorf. Sie ist das Beste – für manche das einzig Wertvolle –, womit die Umwelt Sovinjak versehen hat. Allerdings herrscht Uneinigkeit darüber, ob das Dorf seinen elektrischen Strom Mussolini oder Tito zu verdanken habe. Dieser Streit endet bisweilen in einem Handgemenge. Doch statt der Sache auf den Grund zu gehen, misshandelt und entstellt das Dorf seine wenigen elektrischen Fakten, bis sie sich als Vermutungen, Lügengeschichten oder Phantasien, immer aber als Mythos, ins kollektive Gedächtnis des Dorfes einfügen lassen.

Sovinjak liegt in Kroatien. Diese Zugehörigkeit ist nicht unproblematisch. Der Staat Kroatien wurde 1991 ausgerufen, und ziemlich bald darauf war er international anerkannt. Sonderlich viel bedeutet dieser kroatische Staat dem Dorf allerdings nicht. Lange bevor die Kroaten ihren eigenen Staat erhielten, gehörte Sovinjak geraume Zeit zu Venedig (das es als Staat nicht mehr gibt), dann jahrhundertelang zum habsburgischen Österreich (das es als Staat nicht mehr gibt), danach zu Mussolinis Italien (das es als Staat nicht mehr gibt) und schließlich fast ein halbes Jahrhundert lang zu Titos Jugoslawien (das es als Staat nicht mehr gibt). *Sic transit gloria mundi.*

Ein Staat ist sicherlich etwas, womit man rechnen muss, aber nichts Ernstzunehmendes. Er kommt und geht in unterschiedlicher Gestalt, seine Grenzen und seine Größe verändern sich, allein Istrien und das Dorf bleiben bestehen. Ein Staat – jeder Staat – ist hier wie ein Klacks Butter in einer heißen Bratpfanne. Er flutscht umher, und am Ende ist er zerschmolzen, plötzlich, oft von einem Tag auf den anderen.

Die kroatische Staatszugehörigkeit ist historisch gesehen die kürzeste und für das Dorf sicherlich die uninteressanteste. Die Bedeutung der kroatischen Staatsgewalt liegt für das Dorf vor allem in ihrer bloßen physischen Existenz und den damit verbundenen Pflichten und wenigen Rechten, darin, dass sie Wehrpflichtige einberuft, Steuern erhebt und bei uns Telefon- und Stromleitungen verlegt. Hinterher kommen dann die Telefon- und Stromrechnungen. Ansonsten bemerken wir den Staat kaum. Für die Identität des Dorfes und die Selbsteinschätzung der Menschen hier hat er so gut wie keine Bedeutung.

Nicht einmal während des Krieges in Bosnien, in der kroatischen Krajina oder während der ersten Zeit des neuen kroatischen Staates interessierte sich das Dorf dafür. Mit halbem Ohr hörte man sich an, was der kroatische Präsident im Fernseher des Wirtshauses zu sagen hatte, der nur deshalb eingeschaltet war, weil alle auf die Fußballergebnisse und das Wetter warteten. Doch auch im Wetterbericht gab es neue Karten, mit absolut leeren Landesteilen, wo es weniger als ein halbes Jahr zuvor noch geregnet oder geschneit oder wo sich gar die Sonne gezeigt hatte, Landesteilen, die jetzt wetterlos waren.

Slowenien hatte noch recht viel Wetter, während sowohl Serbien als auch Montenegro nun völlig ohne waren.

Ein richtig jugoslawisches Wetter gab es nicht mehr. Der Meteorologe auf dem Bildschirm widmete sich ausschließlich dem neuen kroatischen. Er fuhr mit der Hand über die Wetterkarte, und obwohl er ihr den Rücken zukehrte, verirrte sich seine Hand kein einziges Mal über die Grenzen des neuen kroatischen Staates. Diese Hand, die über Regen und Sonnenschein entschied und deshalb das Dorf interessierte, gab sich mit den leeren Teilen der Karte nicht mehr ab; die Finger des Meteorologen streiften sie nicht einmal, als fürchtete er sich zu besudeln, wenn er an diese Leere rührte, die vor gar nicht langer Zeit Teil der gemeinsamen Heimat aller gewesen war, auf dem Bildschirm jetzt aber nicht mehr erschien. Mit der Präzision eines Automaten, blind und ohne sich umsehen zu müssen, bewegte der Meteorologe die Hand über die Karte.

Erst so ein Wetterbericht machte dem Dorf begreiflich, dass es jetzt zu einem ganz neuen Staat gehörte.

Der kroatische Staat hat das geahnt und war aufgebracht, weil er meinte, Istrien befreit zu haben, so dass die Menschen dort zum ersten Mal in der Geschichte das sein konnten, was sie immer schon waren, nämlich Kroaten. Im Dorf ist man sich da nicht so sicher. Man ist nicht einmal sonderlich erpicht darauf, Kroate zu sein, ebenso wenig, wie man darauf pocht, Italiener oder Slowene zu sein. Bei uns bezweifelt niemand, dass Dario Dario ist, dass alle die sind, die sie eben sind, aber lange bevor die Umwelt es entdeckt hat, wusste man in einem Dorf wie Sovinjak, dass so ein Ich aus vielen verschiedenen Ichs besteht, von denen ein jedes seine eigene Identität besitzt, ungefähr so, wie Geschwister eine Familie bleiben, ohne dass sie aufhören, sich zu zanken.

Fragte ich meine Nachbarn, was sie sind, würden sie vermutlich antworten, sie seien Kroaten. Doch ehrlich gesagt, aus opportunistischen, nicht aus patriotischen Gründen. Die Frage, was oder wer wir sind, stellt ja fast immer jemand anders, nicht wir selbst, und die Erfahrung hat die Bewohner meines Dorfes gelehrt, dass man nie vorsichtig genug sein kann. Denn auch die Antwort auf diese Frage bestimmen nicht wir selbst, sondern fast immer dieselben fremden Menschen, die sie gestellt haben. Die beste Antwort, die wir jemandem geben können, der uns diese Frage stellt, ist deshalb haargenau das, was er hören möchte. Seit Sommer 1991 bringt es einen klaren Vorteil, mit »Kroate« zu antworten, wenn man gefragt wird.

Also tut man es.

Eine solche Antwort besagt jedoch noch weniger als die kroatische Fahne, mit der an Nationalfeiertagen im Dorf geflaggt wird. Hinterher in der Dorfwirtschaft unterhalten sich die Bewohner Sovinjaks miteinander genauso viel auf Italienisch wie auf Kroatisch, sogar auf Slowenisch, wobei ein gebildeter Italiener aus Rom oder Florenz dieses Italienisch nur schwer verstehen und wahrscheinlich für primitiv halten würde. Doch das kümmert das Dorf nicht. Diese italienisch sprechenden Kroaten oder kroatisierten Italiener würden nicht einmal davor zurückschrecken, sich trotz ihrer kroatischen Namen und Identitätsnachweise als waschechte Italiener zu bezeichnen, wenn der italienische Staat aus irgendeinem historischen Zufall in diesen Teil Istriens zurückkehrte.

Warum auch nicht?

Alle im Dorf waren schon mal in Triest oder Rijeka, manche in Venedig, doch fast niemand in Zagreb. Zagreb ist weit weg, irgendwo hinter den Bergen. Italien dagegen ist nahe, das hat mit dem Wasser zu tun, mit Regen oder mit dem Meer. Das Meer ist jedenfalls nicht so weit entfernt, so dass das Dorf in den vergangenen hundertfünfzig Jahren sogar mehr mit

New York, Sydney oder Valparaiso denn mit Zagreb oder Wien zu tun hatte.

Als ich noch recht neu war im Dorf, versuchte ich auf eigene Faust herauszufinden, was meine Nachbarn eigentlich waren. Kroaten? Italiener? Womöglich Slowenen? Oder Jugoslawen? Ich fand schnell heraus – die Nationalität ist für das Dorf nichts weiter als eine Frage der Überlebensstrategie. In Sovinjak ist man es gewohnt, je nach den Umständen die Nation zu wechseln, ungefähr so, wie man ein Paar Handschuhe aus- oder anzieht.

Frage ich Carletto oder Toni nach ihrer Herkunft, bekomme ich zur Antwort, sie seien *von hier*, eine Definition, die weder mit dem richtigen Blut, dem Glauben oder einem besonderen Staat zu tun hat, sondern ausschließlich mit Sovinjak. Sie sind sofort auf der Hut. Es hat nicht sehr lange gedauert, bis ich begriff, dass ich von ihnen keine Hilfe zu erwarten hatte. Nicht, wenn es um sie selbst ging; das Misstrauen gegenüber einer Umwelt, die sie im Verdacht haben, sie in eine neue eindeutige, einer Armeeuniform oder Steuerkarte angepasste Formel zwingen zu wollen, sitzt viel zu tief. Es hat mich aber geschmerzt, zu entdecken, dass auch ich mehr zu dieser Umwelt als zum Dorf gezählt wurde.

Sprache und Nationalität scheinen für das Leben im Dorf keine Rolle zu spielen, geschweige denn Religion. Und Geographie nur gelegentlich. Wenn ich Dario oder Tonko frage, wo wir uns befinden, in Italien, Kroatien oder Slowenien, kann ich sicher sein, dass sie antworten: »In Istrien.« Jeder Versuch, etwas festzulegen, zu präzisieren oder festzunageln, wird – vermutlich weit bewusster als instinktiv oder spontan – als Falle betrachtet. Die Erfahrung hat die Menschen hier gelehrt, dass auf die Umwelt kein Verlass ist. Die hält für das Dorf nur Unannehmlichkeiten bereit.

Plötzlich tauchen fremde Militärs auf, um die jungen Männer des Dorfes zur Armee zu holen; diese sind dann jahrelang fort, und manchmal kommen sie auch gar nicht zurück. Eine Katastrophe. Oder es tauchen Steuereintreiber auf, fremde Menschen, die Geld verlangen oder die letzten Vorräte beschlagnahmen, und was sie einmal aus dem Dorf fortschaffen, kommt nie zurück, wie man aus Erfahrung weiß. Oder es taucht ein Gendarm auf, vielleicht nicht mehr mit Backenbart wie zu Kaiser Franz Josephs Zeiten, doch nach wie vor mit Handschellen und in der Absicht, jemanden zu verhaften und einzusperren, und nicht einmal dieser arme Teufel kann sicher sein, dass er wieder ins Dorf zurückkommt. Eine weitere Katastrophe. Gehasst wird in Sovinjak vor allem der Gendarm, womöglich deshalb, weil er hier mehr zu tun hat als in vielen anderen Orten dieser Gegend.

Als Lino mitten in der sommerlichen Dürre nachlässig mit Feuer hantierte, so dass auf der Südseite des Dorfes Obstbäume und Telegraphenmasten sowie die Hundehütten und Bienenstöcke der Nachbarn abbrannten, war nie die Rede davon, sich an die Gendarmerie in Buzet (Pinguente auf Italienisch) zu wenden. Die Feuerwehr löschte. Zwar tragen auch Feuerwehrleute Uniform, doch das ist nur ein Schauspiel. Niemand aber hat Lino angezeigt. Das Dorf stellte sich schützend vor den, von dem alle wussten, dass er schuld war. Nicht aus Mitleid mit Lino, auch nicht aus Solidarität, sondern weil die Gendarmerie einzuschalten bedeutet, dass sich die Umwelt im Dorf zu schaffen macht, diese feindliche Umwelt, die man in Sovinjak mehr fürchtet als eine Feuersbrunst.

Nicht einmal der Pfarrer zählt richtig zu Sovinjak. Sein Bestreben, die Dorfbewohner im Namen des ewigen Lebens (woran das Dorf ohnehin nicht glaubt) durch Zucht und Ermahnung zu bessern, fällt hier nicht auf guten Boden, sondern wird eher als eine geistliche Form der Wehrpflicht oder Steuereintreibung betrachtet. Von all dem, was zur Kirche gehört, würde man sich gern mit den Ritualen und dem Prunk begnügen.

Denn im Grunde sind die Dorfbewohner Heiden. In den Augen eines aufgeklärten Betrachters haben sich die Dörfler dem Aberglauben und allerhand Missverständnissen verschrieben – wie etwa einer auf eine Standarte gestickten Eule –, und wenn sie könnten, würden sie sich auch gegen die Natur erheben: Der Unterschied zwischen dem, was hier als Gartenbau oder Obstbaumpflege gilt, und dem, was sich als blindwütiger Hass auf ebendiese Natur äußert, ist so fein, dass eine Axt einen Holzhacker jederzeit zum Gewalttäter machen kann.

Einen derartigen Hass auf die Natur habe ich nicht für möglich gehalten; Stadtmenschen haben ihn zusammen mit der Natur, die ihm zugrunde liegt, längst verloren. In Sovinjak aber kann ich ihn täglich erleben. Allerdings scheint ein noch ungehemmter Selbsterhaltungstrieb die Menschen im Dorf im letzten Moment zurückzuhalten: Die Axt darf ruhen, man treibt die Zerstörung nicht weiter, als dass man alles, was nicht Wein, Oliven, Zwiebeln, Kartoffeln oder Mangold ist, als Unkraut oder Schädling bekämpft.

Vielleicht erinnert die Natur die Dorfbewohner ja daran, dass das Leben nicht viel mehr ist als ein Kampf, der mit Niederlage und Tod endet, und diese Natur ist unaufhörlich auf dem Vormarsch. Alles um die Menschen herum verwelkt, vermodert oder zerplatzt, aber erst nachdem es geradewegs durch Wände aus Stein gewachsen ist und sie im Schlaf an der Gurgel gepackt hat; Tiere und Pflanzen wollen ihnen immer nur übel, so dass ihnen, wenn der Tag anbricht und sie wieder auf den Beinen sind, der Gedanke an Rache nicht aus dem Kopf will. Dann können sie sich ohne ersichtlichen Grund plötzlich über mehrhundertjährige Eichen hermachen. Wenn ich frage, antworten sie, die Wurzeln des Baums könnten unter die Friedhofsmauer wachsen und sie mitsamt den Särgen in der Erde zerstören; Baumwurzeln könnten geradewegs durch die Särge durchwachsen und die Toten stören.

Büsche werden verfeuert. Abfälle auf die Felder gekippt. Obstbäume gefällt, um im Winter damit zu heizen. Doch nur die in nächster Nähe, da es zu viel Benzin kostet, sich mit dem Auto weiter als bis zum Dorfrand zu bewegen.

Zwar lebt das Dorf von dem, was aus der Erde wächst, doch nur widerwillig und in ständiger Hysterie; etwas aus der Erde zu gewinnen bedeutet eben zugleich jenen Kampf, der mit dem Tod endet und jeden Augenblick durch eine Laune der Natur verloren werden kann, etwa wenn sich ein Platzregen mit Hagel oder die Trockenheit im Juli den Mais oder die Weintrauben holt.

Die Natur verdirbt den Menschen im Dorf die Laune. Jedes Gespräch über das, was in der Natur vorgeht, und sei es über Wind und Wetter, beginnt mit einem tiefen Seufzer, einer archaischen Klage, die mit dem menschlichen Schicksal zu tun hat, den Unterschied zwischen Mensch und Kreatur jedoch aufzuheben scheint.

Wer zu einem solchen Dorf gehört und wer nicht, offenbart dem Uneingeweihten erst der Tod. Wer auf unserem Friedhof begraben wird, gehört hierher. Weil ich mich schnell davon überzeugt hatte, dass die Dorfbewohner alles oder das meiste verbergen, was mir und auch ihnen wichtig ist, habe ich meine Hoffnung auf den Friedhof von Sovinjak gesetzt. Im Angesicht des Todes gibt es ja keine Geheimnisse mehr. Ich bildete mir ein, die Grabinschriften würden mir verraten, wer meine Nachbarn sind (oder waren), so dass ich, wenn ich es herausgefunden hätte, weitere Schlüsse über sie ziehen, auf jeden Fall aber meine eigene Existenz im Dorf auf eine bessere Grundlage stellen könnte.

Dem Friedhof nach zu urteilen, dominierten im Dorf seit mehr als zwei Jahrhunderten sechs oder sieben Familien. Auf den ersten Blick schienen die Grabsteine eine klare Auskunft zu geben: kroatische Familiennamen wie Vitolović oder Flego, italienische wie Bartoli oder del Bianco. Aber auch einige altösterreichische wie Maier oder German.

Alles schien seine Ordnung zu haben.

Doch aufgepasst!

Mit einem Mal stand da auf einem kroatischen Familiengrab ein italienischer Name. Aus einem Vitolović war plötzlich ein Vitolovich oder Vitolo geworden. Oder umgekehrt. Aus einem Bartoli ein Bartolić. Mitunter vollzogen sich diese Metamorphosen in sehr kurzer Zeit, etwa wenn ein Sohn mit italienischem Namen seinem toten Vater mit einem kroatischen folgte oder ein italienischer Name in der nächsten Generation kroatisch geworden war. In alldem war jedoch kein klares Muster zu erkennen, nichts, was sich mit Vernunft, Logik oder Einheiraten hätte erklären lassen.

Ich war aber auf eine Erklärung aus, und die einzig mögliche konnte nur sein, dass diejenigen, die hier begraben lagen, wohl nicht selten ein Gefühl oder etwas noch Flüchtigeres als ein Gefühl ihre Identität hatten bestimmen lassen, bevor sie aus dem Leben schieden. Ob vor ihnen auf dem Familiengrab ein italienischer oder slawischer Name stand, oder gar ein österreichischer, war ohne Belang, denn keine dieser Identitäten ließ sich im Voraus diktieren, keine vorgegebene ethnische oder kulturelle Identität war hier so stark, dass sie sich nicht mühelos durch eine andere ersetzen ließ.

So musste es sein, dachte ich. Und ich glaubte noch mehr

entdeckt zu haben: In einem solchen Leben hatten die verschiedenen Identitäten die Plätze getauscht, ungefähr wie Karten, die man mischt, und auf dem Friedhof konnte man sich zum ersten Mal zu einer einzigen bekennen, freiwillig, als einem letzten Willen, der in dem Moment ausgesprochen wurde, in dem man die Welt außerhalb Sovinjaks mit ihrem Staat und seinen Repräsentanten nicht mehr zu fürchten brauchte. Erst auf dem Totenbett hatten diese Menschen sich zu derjenigen ihrer vielen Identitäten bekannt, die ihnen wohl doch am nächsten gelegen hatte.

Hier – endlich – wurde man zu dem, der man war.

Bald aber bezweifelte ich auch diese Erklärung. Vielleicht ist der Preis, der für so viele verschiedene Identitäten zu bezahlen ist, gerade der, dass man sich der Gefahr aussetzt, sich in die Hände anderer zu begeben. Vielleicht bestimmten ja nun die Familienmitglieder, die am Totenbett gewacht hatten, oder, noch wahrscheinlicher, politische Konjunkturen, was in den Stein gemeißelt wurde, Verwandte, die sich um den letzten Willen des Verstorbenen nicht scherten, sondern nur ihren schnöden Nutzen und eigenen Selbsterhaltungstrieb im Blick hatten.

Bei uns im Dorf gibt es einen kleinen Jungen von fünf oder sechs Jahren, Marko, der mitbekommen hat, dass ich manchmal eine Sprache spreche, die er nicht versteht. Die Ohren so eines kleinen Jungen hier im Dorf sind, gerade wenn sie auf Sprache nicht hellhörig reagieren, rot und geschwollen von Ohrfeigen. Als Marko fragt, sage ich, die Sprache sei Schwedisch. Ob er denn Schwedisch verstehe? Nein, das verstehe er nicht. Es kostet ihn jedoch einige Selbstüberwindung zuzugeben, dass es eine Sprache gibt, die er nicht versteht, und deshalb muss er sogleich darauf hinweisen, dass er vier Sprachen spreche. Das macht mich neugierig. Wie reimt sich das zusammen? Marko nimmt die Finger zu Hilfe. Also: Kroatisch. Na ja. Er spricht eine Art Kroatisch, aber sehr schlecht. Dann Italienisch. Ja. Wie alle im Dorf noch schlechter als Kroatisch. Außerdem Slowenisch. Ja, das stimmt, aber das spricht er von allen seinen miserablen Sprachen am schlechtesten.

Und dann spreche ich *naš jezik*, sagt Marko.

Das stimmt. Diese »unsere Sprache« spricht er besser als die drei anderen, eine Sprache oder besser gesagt ein Idiom, das aus einer Mischung der drei Sprachen besteht, die er eigentlich nicht spricht, und das tatsächlich die Bezeichnung »unser« verdient, da es für Leute, die nur fünf Kilometer von Sovinjak entfernt wohnen, schon schwer zu verstehen ist. Auch in den Nachbardörfern wie Vrh oder Oprtalj (Portole auf Italienisch) wird eine eigene Sprache aus den Ingredienzien Kroatisch, Italienisch und Slowenisch gesprochen, die aber so gemischt sind, dass sie wiederum nur in Vrh oder Oprtalj und allenfalls mit Mühe bei uns in Sovinjak zu verstehen ist.

Wollen sich also Leute aus Sovinjak, Vrh oder Oprtalj miteinander unterhalten, dann müssen sie sich ihres miserablen Kroatisch, Italienisch oder Slowenisch bedienen, um sich verständlich zu machen.

Die Betonung bei »unsere Sprache« liegt folglich weniger auf »Sprache« als auf »unsere«. Das bekommt man im Dorf von Kindesbeinen an eingeprägt. »Sprache« bedeutet hier ausschließlich Kommunikation einfachster Art und hat wenig mit Grammatik, Wortschatz oder Syntax zu tun, wobei die Grenzen dieser Sprachverwendung sowohl im Hinblick auf das, was abgehandelt wird, als auch mit wem, sehr eng sind. Wie aus den ursprünglich drei Sprachen des Dorfes die Mischung »unser« entsteht, entscheidet sich durch das, was man tut und wo man sich gerade aufhält. In der Kirche oder vor dem Fernseher ist »unsere Sprache« stärker vom Kroatischen als von den beiden anderen Sprachen gefärbt, in der Küche, am Esstisch oder auf dem Feld dagegen vom Italienischen und vom Slowenischen, wenn man auf der Bank oder bei einer Behörde etwas zu erledigen hat.

Unser Dorfalkoholiker mischt vormittags, wenn er noch verkatert ist, vor allem kroatische Brocken darunter, tauscht sie dann aber gegen immer mehr italienische Wörter und Wendungen aus, sobald er sich gegen Abend besser fühlt und die Gläser wieder bis zum Rand gefüllt sind. Diese Verschiebung von einer Grundsprache zur anderen innerhalb der Grenzen »unserer Sprache« vollziehen die Dorfbewohner unbewusst, oft blitzschnell und mit bewundernswerter Präzision, die das, was sie in nur einer der beteiligten Sprachen zu sagen haben, nicht auszeichnet.

Die Sprache des Dorfes ist auf Distanz zugeschnitten. Sie gehört weit mehr zu den Feldern und Weingärten als zu den Häusern im Dorf. Im Haus sprechen die Dörfler kaum miteinander. Die Nähe und manchmal Intimität, die im Haus entstehen, macht sie verlegen, nahezu verschämt; sind sie nicht draußen in der Natur, schweigen sie lieber. Wenn ich mit jemandem im Dorf rede, gibt er sich große Mühe, interessiert und höflich zu klingen, nicht reizbar oder so, als hätte er etwas gegen mich, aber alles nur, weil ich nicht zum Dorf gehöre. Diese Diskretion entspringt keiner Sorge um mich, sondern drückt Mitleid aus und ist ein Mittel, sich mich vom Leib zu halten.

Dreht er sich dann plötzlich zu seiner Frau um und sagt, sie solle die Eier oder das Wechselgeld holen, dann kläfft er wie einer seiner Hofhunde. Es ist hier überall das Gleiche. Wenn die Bauern in den Dörfer im Innern Istriens miteinander reden, belfern sie oder maunzen wie Katzen, manche gackern sogar wie ihre Hühner. Die Distanz hat sich ihrer Sprache schon so weit bemächtigt, dass sie beleidigt sind, wenn man sie nicht anschreit. Bist du erkältet, fragen sie, wenn ich aus purer Notwehr gegen diese ständige Schreierei die Stimme senke. Sie ziehen und zerren an ihren Sätzen wie Hunde an Sehnen und Fleischfetzen, und oft brechen ihre Sätze mittendrin ab, Wörter werden verschluckt und verschwinden nach innen, bevor man sie aufschnappen kann.

Andere fließen ihnen dagegen wie Speichel aus den Mundwinkeln. Was so jemand gesagt haben will, ist nicht leicht zu begreifen, und dies ist vielleicht ein weiterer Grund dafür, dass hier mehr geschrien als gesprochen wird.

In fast jedem Dorf gibt es ein Haus, in dem ein Bruder oder Onkel wohnt, der von Geburt an krumm und bucklig ist und aus Gesundheitsgründen das Tageslicht und jegliche Art von frischer Luft meidet. Man trifft auch auf Zwerge mit großen, intelligenten Augen, aber Körpern, die der Arbeit auf dem Feld oder mit dem Wein nicht gewachsen sind. Als Stubenhocker mit kreideweißer, glatter Haut leben sie irgendwo zwischen dem Rest der Familie und den Hühnern des Hofs mit einem Kofferradio im Austrag.

Oft sind sie es, die den Preis für den Wein oder die Eier aushandeln und die Eier und den Wein des Nachbarn madigmachen, und alles mit einer dünnen, piepsenden Stimme, die gar nicht zu hören wäre, hätten nicht alle anderen aus mitleidsvollem Respekt vor dem Krüppel schlagartig zu schreien aufgehört. Eine solche Stimme hat auch nichts mit Empfindlichkeit oder Verfeinerung zu tun. Sie ist lediglich eine der vielen grausamen Launen der Natur, dieser unerbittlichen istrischen Natur aus Dürre, Kalkstein und Disteln, die nicht einmal vor den Schlafzimmern des Dorfes haltmacht.

So ein Schlafzimmer muss ein Grabgewölbe der Gefühle sein. Zugegeben, das ahne ich mehr, als dass ich es weiß, doch in jeder Generation bricht eine junge Frau aus und verlässt das Dorf, und jedes Mal heißt man sie ein Flittchen oder eine

Hure, und es ist nicht auszuschließen, dass ein solcher Ausbruch weniger mit Ambitionen und Träumen als mit den Erlebnissen einer zufälligen Liebesnacht zu tun hat, also mit einem Fremden aus der Umwelt, der ihr mit einfühlsamer Begierde gezeigt hat, dass für die Liebe im Schlafzimmer mehr als nur eine Art zur Verfügung steht, so dass es der jungen Frau unmöglich wurde, in einem Haus und einem Schlafzimmer zu bleiben, wo Dunkelheit, Schweigen und eben nur diese eine Art herrschen und dies den Rest ihres Lebens so bleiben würde.

Solche Ausbrüche – es handelt sich dabei fast ausschließlich um Frauen – verwendet das Dorf als Stoff für seine Vorstellungen von der Umwelt. Denn wenn diese Umwelt in das Dorf einbrechen und sich seiner bemächtigen, ja, es nahezu vernichten kann, dann muss sie für jemanden, der nicht zu ihr gehört, auch ein Ort sein, in dem man untergehen kann, ohne die geringste Spur zu hinterlassen. Die Welt (die eine Stadt mindestens der Größe Triests sein muss) ist ein gefährlicher Ort. Sie verdirbt. Wer sich in sie begibt, setzt sich großer Gefahren aus. Wer fortbleibt und nicht zurückkehrt, muss deshalb untergegangen sein.

Oder ist ein Verräter.

Ein Schiffbruch oder ein Krieg sind die einzigen Entschuldigungen für eine längere Abwesenheit als einige wenige Jahre, und die Sinnlosigkeit von Lucianos Ausbruch, der zwanzig Jahre lang Metzger in Australien war, zeigt sich ja gerade darin, dass er zurückgekehrt ist. Den schlagenderen Beweis für seinen Misserfolg, nämlich dass er nach zwanzig Jahren auf Australisch kaum mehr als *how do you do* oder *see what I mean* sagen kann, betrachtet das Dorf als mildernden Umstand, als fast das Einzige, was dann doch für ihn und seine Zugehörigkeit zur Dorfgemeinschaft spricht.

Wer dagegen freiwillig fortgegangen ist und nie mehr zurückkehrt, wird halb aus Indignation, halb aus Neid aus den Annalen des Dorfes gestrichen. So jemand muss Erfolg gehabt haben und dennoch gleichzeitig untergegangen sein. Für das Dorf ist das kein Widerspruch in sich, vielmehr fügt es seinen vielen Mythen bereits eine weitere Legende hinzu, worin Aufstieg und Fall, Erfolg und Untergang zu etwas für das Dorf höchst Brauchbarem verwoben werden, was streng sachlich betrachtet eigentlich nicht vereinbar ist.

Über so jemanden lässt sich alles Mögliche behaupten, ohne dass es unwahr sein muss. Eine Frau, die das Dorf verlassen hat, bleibt auch als gefallenes Mädchen ein Engel oder umgekehrt, und das alles mit Hilfe einer Mythenbildung jenseits jeder akribischen Revision und Quellenkritik.

Geld ist von allen Äußerungen der Umwelt das, wozu Sovinjak das schwierigste Verhältnis hat. Geld gehört zur Stadt. Bei uns auf dem Land werden nach wie vor die meisten Geschäfte in natura getätigt, Holz für den Winter wird gegen Frischkäse oder Eier eingetauscht, ein paar Tage Arbeit bei der Olivenernte gegen eine Autoreparatur in der Werkstatt.

Geld?

Auf dem Land macht es die Leute entweder ratlos oder weckt ihren Argwohn. Das Dorf glaubt nicht an Geld. Um das Binnenleben des Dorfes zu regeln, ist es nicht nötig, untereinander benutzen es die Dorfbewohner äußerst selten. Eher leisten sie Dienste und Gegendienste nach Prinzipien, die sich nicht mit Hilfe dessen fixieren lassen, was zu einer modernen Wirtschaft gehört, wie etwa Verträge, Kompetenz oder Zeit. Schwerer wiegt, was im Dorf als wertvoll gilt. Männerarbeit ist mehr wert als Frauenarbeit, einen Graben ausheben wird höher bewertet als Feuerholz für den Winter sammeln. Arbeiten, die

Gerätschaften wie Spaten, Hammer oder Spachtel erfordern, stehen höher im Kurs als solche, die sich ohne dergleichen verrichten lassen.

Die Ehrfurcht vor Werkzeugen endet jedoch am Schreibtisch: Stift und Papier gelten als Gerätschaften, die zur Stadt gehören, weil unklar ist, welche Art von Arbeit damit eigentlich verrichtet wird. Nimmt hier jemand einen Stift in die Hand, dann ein Behördenvertreter, und mit so jemandem möchte man möglichst wenig zu tun haben.

Sich mit Stift und Papier zu befassen kann auch erniedrigend sein. Wenn gegen Ende des Winters die Speisekarte des Wirtshauses übersetzt werden muss, um sie einen Monat später den Touristen präsentieren zu können, erwartet man von mir, der ich aus der Stadt komme, dass ich diese Arbeit unentgeltlich verrichte. Nicht einmal ein Glas Wein oder ein Grappa wird mir anschließend angeboten, vermutlich deshalb, weil ich mit Papier und Stift etwas getan habe, was im Dorf nicht als Arbeit gilt. Würde ich das Wirtshaus dagegen einfach so aufsuchen oder um etwas Unwichtiges zu fragen, bekäme ich sofort ein Glas angeboten, alles andere wäre undenkbar, und es würde als grobe Unhöflichkeit ausgelegt, wenn ich es nicht leerte.

Geld erhält seinen Wert erst in rein physischer Form. Geld sollte deshalb aus Gold- oder Silbermünzen bestehen, wobei nicht von Belang ist, wann und von wem sie geprägt wurden. Eine Münze ist und bleibt eine Münze. Richtiges Geld hat für das Dorf kein Alter, sondern befindet sich außerhalb der Zeit. Eine Münze kann schon mehr oder weniger abgegriffen sein, doch da sie ausschließlich danach bewertet wird, was sie wiegt und aus welchem Material sie hergestellt wurde, ist diese Form zeitlicher Einwirkung ebenfalls nicht von Belang.

Gold und Silber sind die einzigen Metalle, die wirklich zählen; Münzen aus einem anderen Metall vermitteln eine

Vorahnung von Verfall, ja, einem papiernen Ende. Papier ist eine heimtückische Erfindung der Stadt. Andere Metalle als Gold und Silber ebnen außerdem den Unterschied zwischen Münzen und Gebrauchsgegenständen ein, die aus den gleichen Metallen hergestellt werden, etwa ein Hufeisen, eine Heugabel oder ein Nasenring. Während das Dorf weiß, wozu man ein Hufeisen, eine Heugabel oder einen Nasenring braucht, hat es nie richtig begriffen, was man mit einer Münze anfängt.

Sie sich vom Hals zu schaffen wäre dennoch unklug. Ihren richtigen Wert erhalten Münzen erst, wenn man sie vergraben oder in eine Wand eingemauert hat. Was soll man sonst damit anfangen? Das Dorf weiß es nicht, obwohl es sich jahrhundertelang mit dieser Frage beschäftigt hat.

Fast alle im Dorf (außer Carletto, unserem Alkoholiker, der vergessen haben kann, wo er sie versteckt hat) verwahren alte Gold- und Silbermünzen in Verstecken, die oft nicht einmal die nächsten Angehörigen kennen und die Nachkommen fast nie. Dieses versteckte Geld wird nur in vertraulichen Andeutungen erwähnt, nicht selten von einem Nachbarn, von dem man mit Sicherheit sagen kann, dass er am allerwenigsten informiert ist, der aber gern zu verstehen gibt, dass er so einiges über das Geld wisse, das ein anderer versteckt hat, darüber aber schweige wie ein Grab. Durch Unglücks- oder plötzliche Todesfälle bleiben solche Verstecke oft allen Hinterbliebenen für alle Zeit unbekannt. Es kommt aber auch vor, dass jemand etwas versteckt hat und sein Geheimnis absichtlich mit ins Grab nimmt. Der Schatz bleibt dann unter einem Fußboden, in der Erde oder im Schornstein eingemauert zurück. Da er aber ja genau deshalb versteckt wurde, weil er nicht ausgegeben werden sollte, ist der Schlag durch einen solchen Verlust weniger hart, als überhaupt nichts zum Verstecken zu haben.

Im Dorf heißt es, Eichhörnchen würden weit mehr Nüsse

vergraben, als sie dann im Winter, wenn sie welche brauchen, wiederfinden könnten. Für Sovinjak ist das jedoch ohne Belang, denn bei uns gibt es kaum Eichhörnchen. In Sovinjak sagt man, dass die Eulen sie nachts fangen und auffressen.

Die Einstellung zum Geld offenbart das tiefe Misstrauen des Dorfes gegen jede Art von Abstraktion. Dieses Misstrauen gilt auch dem Kopfrechnen (wenigstens solange es Finger gibt) und dem Alphabet, die ja strenggenommen die extremste aller Formen von Abstraktion darstellen. So wie sich das Dorf weigert, die Uhr das Leben lenken zu lassen, hat es sich so lange wie möglich geweigert, sich nach der Umwelt zu richten, als diese von Gold- und Silbermünzen zu Scheinen überging. Gewicht und Material wurden durch Zahlen auf Papier ersetzt, eine Metamorphose, die für das Dorf eine Form modernen Betrugs darstellt.

Geld, ganz besonders das aus Papier, ist außerdem unvorhersehbaren Fluktuationen unterworfen, ungefähr so wie das Wetter, nur noch unergründlicher, und deswegen kann Geld dem Dorf nicht als Maßstab echter und bestehender Werte dienen. Was richtig wertvoll ist, zeichnet sich dadurch aus, dass es keinerlei Veränderungen unterworfen ist: Sein Wert steigt über die Zeiten hin nicht. Vor allem aber sinkt er nicht. Die Zeit hat im Dorf zwar Macht über Menschen, die ja alle sterben müssen, aber nicht über Gegenstände und Besitztümer, die keine Seele besitzen, infolgedessen schon tot sind und sich außerhalb der Zeit befinden.

Carletto, unser Alkoholiker, besitzt mehrere Ställe und Schuppen im Dorf und wollte vor ein paar Jahren einen davon verkaufen, damit er Geld hätte, um das Dach seines Wohnhauses reparieren zu lassen. Aus dem Dorf konnte oder wollte es ihm niemand reparieren. Also musste dafür jemand von außerhalb her, weshalb er Geld brauchte, um die Arbeit bezahlen zu können. Die Reparatur sollte eine bestimmte

Summe kosten, dieselbe Summe, die Carletto dann stante pede für den Schuppen verlangte. Für diesen Preis wollte seinen Schuppen jedoch niemand kaufen. Das betrachtete er als reine Böswilligkeit, als gemeinen Anschlag auf seine Person, dem er sich nicht hätte aussetzen müssen, wenn es bei ihm nicht an einigen Stellen des Daches durch so große Löcher geregnet hätte, dass man durch sie die Wolken und Schwalben am Himmel sehen konnte.

Einige Jahre später war das Dach noch undichter und der Schuppen völlig verfallen. Meiner Meinung nach war Carletto unklug gewesen. Er hätte ihn längst verkaufen sollen, selbst wenn er nicht ganz auf die Summe gekommen wäre, die er haben wollte. Jetzt bezahlte ihm für den Schuppen keiner mehr etwas. Diese Logik ist Carletto jedoch fremd. Heute kostet die Reparatur des Daches noch mehr als vor fünf Jahren, folglich hat er auch den Preis für den Schuppen heraufgesetzt, doch wenn ich sage, dass der jetzt verfallen und eigentlich eine Ruine sei, protestiert er: Ich hätte mal sehen sollen, in welch ausgezeichnetem Zustand er sich vor fünf Jahren befunden habe.

Eine über die reine Selbstversorgung hinausgehende Ökonomie hat es hier nie gegeben, nie irgendetwas im Überfluss, und hat die Natur das Dorf einmal mit mehr als dem Allernötigsten versehen, wusste man nichts damit anzufangen. Bestenfalls war hier alles ausreichend vorhanden. Noch öfter allerdings hat es gefehlt. Doch das, was gefehlt hat, konnte nicht ausgeglichen werden.

Woher auch? Und von wem? Also hat man sich mit dem, was es nicht gab, arrangiert und auf besseres Wetter oder weniger Heuschrecken im nächsten Jahr gehofft. Mangel und Knappheit können dem Dorf kaum etwas anhaben. Zu dieser Genügsamkeit hat auch die katholische Kirche mit ihrer Aufforderung zur Demut und ihren unergründlichen Mysterien beigetragen, vor denen man zerknirscht und gesenkten Hauptes dazustehen hat. Im Grunde genommen ist die Kirche in einem Dorf wie Sovinjak lediglich eine Filiale im Dienste der Natur, eine Art geistlicher Überbau für Äcker und Wetter.

Leiht sich jemand von mir Geld, bekomme ich es normalerweise zurück, ohne freilich zu wissen, wann. Morgen ist es ebenso wahrscheinlich wie in ein oder zwei Jahren. Das Wort Zins sagt dem Dorf nichts. Dass Geld direkt auf der Hand in diesem Augenblick mehr wert ist als dieselbe Summe ein paar Wochen später, widerspricht seiner Auffassung von Anstand und vor allem von Verstand. Das Zinsverbot früherer Zeiten wurde möglicherweise nur zum Schein mit einem Verweis auf die Moral motiviert, während der eigentliche Grund der war, etwas zu verbieten, was das Volk schlicht nicht begriff.

Das Dorf kennt zwar das Sprichwort vom Spatz in der Hand, das aus dem Schwedischen übersetzt heißt: Besser ein Vogel in der Hand als zehn im Wald (im Kroatischen *bolje vrabac u ruci nego golub na grani* und im Italienischen *meglio un uovo oggi che una gallina domani*), kann es aber nicht auf Wirtschaftliches anwenden, nicht als Metapher benutzen. Es hat lange gedauert, bis ich kapiert habe, dass das, was für mich eine Metapher ist, für die Dorfbewohner eine ganz konkrete Aussage über die Natur darstellt, deren Grad an Vernunft und Glaubwürdigkeit an Begriffen wie »Vogel«, »Wald« oder »Hand« gemessen wird. Die kroatische Variante dieses Sprichworts hält das Dorf für besser als meine schwedische, ist ein Spatz in der Hand doch unbestreitbar besser als eine Taube auf einem Ast. Im Schwedischen ist dagegen nur allgemein von einem Vogel und vom Wald die Rede, statt von einem bestimmten Vogel und einem Ast, so dass die Dorfbewohner lange und ziemlich irritiert darüber diskutiert haben, um welchen Vogel und welche Art Wald es sich dabei wohl handelt, ohne zu einem Ergebnis zu kommen.

Dieses Streben nach Präzision wird hier nur auf die Natur und nichts sonst angewandt, weshalb die italienische Variante des Sprichworts den anderen beiden als überlegen erachtet wird, denn dass ein Ei heute besser ist als eine Henne morgen, die obendrein womöglich noch kein einziges Ei gelegt hat – zumindest wissen wir nichts davon –, versteht schließlich jedes Kind. Selbst der metaphorische Sprung vom Ei zur Henne bereitet keinerlei Schwierigkeiten. Die italienische Variante findet auch deshalb Anklang, weil sie ohne Hand auskommt. Diese Hand im Schwedischen und im Kroatischen behagt dem Dorf nicht. Einigen ist sie völlig unverständlich. Man hält schließlich nur selten einen Vogel in der Hand, zumindest setzt sich kein Vogel gern dorthin, solange die Hand nicht voller Futter und der Vogel keine Taube ist. Aber die Taube sitzt ja schon auf dem Ast.

Wenn ich dann sage, dass wir von einem Gleichnis sprechen, dass es sich um ein Bild handle und die Hand hier etwas anderes bedeute als eine Hand, wird dies als Gaunerei aufgefasst, als ebenjene Verschlagenheit, die zur Stadt gehört, wo ja nicht nur Tiere und die Natur, sondern auch ein Mensch zu etwas ganz anderem werden kann, als er in Wirklichkeit ist.

Die Summe, die ich verliehen habe, entspricht also stets der, die ich zurückbekomme. Oder ich bekomme überhaupt kein Geld zurück. Letzteres ist bei weitem nicht ungewöhnlich, da man die Bitte um eine Gefälligkeit nicht abschlagen kann, schon gar nicht mit einem Hinweis auf die Kreditwürdigkeit des Schuldners. Die einzige Grundlage für eine Einschätzung besteht darin, dass ich zufällig habe, was ein anderer braucht, aber nicht hat.

Etwas zu haben ruft allerdings nicht zwangsläufig Respekt hervor. Zu Geld kommt nämlich niemand durch Arbeit, da müssten im Dorf schon alle reich sein, doch hier ist noch nie jemand durch Arbeit, Mühe oder mit Hilfe einer besonderen Fertigkeit reich geworden. Reich wird man durch einen Kniff, einen Trick. Was Städter Fleiß oder Arbeitsethik nennen, ist für das Dorf nichts anderes als Sklaverei, Schicksal oder einer Strafe gleichzusetzen. Wenn die Städter im Sommer nach Sovinjak kommen, sitzen sie in Sonnenstühlen in ihren Gärten, den allergrößten im Dorf, was beweist, dass es in der Stadt einen Trick geben muss, der es ihnen erlaubt, nichts zu tun und trotzdem in den allergrößten Gärten zu sitzen.

Von diesem Trick geben die Städter jedoch nichts preis, wie ja auch die Kirche eifersüchtig über ihre Wunder wacht, ohne zu erklären, wie sie geschehen.

Das bringt das Dorf auf. Und immer aus demselben Grund – ihr habt und wir brauchen. Eigentlich hat sich für das Dorf durch den Fall des Kommunismus im Grunde sehr wenig verändert: Die Stadt ist reich wie eh und je, das Dorf arm wie eh und je; und reich ist die Stadt aufgrund der Geheimnisse, die man dem Dorf nicht verraten will. Darüber sind sich hier alle einig. Und jede Alltagserfahrung in dem neuen kroatischen Staat scheint diese Auffassung noch zu bestätigen.

Mir fiel ein, dass es hier eigentlich nie Marktpreise gegeben hatte. Immer schon waren fast alle Preise administrativ festgelegt worden, statt sich auf einem Markt zu bilden, festgelegt von Bürokraten in der Soutane wie unter dem *justum pretium* der Kirche des Mittelalters oder wie lange Zeit später unter der Planwirtschaft des Kommunismus von irgendeinem Apparatschik der Partei. Weder die Kirche noch die Partei hatten dabei auf Angebot und Nachfrage Rücksicht genommen. Seitdem hatte sich nicht viel geändert. Ich habe selbst erlebt, wie Preise aus Sympathie für die Käufer entstanden, mit Prestige oder Macht zusammenhingen, manchmal auch jemanden schmähen sollten. Durch einen freiwilligen Kompromiss zwischen Käufer und Verkäufer, wie er in einer Marktwirtschaft ausgehandelt wird, kamen dagegen nur selten Preise zustande.

Sowohl die katholische Kirche als auch die kommunistische Partei strebten eine Wirtschaftsordnung per Dekret an, und Sovinjak ist dieser Ordnung bis zum heutigen Tag verhaftet geblieben, einer feudalen und zutiefst undemokratischen Ordnung, die vor allem dem Wirtshaus des Dorfes Probleme bereitet, dem fast einzigen Betrieb bei uns, der außerhalb der Marktwirtschaft der neuen Zeit nicht existieren kann.

Unserem Gastwirt bereitet es Sorge, dass er keine Wochenendgäste aus Italien mehr hat. Vielleicht kommt noch der eine oder andere, doch wenn sie auf dem Friedhof waren oder die Aussicht bewundert haben, fahren sie wieder heim nach Italien. Ins Wirtshaus gehen sie nicht. Dafür gibt es mehrere Gründe, wobei die meisten mit der Qualität der Küche und den Preisen zusammenhängen, und ich habe Lino gegenüber angedeutet, dass er den italienischen Gästen zu teuer geworden sei. Sie essen auf ihrer Seite der Grenze sowohl billiger als auch besser. Letzteres sage ich freilich nicht.

Doch warum sollte er nicht mit den italienischen Wirtshäusern konkurrieren können? Die Kochkunst hier zu verbessern ist wahrscheinlich nicht sehr realistisch, aber ich schlage Lino vor, wenigstens die Preise zu senken. Doch die Vorstellung, dass niedrigere Preise mehr Gäste ins Wirtshaus locken könnten, ist ebenfalls viel zu abstrakt; das eine ist mit dem anderen nicht zu vereinbaren und schon gar nicht in einem harmonischen Zusammenspiel im Sinne der Preistheorie der klassischen Nationalökonomie. Außerdem laufen niedrigere Preise dem zuwider, was im Dorf als Prestige und Ansehen gilt. Mit einem hohen Preis geht ein hohes Prestige einher. Mit einem niedrigen Preis ein niedriges oder gar keins.

Und warum sollte hier etwas billiger sein als auf der italienischen Seite? Als ob die Menschen hier in Istrien minderwertiger seien als in Italien!

Lino wäre es am liebsten, alle Preise würden wie früher von oben festgesetzt und nicht von den sogenannten Marktkräften, die schon allein deshalb verdächtig sind, weil sie ohne Vorschriften und Stempel auskommen. Keine Flasche Bier und keine Tasse Kaffee wären dann in Vrh oder Mali Mlun (Milino Piccolo auf Italienisch) billiger als in Sovinjak, und diese ganze unsichere, nervöse Atmosphäre, in der er jetzt notgedrungen lebt, nur weil er zufällig ein Wirtshaus besitzt, würde ein Ende haben. Denn das Schlimmste an der neuen Zeit und Wirtschaft ist die Konkurrenz. Könnte man die italienischen Gäste zum Mittagessen in sein Wirtshaus zitieren, wäre er für eine solche Ordnung; dass dies denn doch nicht möglich ist, versteht selbst Lino und setzt deshalb auf Werbung.

Mit eigenen Ansichtskarten möchte er italienische Kunden gewinnen. Die Karten können per Post nach Italien geschickt oder im Wirtshaus verteilt werden, und Lino hat sich zu so einer Ansichtskarte mehr von den Prozessionen der Kirche oder den Aufmärschen der kommunistischen Partei inspirieren lassen als von der modernen Welt, in der die Italiener von heute, seine ausbleibenden Gäste, leben.

Eine Ansichtskarte ist ja ein Ausschnitt der Welt und lässt sich genau so arrangieren, wie man sie darstellen möchte, wobei alles Störende oder Missliebige ausgespart werden kann. Mitten im Bild werden Lino und seine gesamte Familie vor dem Wirtshaus stehen, dessen Fassade man nach Belieben retuschieren oder mit einer anderen Farbe als in Wirklichkeit versehen kann, ein virtuelles Wirtshaus, wo jeder Gast sich in den Schoß der Familie aufgenommen fühlen soll, auch wenn es nicht die eigene Familie ist; zum Fototermin können noch weitere Leute angeheuert werden, um den Eindruck einer sowohl umfassenden wie raschen Bedienung zu erwecken. Weiße Schürzen, eine Kochmütze, ein paar Suppenkellen hier und da müssen ebenfalls aufs Bild, um von der Küche, die auf dem Foto nicht gezeigt werden kann, wenigstens eine Ahnung zu vermitteln.

So eine Ansichtskarte wäre zugleich etwas Kunstvolles, jedenfalls nach der Kunstauffassung des Dorfes: eine schön gestaltete Phantasie, ein Bild eben, das jedoch nicht unbedingt wahr ist oder in Wirklichkeit existiert.

In den ersten Jahren haben wir unseren Wein in einem Keller in Buzet gekauft, der kleinen, unter uns gelegenen Stadt im Flusstal der Mirna (in Latein Ningus, auf Italienisch Quieto). Der Wein war meistens dünn oder sauer. Der Keller war einer der letzten Orte, wo sich der Kommunismus gehalten hatte: im Halbdunkel hinter feuchten, unverputzten Mauern und schwer zu finden, wenn man nicht wusste, wonach man suchte. Auch das Bewusstsein der Menschen war ein solcher Ort, nur würde sich der Kommunismus dort auch dann noch halten, wenn der Keller in Buzet schon längst dichtgemacht hätte. Der Keller gehörte einer Art Kooperative, eher staatlich als selbstverwaltet, die ihren Betrieb, wie es schien, nur zu dem einen Zweck weitergeführt hatte, ihre Angestellten vor der neuen Arbeitslosigkeit zu bewahren. Bei dem Wein, der dort verkauft wurde, handelte es sich um den lokalen *(Teran, Malvasia)*. Allerdings ließ sich schwer sagen, wie er dorthin gekommen war.

Woher stammte er? Zwar baut fast jeder Bauer in der Gegend Wein an, aber auf so wenigen Fleckchen Erde, dass er selten für mehr als den Eigenbedarf reicht.

Manchmal fuhren wir über Land, um Olivenöl, Eier oder Wein zu kaufen. Die Bauern empfingen uns mit einem als abwartende Freundlichkeit getarnten Misstrauen und gewannen dadurch Zeit, herauszufinden, was wir tatsächlich wollten, denn das konnte ja nichts mit Olivenöl, Eiern oder Wein zu tun haben.

Wer hatte uns geschickt? Was war unser Auftrag?

Es kam vor, dass wir da und dort ein paar Eier erstehen konnten, seltener Olivenöl und fast nie Wein. Was sollten sie denn mit unserem Geld anfangen? Auf dem Land wurde man als Gast freigebig zu allerhand eingeladen, stolz wurden Flaschen geöffnet, öfter noch zapfte man mit Hilfe eines Gummischlauchs etwas aus einem Fass, und auf den Fassdeckel oder den Tisch kam Aufschnitt, doch wollte ich etwas von dem kaufen, wozu sie so großzügig eingeladen hatten, wurde dies oft als Beleidigung aufgefasst.

Die Gastfreundschaft der Bauern hatte nichts mit Kaufen und Verkaufen zu tun.

Lange Zeit kaufte ich meinen Wein bei einem Bauern in der Umgebung, der mich gern alles verkosten ließ, was er im Keller hatte, sich aber weigerte, mir den Wein zu verkaufen, den ich kaufen wollte, weil gerade dieser Wein »viel zu gut« sei. Einen guten Wein behalte er für sich und seine Gäste. Einen weniger guten könnte ich dagegen gern kaufen. Auf der anderen Seite verkaufte er diesen schlechteren Wein jahraus, jahrein zum selben Preis ohne Rücksicht auf den Umfang der Ernte, die Qualität des Jahrgangs oder die Menge, die ich kaufen wollte, mit dem Hinweis, dass er im Vorjahr und im Jahr davor ganz genau so viel gekostet habe wie in diesem.

Das war richtig. Die Bedenken, die ich mit Blick auf die Qualität des Jahrgangs gegen den Preis hegte, schienen ihn nicht zu interessieren. Vielmehr bedauerte er mich: Ich müsse vergessen haben, wie es schon immer gewesen sei, womöglich läge es an meinem Alter. Sein Gedächtnis aber sei noch immer kristallklar; der Preis in diesem Jahr sei exakt derselbe wie im Vorjahr.

Auch an den wenigen Stellen, wo dennoch guter Wein verkauft wurde, geschah dies nur unwillig. Als Kunden störten wir. Nachher fuhren wir mit ihrem Wein davon, und die Bauern, die ihn verkauft hatten, standen mit unserem Geld in der Hand da, bereits überzeugt, ein schlechtes Geschäft gemacht zu haben.

Weil es nirgends Wein in Flaschen zu kaufen gab, nahmen wir in den Keller in Buzet – es gab auch noch einen in der Nähe von Motovun – leere Plastikflaschen mit, meistens von Coca-Cola, Sprite oder slowenischem Mineralwasser. Wir kauften entweder »Weißen« oder »Roten«, und mit Hilfe des Gummischlauchs wurde der Wein aus dem Fass in unsere Plastikflaschen gezapft. Die Männer im Halbdunkel des Kellers sprachen von so und so vielen Litern »Rotem« oder »Weißem«, doch nie vom Jahrgang (der Wein stammte stets aus der Ernte des Vorjahres), nie von der Traube, nie davon, ob er trocken oder lieblich sei, ganz so, als begnügten sie sich wie Plinius d.Ä. damit, Wein als »das Blut der Erde« zu betrachten, ohne ihn einer näheren Beschreibung für wert zu befinden.

Wie zu Zeiten der Römer wurde der Wein fast immer mit Wasser verdünnt getrunken. Vater Macuka, Sovinjaks alter Pfarrer, pflegte zu sagen, in Istrien habe man alles, was man über den Weinbau wisse, im 19. Jahrhundert von Mönchen aus Mähren gelernt. Auch Kenntnisse über Schafzucht hätten die mährischen Mönche nach Istrien mitgebracht. Und dann fügte Vater Macuka noch hinzu, dass die Bauern der Gegend vielleicht so lange etwas vom Wein verstünden, wie er sich im Weinberg befinde, sobald er aber im Keller gelandet sei, ob nun in dem der Bauern oder dem in Buzet, würden sie ihn verderben.

Dass die Bauern ihren eigenen Wein tranken, war weniger eine Frage des Stolzes, als dass sich einfach niemand vorstellen konnte, in Buzet in den Laden zu gehen, um sich Wein in Flaschen zu kaufen. Da müsste man ja auch für die Flasche bezahlen. Flaschen waren eine Seltenheit; in dem Keller in Buzet konnten zwar schon mal ein paar leere an der Wand entlang gestapelt sein, doch kosteten diese Flaschen, ohne Etikett, mehr als der »Rote« oder »Weiße«, der in sie gezapft wurde. Der Vorrat an Wein war größer als der an Flaschen. Diese »Wirtschaft« war ein weiteres Überbleibsel des Kommunismus, und es sollte etliche Jahre dauern, bis sie verschwand.

Dies änderte sich erst mit den Touristen.

Früher hatte es im Innern Istriens keine Touristen gegeben, nur entlang der Küste, doch mit dem Fall des Kommunismus verirrten sich nach und nach einzelne sogar bis nach Sovinjak hinauf, neugierige und augenscheinlich friedfertige Menschen, eigentlich die ersten von außerhalb, die nicht kamen, um Geld einzutreiben oder dem Dorf die Leviten zu lesen. Sie tranken bei Lino ein Glas Wein und schienen aufrichtig enttäuscht zu sein, wenn sie von dem, was sie gerade bei ihm getrunken hatten, keine Flasche kaufen konnten, um sie mit nach Hause zu nehmen. Unser Gastwirt war der Erste im Dorf, der seinen Wein und seinen Grappa in Flaschen abzufüllen begann. Und weil die neuen Besucher auch Etiketten auf den Flaschen haben wollten, bestellte er bei der Druckerei in Buzet welche.

Sehr bald war der Wein teurer als die Flasche, in die er gezapft wurde. Ich möchte behaupten, dass diese leeren Flaschen wahrscheinlich mehr als irgendetwas sonst zum Einzug der neuen Zeit in Sovinjak beigetragen haben, ja, eigentlich zu Europa, das sich zu dieser Zeit an seinen Rändern und Außenbezirken vergrößerte und herausmachte, auf dem Weg zurück zu Orten, wo es einst gewesen war, die es aber hatte aufgeben müssen, oder dorthin, wo es nie anders denn als Wunschtraum oder Hörensagen existiert hatte. Dieses Europa besitzt eine Flagge, eine Hymne und eine heimliche Hauptstadt, die dem Gerücht zufolge Brüssel heißt. Es wiegt jedoch leicht gegen eine Flasche mit einem Etikett, das mit seiner Form und seinen exakten Angaben den Dorfbewohnern eine Ahnung davon vermittelt, dass Wein nicht nur Natur sein muss, sondern auch etwas mit Kultur zu tun hat.

Die Umwelt, gegen die Sovinjak sich zu allen Zeiten geschützt hat, durchläuft seit dem Fall des Kommunismus eine radikalere Veränderung als vielleicht je zuvor, seit die Türken Buzet, den nächstgelegenen größeren Ort, belagert haben, ohne die befestigte Stadt einnehmen zu können. Der Kommunismus mit all seinen Zwängen ist verschwunden, und die Dorfbewohner müssen sich an etwas Neues und Unbekanntes anpassen.

Das fängt schon bei der Sprache an. Das Wort »unser« wurde von etwas, was sich nur als Axthieb bezeichnen lässt, bis zur Wurzel gespalten, und was von »unser« übrig blieb, ist nahezu nichts, fast immer wertlos, verlassen und verwahrlost, so wie die asphaltierte Straße, die zum Dorf heraufführt, oder das Monument für die gefallenen Partisanen. Die neue Freiheit hat im Verein mit Geld die Welt auf den Kopf gestellt: Früher hatte die Straße nach Sovinjak keine Schlaglöcher, und das Partisanenmonument war mit echten Schnittblumen geschmückt, nicht wie heute mit Blumen aus Plastik. Aber heute ist »unser« in ein »Dein« und »Mein« gespalten, ein »Mein«, das nichts mehr mit »Dein« zu tun hat, so dass Carletto oder Tonko, vom neuen Staat dazu ermuntert, im Dorf herumgehen und an den Hängen auf das zeigen können, was ihnen gehört, ganz allein ihnen.

Denn die neue Zeit bedeutet vor allem, dass die Leute im Dorf ihr Land zurückerhalten haben. Während des Kommunismus besaßen sie rein formal das Eigentumsrecht an ihren

Feldern und Äckern, was allerdings sehr wenig zu bedeuten hatte, da die formalen Eigentümer nur in begrenztem Umfang über ihr Eigentum verfügen konnten. Jetzt erhalten sie zurück, was sie besitzen, das heißt, sie müssen eine Behörde aufsuchen, die denselben schönen Namen trägt wie zu Kaisers Zeiten – Kataster – und sich in Buzet befindet.

Aber muss man wirklich dorthin?

Eigentlich nicht. In Sovinjak haben die Leute zu allen Zeiten genau gewusst, wem was gehört. Weder Nationalisierung noch Verstaatlichung, noch Konfiszierung oder sonstige administrative Eingriffe haben die Erinnerung des Dorfes auslöschen können, wem was *tatsächlich* gehört, und diese Erinnerung ist ähnlich einem Wasserzeichen in einem Bogen Papier unauflöslich mit dem Dorf vereint.

Ohne dieses Wasserzeichen wird im Dorf jedes Schriftstück ignoriert. Auch der Grund und Boden sowie die Häuser der vertriebenen Italiener sind bald ein Dreivierteljahrhundert lang meist unangetastet geblieben, ein Respekt, der mehr mit Aberglauben als mit Rechtsverständnis zu tun hat. Sobald sich die Dorfbewohner aber nun einen Grundbuchauszug beschaffen, zeigt sich, dass fast nichts so ist, wie man geglaubt hat, dass es sei. Das Wasserzeichen führt in die Irre: In den Jahren des Kommunismus wurde sogar das kollektive Gedächtnis des Dorfes beschädigt.

Jene abgelegenen Olivenhaine oder das unbenutzte Fleckchen Erde gehören, wie sich herausstellt, jemand anders.

Deshalb mag es wiederum so wirken, als habe sich im Grunde nichts geändert, als sei die Umwelt nach wie vor betrügerisch, eine Bedrohung aller im Dorf. Wenigstens kann man sich aber über die schöne Karte aus dem Grundbuch freuen, ein Dokument mit blauen, roten und schwarzen Linien unterschiedlicher Stärke und prachtvollen Stempeln, das, alles zusammengenommen, mit niederschmetternder Präzision zeigt, was wem gehört. Leider, in vielen Fällen. Doch die Enttäuschung raubt einem solchen Papier nur vorübergehend einen Teil seiner Autorität. Und das wird in den Zeitungen und im Fernsehen nun als der Beginn eines Rechtsstaats beschrieben, als großer Schritt nach vorn, auch wenn man im Dorf dieser Richtung nicht immer traut.

Doch dann kommen die ruhigen und demütigen Fremden wieder, die sich für die Flora und Fauna Istriens interessieren, die Aussicht bewundern und anscheinend nichts anderes zu tun haben, als im Dorf auf und ab zu spazieren. Diesmal fragen sie, ob es im Dorf nicht ein Haus oder ein Grundstück zu kaufen gebe, und wenn in Sovinjak jemand »vielleicht« oder »kann sein« sagt, zeigt sich, dass die Fremden sehr interessiert sind, doch mehr an den Karten, die man sich für teures Geld in Buzet hat ausstellen lassen, als daran, zu sehen, in welchem Zustand sich das Haus befindet, das zum Verkauf steht.

Es hat deshalb fast den Anschein, als bekäme mein Nachbar Carletto am Ende recht, der partout nicht berücksichtigen wollte, dass sich der Schuppen, den er zum Verkauf anbot, bereits in eine Ruine verwandelt hatte.

Vielleicht zum ersten Mal in seiner Geschichte macht das Dorf die Bekanntschaft von Leuten aus der Umwelt, die wirklich anders sind. Auffallend zivile und noch dazu oft sehr sympathische Menschen, auch wenn man den Beginn dieses neuen Verhältnisses zur Umwelt nicht idyllisieren sollte. Es hat nichts mit Hingabe, nicht einmal mit Akzeptanz zu tun, eher mit unsentimentaler Berechnung. Am allerbesten wäre es, die Fremden würden ihr Geld im Dorf lassen und dann gefälligst verschwinden. Doch darauf – so viel hat man inzwischen begriffen – ist leider nicht zu hoffen. Diese Fremden mit ihrem Geld sind gekommen, um zu bleiben, und sie wollen dafür mehr haben als nur die schöne Aussicht. Und sie haben viel Geld in der Tasche, darüber freut man sich im Dorf. Früher wollte hier niemand investieren. Diese Fremden aber sind dazu bereit, und diese überaus erfreuliche Tatsache lässt die Leute in Sovinjak ganz vergessen, dass sie nach wie vor nicht recht wissen, was sie mit Geld anfangen sollen, selbst wenn es ihnen allmählich dämmert und sie voller Sorge entdeckt haben, dass das bisschen, das sie zuvor hatten und brauchten, nicht mehr reicht für das, was sie nun meinen haben zu müssen.

Diese Fremden kommen deshalb sehr gelegen. Plötzlich strömt Geld herein. Aber mit Hilfe eines Tricks nimmt es die Stadt sofort wieder weg, indem alles teurer wird. Und die Fremden geben ihr Geld nicht so mir nichts, dir nichts her: Sie erheben auch Ansprüche, zum Beispiel auf eine Müllabfuhr.

Das verwirrt das Dorf. Früher hat man den Müll in ein Gestrüpp oder Gebüsch geworfen oder hat versucht, ihn draußen auf den Feldern zu verbrennen. Nichts davon passt den Fremden, die hier gern ein Haus kaufen wollen oder zumindest ein Grundstück, um eines zu bauen, doch erst, wenn die Müllabfuhr geregelt sei, sonst werde weder ver- noch gekauft. Mit diesen Fremden hat daher eine gewisse Sauberkeit und Ordentlichkeit im Dorf Einzug gehalten, die vor allem von den Frauen aufrechterhalten wird; sie zwingen sogar die Dorfsäufer, dafür zu sorgen, dass ihre leeren Flaschen in der Mülltonne landen.

Auch die Klosterruine muss in Ruhe gelassen werden. Die Fremden schauen sie sich gern an, nachdem sie in Linos Wirtshaus zu Mittag gegessen haben, wo sie ebenfalls Veränderungen erzwungen haben. Dort wird jetzt das eine oder andere exotische Gericht serviert und sogar erwogen, italienischen *prosciutto* von jenseits der Grenze zu beschaffen, obwohl der natürlich nicht so gut sein kann wie der istrische, doch ganz sicher ist sich da niemand, denn es wäre unter der Würde des Dorfes, den italienischen überhaupt zu probieren. Trotzdem ist man, ohne es zuzugeben, stolz auf diese neuen Gerichte, die eine neue, kulinarische Beziehung zur Umwelt herstellen. Wenn auch auf die Speisekarte beschränkt, so ist es doch immerhin etwas.

Flaschen, Müllabfuhr und so eine Speisekarte tragen in Sovinjak wahrscheinlich mehr zu den gemeinsamen europäischen Werten bei, als wenn sie auf einer Liste am Schwarzen Brett der Gemeinde angeschlagen oder in der Kirche von der Kanzel verlesen würden. Die neue Marktwirtschaft und das Katasteramt sind den Leuten wichtiger als Kultur; auch Goethe war ja in erster Linie Jurist. Womöglich sind es solche Umwege, über die Europa bei uns langsam vorankommt. An seinen Ecken und Rändern wird es mit Paragraphen und dem Kleingedruckten auf einem Etikett oder in einem Vertrag allmählich immer stärker und fetter. Manchmal scheint es, als wäre nicht einmal das Dorf selbst sich dessen richtig bewusst, dass es gerade in eine größere und neue Gemeinschaft hineinwächst, oder als wüsste es zumindest nicht recht, was diese eigentlich mit sich bringt.

Mir wird diese neue Gemeinschaft trotzdem nicht viel helfen, denn mit meinem Namen werde ich nie zum Dorf zählen. Ich kann höchstens hoffen, toleriert zu werden oder einigermaßen willkommen zu sein, gehöre aber nicht hierher. In dem Verzeichnis, das der Friedhof seit ein paar hundert Jahren über die Einwohner des Dorfes führt, steht mein Name nicht geschrieben, und für neue Gräber gibt es keinen Platz, außer in der linken Ecke, wo die Säuglinge liegen, die gestorben sind, bevor sie getauft werden konnten.

Der Friedhof ist das aufgeschlagene Buch, in dem alle Toten des Dorfes verzeichnet sind, zwischen den Zeilen oder mit unsichtbarer Tinte auch die italienischen Familien, die es früher hier gegeben hat und die jetzt vielleicht in Triest zu Hause sind. Denn zu einem Dorf wie Sovinjak zählen auch diejenigen, die von hier stammen, selbst wenn sie nicht mehr hier wohnen oder sich jahrzehntelang nicht im Dorf haben blicken lassen. Man denkt hier sehr wohl noch an sie, weil das Dorf nicht vollständig wäre ohne diejenigen, die laut Friedhof immer hier gelebt haben, auch wenn sie geflohen sind oder von Titos Partisanen gegen Kriegsende oder in den Jahren danach vertrieben wurden.

Damals galten sie als Faschisten, und fast alle Faschisten galten als Italiener. Nichts davon stimmt jedoch mit dem, wie es wirklich war, sonderlich gut überein. Alle möglichen Leute, und nur ganz selten Faschisten, waren aus dem Dorf geflohen oder verjagt worden; schon eines versteckten Schinkens oder einer falschen Briefmarke wegen konnte damals jeder als Faschist angeprangert werden. Außerdem waren sie nicht mehr und nicht weniger Italiener, als dass sie oft genauso gut als Kroaten oder Slowenen hätten durchgehen können, doch haben sie aus weiß Gott was für sentimentalen oder opportunistischen Gründen die historische Fehlkalkulation angestellt, auf ihre italienische statt auf ihre slawische Identität zu setzen. Die diversen Identitäten wurden in ein und demselben Leben, vor allem in unruhigen Zeiten, so oft und willkürlich gewechselt, dass es nicht sehr wahrscheinlich war, dass eine davon für immer mit einer Person verwuchs; hier hatten alle mehrere Identitäten gleichzeitig und waren in jeder davon zu Hause.

Doch ebendiese Unwahrscheinlichkeit sollte eintreten. Als Italiener wurde man gezwungen zu gehen, als Kroate oder Slowene konnte man bleiben; um, wie im Dorf gewohnt, in aller Ruhe zu wechseln, war es schon zu spät.

Wer floh oder verjagt wurde, blieb auf der italienischen Seite oft in der Nähe der Grenze, so als wollte er sich mit seinem Verlust nicht abfinden. Doch jede Grenze ist gefährlich. Sie lässt das Herz des Menschen verdorren und kann wie ein klebriger Fliegenfänger, der mit seiner bitteren Süße jedes Opfer langsam vergiftet, seine gesamte Existenz ruinieren. Zuerst aber beraubt die Grenze den Flüchtling seiner anderen Identitäten. Als Flüchtling wird er endgültig zu dem Italiener, der er vorher nur war, wenn er nicht gerade Kroate oder Slowene war. Er sperrt sich in diese eine Identität ein, eine Zuchthausstrafe bei Mythos und Blut statt Brot und Wasser. Und als italienischer Nationalist beginnt der Flüchtling seine anderen Ichs zu hassen, er verdrängt und bekämpft sie.

Seinen Ursprung hat dieser Hass in der Furcht. Diese Menschen sind ja deshalb gegangen, weil sie Titos Partisanen fürchteten, von denen sie kaum etwas wussten. Doch nun ging der Krieg zu Ende, und plötzlich waren sie da: Fremde aus irgendwelchen Orten, von denen man im Dorf niemals gehört hatte, Orten, wo man andrerseits nichts von Sovinjak gehört hatte, glattrasierte, magere Menschen, halsstarrig von ihrem Recht und ihrer historischen Mission überzeugt, gewohnt, totzuschlagen oder andernfalls totgeschlagen zu werden. Wer sie eigentlich waren, wusste man nicht, nur, dass sie nicht von hier waren.

Es waren aber auch ein paar Bekannte darunter, junge Kerle – auch Mädchen – aus der Gegend, die eines Tages plötzlich verschwunden waren, wahrscheinlich in die Berge der Ćićarija, und nun mit einem Gewehr oder einer Maschinenpistole am Schulterriemen zurückgekehrt waren, junge Menschen, die vor fanatischem Enthusiasmus und eigener Wichtigkeit strotzten, denen man aber nicht mehr ganz über den Weg traute. Sie waren zwar von hier, doch wusste man nicht, wer sie jetzt waren. Die Partisanen hieß man im Dorf mehr aus Angst denn aus Erleichterung willkommen; *hocemo Tito!* – »Wir wollen Tito!« – wurde mit roter Farbe auf die Hauswände gepinselt, obwohl im Dorf niemand so richtig wusste, *was* man damit wollte.

Was hätte man denn tun sollen? Diese Fremden nannten sich Befreier, und zumindest so viel war klar: Der Faschismus war besiegt, er war fort und mit ihm fast alle Italiener des Dorfes; sie waren über die Grenze nach Italien geflohen, im Bewusstsein dessen, dass diese fremden Menschen nicht so viel Zeit oder Geduld aufbrächten, im Einzelnen nachzuforschen, wer aus dem Dorf im Krieg was und warum getan hatte.

Oft wusste man im Dorf ja nicht einmal selbst Bescheid.

Smrt fašizmu, sloboda narodu! »Tod dem Faschismus, Freiheit für das Volk!« Das Erste bezweifelte niemand, und auf das Zweite konnte man zumindest hoffen. Bei uns in Sovinjak finden sich auf Hauswänden und Mauern immer noch ein paar der mittlerweile abblätternden Parolen, nicht so sehr aus Sympathie für die kommunistische Partei, die es nicht mehr gibt, sondern als diskrete Erinnerung daran, dass der Lauf der Geschichte zumindest in dieser Hinsicht nur eine einzige Richtung kennt – wer einmal weggegangen ist, der ist nicht mehr willkommen. Darüber sind sich hier alle völlig einig. Was auf diesen Hauswänden im Dorf noch immer bejubelt wird, ist deshalb nicht so sehr Tito als vielmehr die ethnische Säuberung, verkleidet als heldenhafter Befreiungskampf.

Aber ohne Tito wäre man die Italiener nicht losgeworden. Zwar gibt es in Sovinjak keine Kommunisten mehr, doch am Partisanenmonument liegen oft Kränze und Blumen.

Auf der Flucht vor den Partisanen landeten viele aus dem Dorf in Triest. Viele von ihnen sind jetzt tot. Viele starben sicherlich verbittert, während Sovinjak sie alle nach wie vor mitzählt, und hin und wieder tauchen an den Wochenenden ihre Kinder und Enkelkinder im Dorf auf, um sich um das Familiengrab zu kümmern oder sich das ehemalige, nach dem Krieg vom jugoslawischen Staat konfiszierte oder nationalisierte Haus der Familie von außen anzuschauen.

In dem Haus wohnt heute jemand anders, falls es nicht schon so lange leer steht, dass es mittlerweile unbewohnbar ist.

Was geht bei so einem Sonntagsspaziergang durchs Dorf im Kopf des Besuchers vor?

Vielleicht denkt er an das historische Unrecht, das ihm und seiner Familie widerfahren war, vielleicht daran, dass es sich in Italien doch besser lebt als in Kroatien. Oder der Besucher ist eifersüchtig auf unsere sehr viel großartigere Aussicht als die von einem Mietshausbalkon in Triest. Oder er ärgert sich darüber, dass das Haus in der verkehrten Farbe gestrichen, der Garten umgegraben und die eine oder andere Mauer abgerissen worden ist.

An einem warmen Augusttag stand auch einmal jemand vor unserem Haus, eine weißhaarige ältere Dame, die sich auf einen Stock stützte. Sie besah sich das Haus so lange, dass ich schließlich hinausging und fragte, ob sie jemanden suche. Könne ich ihr behilflich sein? Die alte Dame war den langen Weg von Ulcinj in Montenegro, nahe der albanischen Grenze, angereist, und es stellte sich heraus, dass das Haus, unser Haus, einmal ihr Haus gewesen war.

Mit leisem Unbehagen lud ich sie zu einer Tasse Kaffee ein. Widerstrebend und ohne dieses Unbehagen loszuwerden, führte ich sie durchs Haus. Ich hatte den Eindruck, dass das Haus sie gar nicht so sehr interessierte, sondern vielmehr die eine oder andere Erinnerung oder eine Stimmung, in die das Wiedersehen sie versetzte. Die Erinnerung kann sie in sich getragen, die Stimmung sie vor Ort überrascht haben. Doch ich wollte sie nicht danach fragen, schließlich war es ihre Privatsache; hier verlief eine andere Art Grenze, die nicht überschritten werden durfte.

Anschließend saßen wir zusammen im Garten. Die alte Dame äußerte sich zufrieden über das, was sie gesehen hatte, und sagte – möglicherweise um mein Unbehagen zu zerstreuen, das sie geahnt haben mochte –, in ihrem Alter sei man mit ganz anderen Dingen beschäftigt, als Besitztümern und Gegenständen nachzutrauern, die man einmal verloren habe.

Vielleicht sagte sie es aus reiner Höflichkeit. Doch auch als Höflichkeit schätzte ich ihre Worte.

Ebenso wenig fragte ich danach, wie sie das Haus verloren hatte. Ich war dankbar, dass sie es als verloren und nicht als gestohlen bezeichnete. Nicht einen Augenblick lang stellte ich mir vor, dass sie es aus freien Stücken in einer ganz normalen Transaktion verkauft haben könnte. Dann schenkte ich der alten Dame Feigen und Zwetschgen aus dem Garten, und sie erzählte mir, wer die Bäume, von denen ich die Früchte pflückte, gepflanzt hatte und wann das gewesen war.

Nachdem sie sich bedankt und uns verlassen hatte, warf ich noch einmal einen Blick auf die Bäume. Die Feigenbäume mussten zum Herbst tatsächlich beschnitten werden. Die alte Dame hatte äußerst taktvoll darauf hingewiesen.

Und dann ging mir durch den Kopf, wie viele Europäer im zwanzigsten Jahrhundert ähnliche Erfahrungen wie diese alte Dame gemacht haben, ohne irgendwann zu einem Haus zurückkehren zu können, Millionen und Abermillionen in dem breiten Korridor quer über unseren Kontinent – von Karelien, dem Baltikum und Ostpreußen (usw., usf.) im Norden über Wolhynien, Podolien, Galizien, Schlesien und Böhmen (usw., usf.) bis hinunter nach Istrien und Sovinjak –, und wie wenig es mit Blick auf eine derartige europäische Geschichte gibt, was wir wirklich besitzen und unser Eigen nennen können.

GELD

MEINE SCHWIEGERMUTTER HATTE sich in den Kopf gesetzt, ihre Wohnung in Rijeka aufzugeben, um wieder nach Krk zu ziehen.

Wir waren darauf nicht ganz unvorbereitet. In letzter Zeit hatten wir mehrere Anzeichen dafür wahrgenommen, dass sie ein Alter erreicht hatte, in dem sie sich in ihrem Alltag allein nicht mehr sicher fühlte. Trotzdem waren wir überrascht. Statt in ein Altersheim wollte sie auf die Insel zurück, auf der sie vor mehr als achtzig Jahren zur Welt gekommen war.

Omišalj, mit weniger als zweitausend Einwohnern nicht einmal eine richtige Stadt, klammert sich hoch über der Adria an einen Felsen. Früher haben sich dort pensionierte Kapitäne niedergelassen, um von ihren ummauerten Gärtchen mit Oliven- und Feigenbäumen aus aufs Meer zu schauen und zu beobachten, wie sich die Sonne beim Auf- oder Untergang im Wasser spiegelt. Viele der Kapitänshäuser haben Balkone oder Altane, die wie Kommandobrücken aussehen und fast alle gleich groß sind, ohne Rücksicht auf die Anzahl der Masten und die Bedeutung des Schiffes, das die nun für immer an Land Gegangenen auf See befehligt haben.

Den Wunsch meiner Schwiegermutter, auf die Insel ihrer Kindheit zurückzukehren, verstanden wir als Auftakt zu einer Art Inventur ihres Lebens. Schließlich lag es im Wesentlichen hinter ihr, der Anfang interessierte sie jetzt wohl mehr als das Ende, an das sie nicht denken wollte, und sie kannte Leute, die auf Krk zufällig ein Haus besaßen, das sie angeblich verkaufen wollten. Auch das kam überraschend für uns. Wer diese Bekannten waren, wussten wir nicht; wir kannten auf Krk bloß einen einzigen Menschen, einen Verwandten, der allerdings kein Haus besaß, das er hätte loswerden wollen. Gleichwohl fand meine Frau den Wunsch ihrer Mutter begreiflich und auch rührend.

Da das Haus jedoch ihr Schwiegersohn bezahlen sollte, wollte meine Schwiegermutter, dass ich es mir zuerst anschaute.

An einem warmen Vorsommertag holten wir sie in Rijeka ab, fuhren auf der kurvigen, engen Küstenstraße in Richtung Süden und über die Brücke nach Krk. Das Haus, das zum Verkauf stand, lag mitten an einem steilen Hang, der zum Marktplatz von Omišalj hinaufführte. Es war zweigeschossig und hatte eine Terrasse, von der aus man sowohl das Meer als auch das ein paar Gassen entfernte Haus sehen konnte, in dem meine Schwiegermutter geboren worden und aufgewachsen war. Jetzt lebte in ihrem Elternhaus eine Cousine von ihr, eine pensionierte Lehrerin, die es verfallen ließ und meistens im Garten saß und Zigaretten der allerbilligsten Sorte rauchte.

Dieselbe Marke war schon in der jugoslawischen Zeit sehr viel geraucht worden, als die Cousine meiner Schwiegermutter im Gymnasium in Rijeka noch Kinder in Philosophie und Literatur unterrichtete, Zigaretten, die sie selbst nicht einmal im Traum in ihre glänzende schwarze Zigarettenspitze gesteckt hätte.

Es gab noch mehr Gründe als die Wahl der Zigaretten, weswegen sie diese Cousine nicht leiden konnte. Die Cousine ihrerseits hielt meine Schwiegermutter für eine oberflächliche und ungebildete Person ohne Verständnis für den tieferen Sinn des Lebens. Ganz unrecht hatte sie damit wohl nicht, denn zumindest aus Büchern erworbener Bildung brachte meine Schwiegermutter keinen großen Respekt entgegen, und es konnte der Eindruck entstehen, als würde die Cousine diesen Mangel bewusst unterstreichen, indem sie in ihrer Gesellschaft Zigaretten einer Marke rauchte, die früher das Signum der Schriftsteller und unterbezahlten Intellektuellen gewesen war. Für Provokationen besaß meine Schwiegermutter jedoch einen sechsten Sinn, und sie meinte, es sei keine große Kunst, Kinder zu unterrichten, besonders dann nicht, wenn sie die Schule in der Regel dümmer verließen, als sie sie angefangen haben.

Was mich betrifft, so glaube ich, dass die beiden Witwen einander beneideten: die Schwiegermutter die Cousine um ihren ungezwungenen Umgang mit Kunst und Dichtern, und die Cousine die Schwiegermutter um ihre Schönheit und Kavaliere.

Sie gingen einander möglichst aus dem Weg. Doch ein paarmal im Jahr kamen sie nicht umhin, sich wegen der Pflege der Familiengräber zu zanken, wobei auch andere Dinge, wie etwa der Sinn des Lebens und nicht zuletzt das verfallene Elternhaus auf Krk zur Sprache kamen. Trotz der Erinnerung an diverse Ausflüge in der gemeinsamen Kindheit drehte sich der Zank jedes Mal um Geld. Geld war stets knapp, und die eine lieh der anderen welches. Fast immer war es meine Schwiegermutter, die es verlieh. Keine der beiden bezog eine nennenswerte Pension, eine Lehrerin aber noch weniger als eine Offizierswitwe. Meine Schwiegermutter hatte den Trumpf in der Hand und genoss die sadistische Befriedigung, dass das Darlehen ihrer Meinung nach nicht nötig gewesen wäre, wenn ihre Cousine ihr Geld nicht so gedankenlos für Konzerte oder neue Bücher verschleudert hätte. Meist sagte sie, dass ein neues Kleid oder ein Besuch bei der Friseurin eine bessere Investition gewesen wäre. Das war eher als Bosheit denn als guter Rat gedacht. War sie schlechter Laune, behauptete sie, die Cousine würde ihre Telefonrechnungen nicht bezahlen.

»Man kann diese Person nicht mal an ihrem Geburtstag anrufen, um ihr zu gratulieren.«

Das Haus, das meine Schwiegermutter kaufen wollte, stand leer und war renovierungsbedürftig. Noch war das Dach in Ordnung, aber vermutlich nicht mehr sehr lange. Ohne solides Dach gerät jedes Haus in Gefahr, bald zu verkommen. Regen fällt ins Haus, weicht die Holzfußböden auf und dringt in die Wände, die bisweilen nicht einmal ordentlich gemauert sind, sondern nur von einer Mischung aus Schilf und Schlamm zusammengehalten werden; den Rest besorgen Wind und Sonne, und nach kurzer Zeit ist ein solches Haus ein trauriger Anblick. Irgendwann klopft die Natur an die morsche Tür; Mäuse, wilder Wein und Efeu ziehen ein. Als vereinzelte Artefakte einer Vergangenheit, die in der Erinnerung sonst gern mit jedem neuen Tag als besser dasteht, als sie tatsächlich war, bleiben solche Häuser, von einer Aura melancholischer Tristesse umgeben, in der Landschaft stehen.

Laut meiner Schwiegermutter hatten wir keine Zeit mehr zu verlieren.

Ich wusste, wovon sie sprach. Ich hatte auf dem Balkan genug verlassene Häuser gesehen, in der Regel das Einzige, was nach vollendeter ethnischer Säuberung noch übrig war. Die erste große Flüchtlingswelle samt anschließendem Verfall der verlassenen Häuser wurde Ende des Zweiten Weltkrieges ausgelöst, die zweite, als Jugoslawien zerfiel. Diese Häuser werden selbst von denjenigen wie die Pest gemieden, die die anderen verjagt und in die Flucht getrieben haben – ein Trauma, das nicht nur im Wissen über das besteht, was geschehen ist, sondern auch in dem Papierkrieg, in all diesen mit neuen und andersartigen Stempeln versehenen Dokumenten, die neuen

»Eigentümern« abverlangt werden, damit sie so ein Haus nicht nur physisch, sondern auch juristisch in Besitz nehmen können, ein Trauma vor allem aber aufgrund der ständigen atavistischen Angst, die rechtmäßigen Eigentümer könnten früher oder später zurückkehren.

Es hilft nichts, dass es so gut wie nie vorkommt. Niemand kehrt zurück, jede ethnische Säuberung ist so gut wie immer vollständig und endgültig. Gleichwohl zeigt die Erfahrung, dass ein halbes Jahrhundert oder mehr nicht ausreicht, eine solche Angst zu tilgen. Das europäische Gedächtnis währt lang. Und im Gedächtnis bleibt ein Haus selbst als Ruine bewohnt, auch wenn die Menschen, die einst darin gelebt haben, womöglich schon längst vergessen oder auf den Friedhof gezogen sind.

Manchmal ist es sogar schwierig, Ruinen von Häusern zu unterscheiden, die nicht fertiggestellt wurden, fast immer deshalb, weil das Geld nicht reichte für das, was man sich vorgenommen hatte. Mauern und Wände wurden hochgezogen, oft ist da auch eine Treppe aus Zement, manchmal ein gusseisernes Geländer, doch Putz, Farbe, Fußböden und vor allem ein Dach fehlen. Fast immer war es ein Gastarbeiter, der mit dem in Deutschland oder Schweden gesparten Geld angefangen hatte, das Haus zu bauen, und dann auf halbem Weg nicht mehr weiterkam. Dieser Zustand zwischen angefangen und abgeschlossen, zwischen Hoffnung und Enttäuschung darüber, dass das, was vollendet werden sollte, nun von ungewollter Zerstörung bedroht wird, ist in manchen Gegenden jedoch so üblich, dass man ihn eigentlich als Normalzustand bezeichnen müsste, wäre diese Feststellung nicht so deprimierend.

Das Haus in Omišalj war jedoch ein solider Bau aus der Zeit zwischen den Weltkriegen, und meine Schwiegermutter hatte vor, die Renovierungsarbeiten von Anfang bis Ende persönlich zu überwachen.

Den Schlüssel zu dem Haus hatte ein Postvorsteher in Verwahrung, der in der Straße, die zu dem Haus hinaufführte, ein Stück weiter unten wohnte, am Rand der Felsen, die nahe seiner Schwelle steil ins Meer abfielen. Dort unten in der Tiefe schlug das Meer Tag für Tag in langen, gemächlichen Dünungen weißen Schaum.

Wir suchten den Postvorsteher am späten Nachmittag auf, als in den Gassen Omišaljs die Hitze flimmerte. Die Gassen waren leer; die Bewohner der Stadt hatten in ihren Häusern Zuflucht gesucht. Als wir bei dem Postvorsteher anklopften, schien er gerade aus dem Bett gestiegen zu sein, schlaftrunken und zerzaust, stand er gähnend vor uns und kratzte sich am Bauch, während uns eine leichte Meeresbrise den Geruch von Salz und Tang ins Gesicht wehte. Er trug ein Unterhemd mit großen dunklen Schweißflecken.

Der Schlüssel?

Ja, sicher! Selbstverständlich wisse er, wer Frau Franki, verheiratete Sušanj, sei; mit leicht gekränkter Geste gab er zu verstehen, dass die Familie Franki hier auf der Insel natürlich allen ein Begriff sei. Ihm brauchte niemand zu erklären, wer meine Schwiegermutter war.

Der Postvorsteher entschuldigte sich und ging ins Haus zurück, und als er wiederkam, war er gekämmt und trug ein sauberes weißes Hemd. Hinterher meinte meine Frau, dass es sicherlich sein einziges weißes Hemd sei, das er sowohl zu Beerdigungen als auch zu Arzt- oder Bankbesuchen in Rijeka anziehe. Der Postvorsteher war pensioniert, triefäugig und hatte einen gebeugten Rücken, wie es schien, mehr aus serviler Unterwürfigkeit, als dass es von seinem Beruf herrührte. Hätte er die Hand aufgehalten, man hätte sofort eine Münze hineingelegt.

Einmal wach, wirkte er trotz der Hitze merklich belebt. Auf einer Insel wie Krk ereignet sich nicht sonderlich viel. Vermutlich hatte er nichts zu tun, denn er bestand darauf, mitzukommen, »um uns das Haus zu zeigen«, wie er sagte, obwohl meine Schwiegermutter sich durchaus dort auskannte und der serbische Eigentümer in Belgrad ihr Verwandter war, der Postvorsteher hingegen nur mit dem Schlüssel betraut.

Das war verblüffend. Bei dieser Gelegenheit hörte ich zum ersten Mal, dass meine kroatische Familie auch serbische Verwandte hatte. Ich war mir nicht einmal sicher, dass meine Frau sie kannte. Auch sie sah erstaunt drein, und meine Schwiegermutter musste sich erklären: Bei einem Telefonat aus Belgrad hätten sie ihr mitgeteilt, dass sie das Haus in Omišalj verkaufen wollten und der Preis achtzigtausend Euro betrage. Für eine Offizierswitwe war das viel zu viel Geld, und so wurde ich ins Spiel gebracht, obwohl es für mich nicht viel weniger war. Als Schwiegersohn hat man jedoch Pflichten, die, anfangs ziemlich unbekannt, sich im Lauf der Jahre aber klären und als umfassender herausstellen als zunächst angenommen.

Mit dem Postvorsteher an der Spitze stiegen wir den Hang hinauf, dessen steile, verschlungene Gassen Kapitäne früherer Zeiten auf ihrem Weg zur Kirche oder zum Marktplatz von Omišalj an Seegang und rollende Wellen auf den großen Weltmeeren erinnert haben mochten. Meine Schwiegermutter blieb bei dieser Steigung mehrmals stehen, um sich an einer Hauswand abzustützen und Atem zu schöpfen. Wie ein ans Land gespülter Fisch schnappte sie in der Hitze nach Luft. Bestimmt wurde ihr Emphysem vom Rauchen und von solchen Steigungen nicht besser.

Trotzdem wollte sie hierherziehen. War dieses Vorhaben wirklich durchdacht?

Endlich standen wir vor dem Haus, und unser Begleiter erweckte den Eindruck, als gehörte es ihm und nicht jemandem in Belgrad. Was nicht weiter verwunderlich war: Er gehe oft her, um zu lüften und nach Wasserschäden Ausschau zu halten, wie er sagte.

Doch meine Schwiegermutter hörte ihm weder zu, noch sprach sie mit ihm, bestrebt, auf der Stelle das Innere des Hauses zu inspizieren.

Ironischerweise hätte es längst ihr Haus sein können. In den fünfziger Jahren gehörte es einem anderen Serben, einem verwitweten Arzt. Dieser Arzt lebte allein in dem Haus und brauchte jemanden für den Haushalt, und da sowohl er als auch meine zukünftige Schwiegermutter aus Omišalj waren und sie einander gut kannten, hatte er sie gefragt. Der Arzt hatte keine eigenen Kinder oder Angehörigen in der Nähe, die ihm hätten helfen können. Meine Schwiegermutter war damals noch jung und frisch verheiratet, und das Angebot war verlockend; sie würde nicht nur entlohnt werden, sondern nach dem Tod des Doktors auch das Haus erben. Doch ihr Gatte, der Partisan und Kommunist, sagte nein. Es war undenkbar, ja völlig ausgeschlossen, dass seine Frau bei jemandem, der nicht einmal Mitglied der Partei war, kochte, putzte, wusch, bügelte und Knöpfe annähte. Jetzt herrschten andere Zeiten. Und für die strahlende Zukunft, die die Partei verkündete, hatten viel zu viele seiner Kameraden ihr Leben lassen müssen, als dass seine Frau als Dienstmagd beim Klassenfeind dazu beitragen durfte, ihn und das Andenken seiner Kameraden mit Schande zu überziehen.

Fünfzig Jahre später – sowohl der Arzt als auch ihr Gatte waren tot, und die Partei war ebenfalls zu Grabe getragen – wurde meiner Schwiegermutter nun das Haus, das sie nicht hatte erben können, wenigstens zum Kauf angeboten. Der längst verstorbene Arzt, sie hatte ihn seinerzeit Onkel Petar genannt, war Facharzt für Innere Medizin gewesen. Meine Schwiegermutter hatte ihn als liebenswürdigen und sanftmütigen älteren Herrn in Erinnerung, der das Leben an eine seiner Krankheiten, eine besonders bösartige und schmerzhafte, verlieren sollte. Nun gehörte das Haus einem anderen Serben, jenem offenbar entfernten Verwandten, und mir fiel auf, dass dieser ebenso wie mein verstorbener Schwiegervater hoher Offizier war; der Hauseigentümer hatte den Rang eines Generals inne.

Es kam mir vor, als hätten all diese zahllosen und ständig zu neuen Garnisonen beorderten hohen Offiziere mit Marschall Tito höchstpersönlich an der Spitze Jugoslawien durch ihre bloße Existenz zusammengehalten, als wäre das Land ohne sie von vornherein zum Untergang verurteilt gewesen.

Der General war mit seiner Familie jedes Jahr vor der Backofenhitze in Belgrad geflohen, um den Sommer am Meer in Omišalj zu verbringen. Anfang der neunziger Jahre brachen dann die diversen Kriege aus, die erst zu Ende sein sollten, als es kein Jugoslawien mehr gab. Der Hauseigentümer war nicht mehr jugoslawischer, sondern serbischer General. Und Serben waren in Kroatien nicht mehr als Nachbarn willkommen, am allerwenigsten einer in Generalsuniform. Seit Ausbruch der jugoslawischen Bürgerkriege hatte sich die Familie deshalb in Omišalj nicht mehr sehen lassen. Zuletzt – mit aller Wahrscheinlichkeit das allerletzte Mal – war sie im Sommer vor mehr als fünfzehn Jahren da gewesen.

Der Postvorsteher steckte mit gewichtiger Miene den Schlüssel ins Schloss, knarrend schwang in ihren rostigen Angeln die Tür auf. Wir betraten das Haus. Drinnen herrschten Dunkelheit und Stille, der elektrische Strom war vermutlich seit langer Zeit abgestellt. Der Postvorsteher musste ein paar Fensterläden öffnen, damit Licht hereinkam. Im ganzen Haus roch es nach Schimmel und altem Erdkeller. Die Luft war dick und stickig vor Staub, meine Schwiegermutter hustete wieder, auf dem Fußboden und den Fensterbrettern lagen tote Fliegen auf dem Rücken, auf den Schwellen Mäusekötel.

Es dauerte seine Zeit, sich nach dem Sonnenschein draußen an das Halbdunkel im Haus zu gewöhnen, und noch länger, daran, dass das Haus offenbar im selben Zustand verlassen wurde, in dem es sich beim Tod des Doktors befunden hatte. Hatte hier wirklich jemand gewohnt, nachdem er irgendwann in den sechziger Jahren gestorben war? Die Familie aus Belgrad musste sich damit begnügt haben, ein paar Möbel und sonstigen Hausrat des Doktors zu verwenden und den Rest nicht anzutasten; eigene Spuren hatten sie kaum hinterlassen, ausgenommen einige aufeinandergestapelte Plastikhocker, ein Paar Schwimmflügel und einen Kalender an der Wand in der Diele, in dem die Zeit stehengeblieben war.

Das Jahr 1990 hatte es nur bis zum Monat September geschafft. Es schien, als hätte sich das Haus in einer anderen und friedlicheren Zeit eingerichtet.

Umso seltsamer, dass es in solcher Unordnung zurückgelassen worden war. Haufenweise lagen Kleidungsstücke, die allem Anschein nach noch vom Doktor stammten, über Betten, Tische und sogar auf dem Fußboden verstreut, altmodische Sakkos aus grobem Flanell und mit breitem Revers, steife Hemden mit vergilbten Manschetten und Kragen, Hemden, die einmal blütenweiß gewesen sein mussten. In der Küche standen leere Gläser und Flaschen auf dem Tisch und im Ausguss Tellerstapel; es sah aus, als hätten gerade ein paar Leute gegessen und den Abwasch noch nicht erledigt, als hätten sie alles abrupt abgebrochen und wären auf und davon, ohne dass sich sagen ließ, warum.

Zu alldem sagte meine Schwiegermutter nichts, während der Postvorsteher mit beflissenem Lächeln vorsichtig von Raum zu Raum hinter uns herschlich. Hin und wieder seufzte er vernehmlich wie jemand auf einer Beerdigung, dem die Trauer der anderen eigentlich gleichgültig ist, der sich aber große Mühe gibt, Anteilnahme zu zeigen.

Ausgebleichte Rechtecke auf den Tapeten an den Wänden, mehr war von den Gemälden des Doktors nicht übrig. Wo waren sie geblieben? Ein einziges Bild hing noch im Schlafzimmer über dem Bett, ein billiger Öldruck aus Zeiten der vorigen Jahrhundertwende, eine Darstellung der Jungfrau Maria mit dem Jesuskind auf dem Schoß, doch mit dem orthodoxen schrägen Andreaskreuz. Das Glas war von einer klebrigen Staubschicht überzogen; meine Schwiegermutter sagte, dass auch sie diesen Raum zu ihrem Schlafzimmer machen wolle.

Die Bibliothek des Doktors war anspruchslos. Sie bestand vorwiegend aus Reisebeschreibungen, einigen Biographien (Benvenuto Cellini, Napoleon, Goethe, Nikola Tesla) und, zwischen medizinischen Schriften und abgegriffenen, in Berlin, Wien oder Leipzig gedruckten Nachschlagewerken eingeklemmt, einem blassroten Baedeker über Dalmatien. Ein dickes Handbuch für Ärzte enthielt Tafeln mit beweglichen Körperteilen aus steifer Pappe; vorsichtig schälte ich Haut und Haare von einem Mann und dann von einer Frau, entfernte Rippen und Häutchen bis ganz und gar glatte, glänzende Organe freigelegt waren, und das alles in so frischen Farben, als ließe sich jede Krankheit hier auf Erden heilen.

Doch auch viele dieser Bücher lagen wild durcheinander in den Regalen, so als hätte außer dem Doktor noch jemand etwas darin gesucht, jedoch mehr zwischen als auf den Seiten und ohne die geringste Absicht, sich über Keuchhusten oder Nierensteine zu informieren. In einem Raum, vermutlich einst dem Sprechzimmer des Doktors, hing hinter gesprungenem Glas ein Dokument an der Wand. Es war sein Diplom von der Universität Wien aus dem Jahr 1927, in Latein abgefasst und hier und da mit dekorativen deutschen Einsprengseln.

Der Postvorsteher bestand darauf, uns in das Obergeschoss zu begleiten, obwohl sein Herz, wie er sagte, schwach sei und von jeglicher Anstrengung verschont werden müsse. Wir versicherten ihm, dass es nicht nötig sei. Sobald ich mich umdrehte, war er uns aber wieder auf den Fersen. Es war immer dasselbe; nur meine Schwiegermutter drehte sich nicht um. Diese diskrete Überwachung verstärkte mein Unbehagen und irritierte mich. Wofür hielt er uns eigentlich? Für Diebe? Glaubte er wirklich, wir würden aus einem Haus, das jemand anderem gehörte, etwas mitgehen lassen?

Ich versuchte, diesen unerquicklichen Gedanken abzuschütteln. Wahrscheinlich hielt er sich ja nur unbewusst an ein Ritual, eine lokale Gepflogenheit. So wie der Postvorsteher folgen in diesem Teil Europas auch Wärter in einem ansonsten vollkommen menschenleeren Museum dem Besucher dicht auf den Fersen von Saal zu Saal, wohl als Abwechslung zum Nichtstun, die Hände auf dem Rücken statt mit einem ins Gesicht gepappten servilen Lächeln.

Im Obergeschoss war das einzig Sehenswerte ein großes Badezimmer mit weißen Kacheln, die zu ihrer Zeit sehr modern gewesen sein müssen. In alten Sanatorien kann man manchmal noch auf ähnliche Badezimmer stoßen. Zweifellos passte es zu einem praktizierenden Arzt.

Irgendwann hatte der Postvorsteher wohl genug bekommen und uns im oberen Stockwerk allein gelassen, und bald hatte auch meine Schwiegermutter genug gesehen. Der Postvorsteher wartete in der Diele auf uns und versuchte hinter vorgehaltener Hand ein Gähnen zu verbergen. Vor dem Haus verabschiedeten wir uns von ihm; er steckte den Schlüssel in die Tasche, wobei ihm das schmeichlerische Lächeln im Gesicht kleben blieb, als hätte er keinen anderen Platz dafür gefunden.

Er streckte meiner Schwiegermutter die Hand hin.

Sie nahm sie nicht.

Am Marktplatz in Omišalj bestellten meine Frau und ich Espresso. Die Nachmittagssonne stand schon tief und blendete uns fast. Meine Schwiegermutter hatte sich Zitroneneis bestellt. Nur selten aß sie Eis, doch ich nahm an, dass so ein Eis aus Zitrone sie an ihre Kindheit erinnerte. Vom Nachmittag waren noch ein, zwei Stunden übrig. Die schlimmste Hitze war vorbei.

Der Himmel über dem Meer schien in all das Wasser unter sich auszulaufen, färbte es milchweiß, und wie festgenagelt hing eine einsame kleine Wolke dort oben am Himmel. Der Marktplatz, an dem wir saßen, wirkte näher an ihm als am Meer, uns umwehte eine leichte Brise, und auf dem Kopfsteinpflaster wurden da und dort die Schatten allmählich länger, während wir unseren Espresso tranken und meine Schwiegermutter ihr Eis löffelte.

Aus ihrer Handtasche hatte sie ein kleines Notizbuch mit schwarzem Wachstucheinband und einen Bleistift hervorgeholt. Ich sah sie nur selten mit Papier und Stift hantieren. Zum Unmut der Frauen bestellte ich mir noch einen Espresso, und meine Frau sagte, sie würde gern eine Runde zum Elternhaus ihrer Mutter spazieren, bevor es dunkel werde, sie habe es seit Jahren nicht mehr gesehen.

Meine Schwiegermutter meinte, das würde sich nicht lohnen. Vor ungefähr fünfundsiebzig Jahren wäre es eine gute Idee gewesen. Jetzt nicht mehr.

Da war ich doch noch gar nicht auf der Welt, sagte meine Frau.

Als ob du mir das erzählen müsstest, entgegnete ihre Mutter und bat mich, den Kellner zu rufen.

Sie war gereizt, steckte das Notizbuch wieder in ihre Handtasche und schloss sie mit einem leisen Knall. Während des Wartens auf ihr Eis hatte sie sich ein paar Notizen gemacht. Ihre Gereiztheit oder sogar Wut schien aber weniger von dem herzurühren, was ihre Tochter gesagt hatte, als von einer anderen, uns unbekannten Ursache. Ich überlegte, welche das sein könnte.

Wer ist eigentlich dieser Postvorsteher?, fragte ich.

Ein Schurke.

Ein Schurke?

Ein Schurke.

Wie kann man das wissen?

Meine Schwiegermutter betrachtete mich schweigend, als sinnierte sie in diesem Augenblick über die Kluft zwischen unseren beiden Welten: zwischen der halb unwirklichen, mit Zuversicht und guten Absichten vollgestopften ihres Schwiegersohns und ihrer eigenen nur allzu wirklichen. Ihr Schweigen fiel nicht zu meinem Vorteil aus.

Doch dann erklärte sie mit einem Mal, dass das Haus, das wir uns soeben angesehen hatten, in dem Krieg vor bald fünfzehn Jahren geplündert worden sei. Sie habe es die ganze Zeit gewusst. Die Belgrader hätten es ihr am Telefon erzählt; und wollte sie es zuerst nicht recht glauben, so habe sie die Kleider und Papiere des Doktors jetzt mit eigenen Augen gesehen, die seit dieser Zeit über Möbel und Fußböden verstreut lagen.

Den feinen Herren haben die Hosen wohl nicht gepasst, sagte sie süßsauer, und als ich einwandte, dass ein solches Verbrechen noch lange nicht auch aus dem Postvorsteher einen Schurken mache – mit dem Schlüssel in der Tasche sei er doch offensichtlich eine vertrauenswürdige Person –, betrachtete sie mich abermals lange und schweigend.

In diesem Augenblick mag sie überlegt haben, ob es sich wirklich lohnte, ihrem Schwiegersohn etwas vermitteln zu wollen, was in seiner Welt sofort auf ein gutgläubiges und naives Wohlwollen stieße, mit dem die Grausamkeiten der Welt abgeschwächt und zurechtgebogen würden. Als sie wieder etwas sagte, war ihre Stimme ruhig und ganz fest, ohne jede Spur von Gereiztheit.

Alle hätten sich an der Plünderung des Hauses beteiligt, und mit alle meinte sie die Bewohner der Stadt Omišalj. Es seien die kroatischen Nachbarn des serbischen Generals gewesen, die in das Haus eingedrungen seien und alles gestohlen hätten, was sie mitnehmen konnten. Wer denn sonst? Vom Festland würde doch niemand auf eine Insel wie Krk kommen, um in ein Haus einzubrechen, von dem sie nicht einmal wüssten, dass es leer stand, nur weil die Eigentümer zufällig Serben aus Belgrad waren, die es nicht wagten, sich entlang der kroatischen Küste noch irgendwo sehen zu lassen, jedenfalls nicht, solange Krieg herrschte und man für weit weniger erschossen werden konnte als den Wunsch, seine Blumen zu gießen oder Zimmer zu lüften, die seit dem Sommerurlaub im Jahr zuvor hinter geschlossenen Fensterläden verrammelt gewesen waren.

Ebenso dürfte jeder verstehen, dass eine serbische Familie aus Belgrad keine große Lust habe, sich weiterhin im Sommer am Strand zu sonnen oder am Marktplatz in Omišalj Kaffee zu trinken, nur um sich jedes Mal, wenn sie aus dem Haus ging, genötigt zu sehen, Nachbarn freundlich zu grüßen, die man aus sehr guten Gründen im Verdacht haben konnte, dass sie sich den Wetterbericht in einem gestohlenen Fernseher anschauten oder Melonenscheiben und Milch in einem Kühlschrank kalt stellten, der vor nicht allzu langer Zeit der eigenen Familie gehört habe.

Und der Postvorsteher?, fragte ich.

Der Postvorsteher hatte den Schlüssel, sagte meine Schwiegermutter. Es war nicht einmal nötig, einzubrechen.

Wieder war sie erbost, allerdings war unklar, ob wegen des Postvorstehers oder meiner Fragen. Wir saßen noch eine Viertelstunde oder so am Marktplatz in Omišalj. Die Sonne verschwand hinter den Häusern, doch die Hitze hielt sich noch ein Weilchen. Der Kellner hatte die Kaffeetassen und auch das Zitroneneis abgetragen, das meine Schwiegermutter nur zur Hälfte gegessen hatte; eine entschwundene Kindheit lässt sich wohl nicht vollständig zurückrufen. Erneut hatte sie das schwarze Notizbuch hervorgeholt und notierte etwas in ihrer strengen, aufrechten Handschrift, diesmal allerdings weit mehr Zahlen als Buchstaben, Zahlen, die wohl alle mit der Besichtigung des Hauses zusammenhingen, und während wir dort saßen, ging zuerst ein älterer Mann in Filzpantoffeln über den Platz und später ein flinkes altes Weiblein bei uns vorbei; meine Schwiegermutter grüßte beide kurz, aber nicht unfreundlich, ungefähr so, wie der Postvorsteher uns begrüßt hatte, als wir bei ihm den Schlüssel holten.

Jugendfreunde, sagte sie kurz.

Ich fragte mich, wo sie vor fünfzehn Jahren waren, als Dr. med. Petar Lazarevićs Kleider in dem Haus, das einmal sein Heim gewesen war, auf den Fußböden verstreut wurde.

Was meine Schwiegermutter über die Plünderung dieses Hauses gesagt hatte, machte mich nachdenklich, als hätte ein Kriminologe uns darauf hingewiesen, dass die meisten Verbrechen im eigenen Haus begangen würden und der Täter für gewöhnlich in der unmittelbaren Umgebung zu suchen sei. Wir weigern uns bis zuletzt, es zu glauben. Unsere Angehörigen die schlimmsten Übeltäter? Oder die Nachbarn, mit denen wir gern mal ein Glas trinken oder über das Wetter diskutieren? Ausgerechnet die Nähe, die physische, intime Nähe soll eine Brutstätte des Verbrechens sein?

Woran ich mich selbst unter keinen Umständen beteiligen könnte – davon war ich ohne die geringste eigene Erfahrung überzeugt –, zögerte ich, mir überhaupt als möglich vorzustellen, als würde ich durch das Eingeständnis einer solchen Möglichkeit auch meine eigene Überzeugung kompromittieren. Der Postvorsteher als Portier und Plünderer in einer Person? Überzeugend klang mir das nicht, eher wie eine zurechtgelegte Beschuldigung, die in einer ganz anderen, verborgenen Absicht ausgestoßen wurde. Sprach gegen diese Vermutung nicht, dass der Postvorsteher nach wie vor im Besitz des Hausschlüssels war? Und was waren die eigentlichen Beweggründe meiner Schwiegermutter für eine so ausgreifende Beschuldigung? Hatte sie womöglich ein Interesse daran, die eingesessenen Bewohner Omišaljs anzuschwärzen?

Obwohl ich selbst dabei gewesen war und den Tatort inspiziert hatte, war ich mir immer noch nicht sicher, wer oder welche Leute hier die Täter waren.

Dann aber erinnerte ich mich, wie meine Frau und ich kurz nach Kriegsausbruch zwei Wochen auf Silba (auf Italienisch Selve), einer Insel weit draußen in der Adria, gewesen waren, wie wir von Mali Lošinj (auf Italienisch Lussinpiccolo) zweieinhalb Stunden lang auf einem rostigen Seelenverkäufer durch die kabbelige See gekrängt und gepflügt waren, bevor wir endlich die Insel erreichten.

Silba war so arm wie Sovinjak. Die Erde gab zu wenig oder nichts her; was man nicht aus dem Meer holen konnte, gab es eben nicht. Auf der Insel lebten kroatische Fischer und Seeleute, Menschen, die seit Generationen die Insel nicht verlassen hatten, aber auch Sommerfrischler, die bis zum Krieg fast ausschließlich aus Serbien kamen. Im Lauf der Zeit hatten sich etliche von ihnen hier eigene Sommerhäuser, sogenannte *vikendice*, gebaut. Was sicherlich kein leichtes Unterfangen gewesen war: Buchstäblich alles Baumaterial musste vom Festland übers offene Wasser nach Silba transportiert werden.

Abgesehen von den recht anspruchslosen Sommerhäusern, die allein mit dem Ziel der Abgeschiedenheit und idyllischen Einsamkeit über die Insel verstreut lagen, war es immerhin gelungen, am Hafen das größte Gebäude der Insel zu errichten, ein Ferienheim für Arbeiter *(radničko odmaralište)*, das einem serbischen Staatsbetrieb gehörte. Allerdings hörte mit Jugoslawien auch dessen Eigentumsrecht an dem Ferienheim zu existieren auf, was für das Gebäude lange schon galt, bevor es im Grundbuch vollzogen wurde.

Das Ferienheim stand leer. Oder richtiger gesagt – es war unbewohnbar. Da gab es nichts mehr, was noch entfernt, abmontiert oder heruntergerissen, abgeschraubt oder herausgebrochen, abgeklopft oder herausgehoben oder ganz einfach weggetragen oder fortgeschleppt werden konnte. Alles war gestohlen worden. Samt und sonders. Bis hin zur letzten Dachrinne, da war kein Wasserhahn mehr und keine Glühbirne.

Diese abgebrühte, systematische Gründlichkeit war beklemmend. War es eine Rache an den Serben? Die Kroaten auf Silba hatten doch gar keinen Grund, sich zu rächen; genau wie im Omišalj meiner Schwiegermutter kamen in ihrem Alltag Serben lediglich als Sommerfrischler vor, an denen man Geld verdienen konnte. Sie waren doch immer willkommen gewesen. Nachdem man sie aber offiziell zu Feinden erklärt hatte, war die Wahrscheinlichkeit gering, dass die Serben jemals zurückkehrten, um erneut die Gastfreiheit der Insel zu genießen, was doch eigentlich das Wichtigste gewesen war.

Jetzt standen die Häuser leer, ein herrenloses Eigentum, ausschließlich von Papieren und Paragraphen geschützt, die auch früher schon nicht sonderlich viel besagt hatten und, davon war auszugehen, bald durch ganz neue ersetzt würden.

Es konnte als sicher gelten, dass von den alten Eigentümern keiner zurückkehrte; auf einer abgelegenen Insel wie Silba war das so gut wie ausgeschlossen. Kein Serbe würde je wieder im Sommer in einem dieser mittlerweile leeren Häuser wohnen. Aber auch kein Insulaner, denn sie hatten ihre eigenen Häuser und dachten gar nicht daran, in die leeren zu ziehen, was sie gleichzeitig in der Überzeugung bestärkte, dass sie anständige Menschen waren, die mit dem Krieg eigentlich nichts zu tun hatten.

Ihr Gewissen ließ sie nachts gut schlafen.

Gleichwohl bestanden die Häuser, die weder Serben noch Kroaten je wieder bewohnen würden, aus Dingen mit Funktion und Wert, und es wäre eine Sünde gewesen, sie nicht zu nutzen. Dieser Verlockung hatten die Leute auf Silba nicht widerstehen können. Trotzdem glaubten sie, anständige Menschen geblieben zu sein, und in dieser Überzeugung durfte sie der eine oder andere in Beschlag genommene Herd oder Fensterrahmen keineswegs erschüttern.

Ein leeres Haus ist ein trauriger Anblick. Doch ein Haus, das nur deswegen zu existieren aufhört, weil sich das, woraus es gebaut wurde und besteht, in Häusern verwenden lässt, deren Existenz nicht auf dem Spiel steht, ist ein noch traurigerer, manchmal sogar verstörenderer Anblick als ein Haus, das abgebrannt oder kurz und klein geschossen wurde. Silba war eine Insel voll solcher ausgeplünderter Häuser, keine Frontstadt wie Vukovar, auch nicht wie Osijek oder Dubrovnik. Silba war ein Ferienort weit draußen im Meer, und doch sah es so aus, als hätte der Krieg auch dort gewütet. Täglich unternahmen wir auf dieser flachen, steinigen Insel lange Spaziergänge durch stacheliges Gebüsch und duftendes Heidekraut, und hier und da stießen wir auf die Hinterlassenschaften der Serben. Wir ertappten uns dabei, dass wir sie vermissten, Menschen, denen wir nie begegnet waren, und blieben traurig vor ihren verlassenen Häusern stehen. Zwei Wochen lang hatten wir diese zerstörten und ausgeplünderten Häuser vor Augen. Womit die kroatischen Nachbarn nicht zu Rande gekommen waren, hatten Wind und Wetter übernommen. Jeden Tag wanderten wir kreuz und quer über die Insel und kamen uns zunehmend wie Archäologen auf der Suche nach zufälligen Resten eines Staates vor, den niemand hatte verteidigen wollen und den die eigenen Bürger buchstäblich demontiert und auseinandergenommen hatten.

Und wir erschraken über unsere eigene Gleichgültigkeit: Die Leute, die hier eingebrochen waren, um zu stehlen, waren dieselben, denen wir täglich in dem kleinen Lebensmittelladen begegneten oder bei denen wir direkt von den Booten im Hafen fangfrischen Fisch kauften. Es waren sicherlich viel mehr Verbrecher – ein anderes Wort ließ sich schwerlich dafür finden –, als wir wahrhaben wollten. Und sie hatten die Insel vollständig in der Hand: Bis auf die rostige kleine Fähre, die einmal am Tag verkehrte, war Silba vom Festland abgeschnitten. Wir mussten einsehen, dass wir am Schauplatz eines Verbrechens Urlaub machten. Solange wir auf Silba blieben, saßen wir, ohne Ankläger in Sicht, wie in einer Verbrecherkartei fest.

Was bedeutete hier eigentlich ein Wort wie Eigentum?

Nicht sonderlich viel. Etwas, was kommt und geht. Nichts, dem Bedeutung beizumessen wäre, höchstens etwas, womit man prahlt. Nur selten etwas, was mit eigenem Geld erworben wurde. Eher etwas, was man zufällig besitzt, was man geerbt, zugeteilt bekommen, beschlagnahmt, gestohlen, ergaunert, erheischt oder erbettelt hat, und nur selten lässt sich sagen, wo dieses merkwürdig herrenlose Eigentum beginnt und wo es endet. Unter keinen Umständen ist es aber etwas, was bedingungslos zu respektieren wäre, weder das eigene noch das fremde Eigentum, gerade deshalb ist es etwas, was mit allen Mitteln verteidigt werden muss, weil man es sonst schnell verlieren kann.

Papiere und Paragraphen haben sich, wie man aus Erfahrung weiß, als die schlechteste Art der Verteidigung herausgestellt. Dann schon lieber Mauern, große Hunde (wenigstens ein Schild mit einem großen Hund darauf), Stacheldraht, Gitter und Glasscherben auf der Mauerkrone.

Ein paarmal im Jahr klopft es in Sovinjak an unserer Haustür, und draußen steht jemand, der steif und fest behauptet, unser Haus gehöre ihm. Es lässt sich nicht ganz ausschließen, dass der Mann recht hat. Trotzdem reicht die Möglichkeit allein nicht aus, ihn ernst zu nehmen. Bei diesen Klopfern handelt es sich um Italiener, Slowenen oder Kroaten, sie kommen aus Triest oder einem Dorf in der Nähe, manchmal aus Orten, von denen ich noch nie etwas gehört habe, und ihr wütendes Pochen und Insistieren ist umso ärgerlicher, als ihr Anspruch selten mit dem geringsten Dokument belegt werden kann. Oder sie haben sogar eines in der Hand, irgendein vergilbtes und maschinengeschriebenes, nahezu unleserliches Blatt Papier, das, wie ihr Besitzer behauptet, klipp und klar zeige, dass nicht nur dieses Dokument, sondern auch unser Haus ihm gehöre.

Es widerstrebte mir, doch mir ging auf, dass es im Omišalj meiner Schwiegermutter womöglich nicht sehr viel anders gewesen war als in Sovinjak oder auf Silba.

Konnten wir sicher sein, dass der serbische General in Belgrad auf legalem Weg an das Haus gekommen war? Und vor ihm Doktor Lazarević?

Konnten wir wirklich mit Sicherheit wissen, dass das Haus dem General gehörte?

Ich behielt meine Zweifel für mich. Es musste genügen, dass meine Schwiegermutter behauptete, zu ihren weitläufigen serbischen Verwandten immer freundlich gewesen zu sein, und meinte, das Haus sei wie geschaffen für sie. Eine solche Gelegenheit käme nicht noch einmal. Das Haus zu renovieren würde auch nicht allzu viel Zeit in Anspruch nehmen; ihrer Ansicht nach spreche alles dafür, dass sie für die Zeit, die ihr im Leben noch bleibe, sowohl eine Aufgabe als auch den richtigen Ort gefunden habe. Und sei es vor fünfzehn Jahren noch schwierig gewesen, in Belgrad anzurufen, so sei das heute die einfachste Sache der Welt.

Es war das erste Mal, dass wir sie von ihrem Leben als etwas sprechen hörten, was nicht nur einen Anfang, sondern auch ein Ende hat.

Trotzdem machten mich diese auf sie wartenden Jahre, die sie für selbstverständlich zu halten schien, skeptisch. Den ganz überwiegenden Teil ihres Lebens hatte sie jedenfalls hinter sich, ihr Vorrat an Vergangenheit war weit größer als der an Zukunft. In diesem späten Lebensstadium noch in ein Haus zu investieren kam mir deshalb unbedacht, um nicht zu sagen leichtsinnig vor. Wie lange konnte sie realistisch damit rechnen, in dem Haus zu wohnen? Und würde sie dort allein zurechtkommen? Wenn sie schon in der viel kleineren Wohnung in Rijeka Schwierigkeiten hatte? Lief sie nicht Gefahr, in das gleiche Dilemma der Einsamen und Hilflosen zu geraten wie Doktor Lazarević und zwangsläufig sein Schicksal zu wiederholen?

Meine Fragen konnten als taktlos aufgefasst werden. Trotzdem erschien es mir menschlich wie ökonomisch unverantwortlich, sie nicht zu stellen. Meine Frau und ich stritten recht oft darüber. Ich behauptete, dass die Zeit meiner Schwiegermutter, wie immer man es betrachtete, zur Neige gehe. Zeit im Überfluss gab es da nicht mehr.

Und das hatte nicht nur mit ihrem hohen Alter zu tun: Unter dem Kommunismus war Zeit ein unerschöpflicher Vorrat, das einzige Vermögen der Menschen gewesen, während alles andere einem schreienden Mangel unterworfen war. Fast nichts von dem, was man damals wirklich gebraucht und nachgefragt hatte, gab es. Heute dagegen war alles anders, denn mit dem Fall des Kommunismus war plötzlich auch die Zeit knapp und bemessen; nun galt es, damit hauszuhalten.

Meine Frau zog es vor, das Dilemma ihrer Mutter genau vom entgegengesetzten Standpunkt aus zu betrachten. Sie war gerade deswegen für dieses Hausprojekt, weil sie meinte, dass es ihre Mutter noch etliche Jahre auf Trab halten würde. Ein Projekt dieser Größenordnung würde ihr Leben verlängern.

Warum ich denn so ungefällig sei? Während ich mit dem Tod Maß nähme, meinte meine Frau, würde sie sich des Lebens als Maßstab bedienen.

Mich bestätigte dies nur in der Überzeugung, dass sie sich, wie hier üblich, nicht eingestehen wollte, dass alles, auch das Leben, ein Ende habe. Doch ebenso wenig wie ich, der ich ihre Prognose über die ihrer Mutter verbleibende Zeit nach wie vor skeptisch einschätzte, war meine Frau bereit, offen mit ihr darüber zu reden. Es hätte auch nichts gebracht. Meine Frau schien recht zu haben – dass sie in ihrem Alter eher früher als später das Erdenleben verlassen würde, schien meiner Schwiegermutter selbst nie in den Sinn gekommen zu sein.

Vielleicht hatten wir uns geirrt, als wir annahmen, die von ihr geplante Rückkehr nach Krk hätte etwas mit einer Inventur vor dem Unausweichlichen zu tun.

Ihr eigener Tod?

Die Möglichkeiten, die sie in dem Haus in Omišalj gesehen haben musste, schienen sich jedoch gerade gegen die Endgültigkeit des Grabes zu richten; sich rund um die Uhr um tragende Wände und Decken zu kümmern, würde ihr helfen, dem Friedhof zu entgehen. Wieder einmal fiel mir auf, dass die Frauen der Familie, wie seinerzeit die Kommunisten, damit beschäftigt waren, ziemlich sorglos Hypotheken auf die Zukunft aufzunehmen, während ich, halb der Vergangenheit zugewandt, die achtzig Jahre meiner Schwiegermutter dazu benutzte, ihre Zukunft zu einer äußerst unsicheren Investition oder Gnadengabe schrumpfen zu lassen.

Ihre Auffassung von Zeit bezog sie aus der Bibel oder der Natur. Der Unterschied war gering, doch nicht geringfügig. Von der Natur hatte sie gelernt, die Zeit als unsichtbare Hülle des Lebens zu betrachten, in der wir als Fruchtansatz schwellen und reifen, bis wir Fallobst werden und am Ende zu der Erde, aus der wir alle genommen sind. Doch sprach die Bibel von der kommenden Zeit, der Zeit als Ewigkeit, weniger von unserer kurzen Weile hier auf Erden; und letzten Endes war der Mensch ja mehr als ein Apfel oder eine Birne.

Gleichzeitig lehrte die Bibel, im Fall meiner Schwiegermutter von der katholischen Priesterschaft vermittelt, dass all unsere Zeit in Gottes Hand stehe, folglich nichts sei, worüber der Mensch spekulieren, geschweige denn walten könne. Auch unsere Zeit auf Erden sei ein Geschenk des Herrn an den Menschen, das dankbar und ohne viel zu fragen anzunehmen sei. Ein anderes Wort für dieses Geschenk war Wunder oder Mysterium. Denn es behaupteten zwar alle zu wissen, was Zeit sei, aber niemandem war es bisher gelungen, sie zu beschreiben oder in ihrem Flug einzufangen.

Diese etwas vereinfachte augustinische Auffassung bewirkte, dass meine Schwiegermutter und ich selten von derselben Sache sprachen. Zeit hatte für mich nichts mit Gott zu tun. Die Zeit gehörte mir, und ich stellte sie mir als eine gerade Linie vor, eine unaufhaltsame, unerbittlich fortschreitende Bewegung von einem Punkt zu einem anderen, hinter dem sie plötzlich über einen Rand oder eine Steilkante fallen würde, hinaus aus der Welt, und mich dabei mitrisse.

Wohin? Schwer zu sagen. Hinab in die Finsternis. Oder vielleicht in ein geruhsames Nichts. Jedenfalls nicht an den Ort, auf den meine Schwiegermutter hoffte.

So prosaisch stellte ich mir meine Zeit allerdings mitten in der größeren und gemeinsamen Zeit vor, die uns alle umschließt, und meiner Schwiegermutter behagte diese Vorstellung gar nicht.

Eine Linie? Die auch noch über eine Steilkante stürzte? Unangemessen, geradezu ketzerisch. Hinabstürzen, das gehörte in der Lehre der Kirche zu den allerschwersten Strafen, war doch gerade der Böse nichts als ein gestürzter ehemaliger Engel. Aber mit dergleichen befasste sich die Kirche nur in Ausnahmefällen und dann ausschließlich als Bestrafung. Zeit war auch nichts, was sich abbilden ließ, am allerwenigsten in Gestalt von etwas so Nichtssagendem wie einer geraden Linie. Die Wahl meiner Metapher machte meine Schwiegermutter misstrauisch. Auch die Kommunisten hatten unentwegt von einer Linie gesprochen, ihrer sogenannten Parteilinie, und dabei war wahrlich selten etwas Gutes herausgekommen.

Dass nun jemand, der kein Kommunist war, der Zeit ebenfalls eine Linie aufzuzwingen versuchte, wollte sie nicht akzeptieren.

Diese plötzliche Weigerung, etwas abzubilden, erstaunte mich, denn ihre Welt war sonst sehr konkret, mehr für die Hand als für den Kopf geschaffen. Doch vielleicht steckte in ihr ja etwas so Widerspruchsvolles wie eine katholische Bilderstürmerin, was allerdings der von ihr bewunderten barocken Pracht ihrer Kirche oder ihren Heiligenbildchen und Kruzifixen aus Holz oder Metall an der Wand daheim in ihrer Wohnung zuwiderzulaufen schien.

Zeit war jedoch etwas ganz anderes. Dass sie entfernt dem Kreislauf der Natur glich, also einer fülligeren und einladenderen geometrischen Figur, räumte sie allenfalls ein, aber dann bitte einem Kreislauf oder Zyklus, wie er in der Bibel aussah: Auf die Saat folgte schwellende Reife, und was nicht auf felsigen Grund fiel, wurde erst zu Ähren, dann zur Ernte, woraus das Brot entstand, das der Priester in der Nachfolge Jesu brach, um es mit ihr zu teilen – und so bei der nächsten Kommunion wieder alles von vorn beginnen zu lassen.

In alldem konnte sie nichts entdecken, was einer Linie geglichen hätte, sondern allein die Gewissheit, dass die Zeit des Menschen weder einen Abgrund noch einen unerbittlichen Schlusspunkt kannte. Strenggenommen gab es weder einen Anfang noch ein Ende zu bedenken, genau wie in der Natur, wo zwar der Frühling zu Ende geht und der Sommer anfängt, ein Sommer, auf den ein Herbst folgt und so weiter, Anfang und Ende aber einer so viel größeren Ordnung eingeschrieben sind, dass jeder Versuch, exakt zu entscheiden, wo etwas angefangen und wo es aufgehört hat, zu kleinkarierter Haarspalterei gerät, zu etwas letztendlich völlig Unwesentlichem.

Ebenso lief ihrer katholischen Ewigkeit der Mangel an Sinn und Zweck einer Linie zuwider; bedurfte es hier einer geometrischen Figur, dann einer, die sich selbst in den Schwanz biss.

Meistens lebte sie, wie es die Kirche lehrte. In ihrem Alltag spielten Anfang und Ende eine untergeordnete Rolle.

Ich ertappte sie so gut wie nie dabei, dass sie auf die Uhr sah, und kam es doch hin und wieder vor, dann tat sie es weniger, um zu erfahren, wie spät es war, sondern mit ähnlicher Absicht, wie sie sich mechanisch prüfend übers Haar streichen konnte, obwohl sie doch bereits wusste, dass ihre Frisur perfekt saß. Ihre Armbanduhr war eine Sache der äußeren Erscheinung und des Stils. Sie war ein Schmuckstück, kein Instrument, mit dem man die Zeit maß.

Damit hatten auch meine Frau und ich uns abzufinden. Denn es war nahezu unmöglich herauszufinden, wann sie sonntags mit uns rechnete, wann wir uns zu dem in meiner Terminologie entweder Mittag- oder Abendessen einfinden sollten, ob wir um ein Uhr, um zwei oder um drei Uhr eingeladen waren oder erst gegen Abend.

Wann?

Die Frage musste zu inquisitorisch gewesen sein, denn meine Schwiegermutter tat so, als hätte sie sie nicht gehört. Ich glaube, sie fasste sie als ungezogen auf, so als würde man ihr zu nahe treten. Wann? Das konnte man Bahnhofsvorsteher oder Hebammen fragen. Dieses »Wann?« gehörte zu einer modernen Welt, der es freilich nie gelungen war, jene Welt zu verdrängen, die sie von ihren Eltern ererbt hatte und in der sie, so gut es ging, weiterzuleben versuchte. Dieses »Wann?« gehörte zu einer Gesellschaft, in der man die Zeit in ihre Bestandteile zerstückelt hatte, um sie dann in Tabellen, Kolumnen und Verzeichnisse zu pressen, eine Zeit, die sich von Bahnhöfen, den Dampfpfeifen der Fabriken, Stempeluhren, Weckern, von Stundenplänen für den Schulunterricht oder etwas Verborgenem und Geheimnisvollem wie dem Verschluss im Innern einer Kamera zähmen ließ.

Das war nichts für meine Schwiegermutter.

Dass auch ihre lieben Kirchturmuhren schlugen, verknüpfte sie nicht unbedingt mit der Zeitmessung. Jedenfalls war eine Kirchturmuhr für sie kein Instrument, ein erzener Glockenschlag maß für sie nicht die Zeit, sondern rief zum Gottesdienst. Eine andere Aufgabe hatte sie nicht.

Auf dem Land war das deutlicher zu merken als in der Stadt. Nachdem die Kirchturmuhr in unserem istrischen Dorf elektrifiziert worden ist, schlägt sie heute auch die Stunden, zeigt mit neun Schlägen allerdings nicht neun Uhr an, sondern Viertel nach neun. Wenn meine Schwiegermutter zu Besuch kam, ließ sie sich von dieser fehlerhaften Zeitangabe ebenso wenig stören wie die Dorfbewohner, aber nicht weil die Erfahrung sie gelehrt hatte, dass diese neun Schläge Viertel nach neun statt neun Uhr bedeuteten, sondern weil es ihr nach bald zehn Jahren noch gar nicht aufgefallen war.

So leisten wir uns in Sovinjak eine ganz eigene Zeitrechnung mit der Folge, dass sich das Dorf regelmäßig und sicher mit dem Rest der Welt nicht im Takt befindet.

Also wann?

Selten musste ich diese Frage so oft stellen wie in diesem Teil Europas. Die Zeit schien hier Gesetzen unterworfen zu sein, die dort, wo ich herkam, unbekannt waren. Bei uns galten sie nicht, und hier wurde ich nicht schlau aus ihnen. Auch nach dem Fall des Kommunismus ging man mit der Zeit um, als sei sie ein ebenso solides Vermögen, wie unsere Großeltern ihre Ersparnisse auf dem Sparbuch einst betrachtet haben mussten. Die Zeit hatte nach wie vor weder Anfang noch Ende, ihr fehlte der existentielle Stachel, vielmehr machte sie die Leute gelassen und müßig. Damit hauszuhalten war ausgeschlossen. Zeit wurde verschwendet, aus alter Gewohnheit oder, wie man sich hier gern einbildete, aus Großzügigkeit, in beiden Fällen aber wie etwas, worüber man sich hinwegsetzt und wovon man absieht.

»Es braucht die Zeit, die es braucht.«

Das brachte mich auf. Gerade für das, was gebraucht wurde, war ja keine Zeit mehr vorhanden. Und dennoch – hier beeilte sich niemand, niemand trommelte nervös mit den Fingern auf die Tischplatte, und beeilte sich doch jemand, dann deshalb, weil ein anderer es ihm befohlen hatte. Lakaien und Dienstboten beeilten sich, Gelassenheit und Langsamkeit waren Zeichen von Macht. Freie Menschen hatten alle Zeit der Welt, und hier waren fast alle frei. Die Zeit wurde nie richtig knapp, gehörte aber auch niemandem so richtig, ein freies Gut, so wie die Luft, die alle atmeten, ein Kollektivvermögen, das ohne individuellen Eigentümer als allen gegeben galt und ohne irgendwelche Konsequenzen vernachlässigt werden konnte.

Ohne es zu merken, schienen die Menschen hier einer Zeit ausgeliefert zu sein, die ständig grausamen Schabernack mit ihnen trieb.

Meine Schwiegermutter ging in die Kirche, Jüngere aber gingen nicht mehr hin und lernten folglich auch nichts über die Vergänglichkeit des menschlichen Lebens. Die Zeit gehörte nicht mehr Gott, doch auch niemandem sonst; während die Flaschen im Unterschied zu den Aschenbechern immer leerer wurden, ließ man sie gemeinsam verrinnen. Oder man brauchte die Zeit damit auf, gemeinsam zu warten, Schlange zu stehen oder sich zu Verabredungen einzufinden, die dann nicht zustande kamen, in Cafés herumzuhängen oder im Bett zu bleiben, und jedes Mal ohne das Gefühl, etwas verloren zu haben, so wie man sich auch engstirnig weigerte einzusehen, dass der eigene Mangel an Pünktlichkeit dasselbe war, wie dem anderen die Zeit zu stehlen.

Wessen Zeit?

Niemand erhob doch Anspruch darauf. Der Gedanke, dass die Zeit so wie ein Name oder ein Hund jemandem aus Fleisch und Blut gehören könnte, war allen fremd.

Jedes Wochenende, an dem meine Schwiegermutter uns zu sich zum Essen bat, standen wir vor derselben Frage: Wann waren wir denn an diesem Sonntag eingeladen? Meine Schwiegermutter befasste sich nicht mit Uhrzeiten, und wir fragten sie erst gar nicht, weil wir wussten, dass wir keine Antwort bekämen. Der Raum war wichtiger als die Zeit, und wir kannten ja die Adresse. Diese Frage aber, die ihr nicht gestellt werden konnte, landete dann bei meiner Frau und mir, wo sie zur Streitfrage wurde. In gewisser Hinsicht war die Zeit meine Angelegenheit, zumindest in dem Sinne, dass fast immer ich die Sprache darauf brachte. Die Zeit war mein Steckenpferd.

Wann?

Ausgelöst wurde die Frage bei mir von der Verärgerung über die mangelnde Information und dem Wunsch, mir einen Überblick zu verschaffen. Ich wollte Unklarheiten vermeiden. Meine Frau nannte es Drang nach Kontrolle. Sie maß dieser Frage keine Bedeutung bei, so als wollte sie sich nicht nur einen Sonntag ohne Verpflichtungen und Stress, sondern auch eine Lebenseinstellung bewahren. In einem Buch hatte sie gelesen, dass Roma sich an einem Ort verabreden und nicht zu einer Uhrzeit, die sie weder festlegen können noch vielleicht gar festlegen wollen, und wer dann zuerst an der Quelle oder unter der Eiche ist, wartet dort auf die anderen, selbst wenn er womöglich tage- oder wochenlang warten muss.

Dieses »Wo?« statt »Wann?« fand meine Frau sympathisch. Ich dagegen insistierte weiter auf »Wann?«.

»Wann werden wir von deiner Mutter erwartet?«

Aber auch meine Frau ließ sich nur zu einer unbefriedigenden Antwort bewegen, zu Phrasen wie »Wenn wir Hunger haben«, »Das wird sich zeigen« oder »Es fängt an, wenn wir da sind«.

Ich wies darauf hin, dass wir in meinem Teil Europas zu bestimmten Uhrzeiten äßen, nicht wenn wir zufällig Hunger hätten. Dreimal am Tag. Morgens, mittags, abends. Immer zur selben Zeit, tagaus, tagein, in Ewigkeit. Amen.

Eine solche Zeitrechnung behagte meinen beiden Frauen nicht. Sie sei aufdringlich und phantasielos, als würde man von ihnen erwarten, dass sie sich wie ein mechanisches Wesen verhielten, wie ein Roboter oder ein Automat. Als ob eine Uhr bestimmen könnte, wann man Hunger hat! Sich derart einem Instrument zu unterwerfen, fanden die beiden sogar einfältig, als würde man sich selbst demütigen und freiwillig seine Freiheit einschränken.

Wann?

Ich wollte es wissen und blieb stur, letztlich bereit, alles auf eine Karte zu setzen und meiner Frage zivilisatorisches Gewicht zu verleihen. So verbergen sich im Alltag – und oft gerade in Küchennähe – Dinge, die mit den wichtigsten Fragen des Lebens zusammenhängen. Trotzdem schämte ich mich, meine Frage mit den Umständen einer Banalität wie einem Mittagessen (oder war es doch ein Abendessen?) zu verquicken. Machte ich da nicht zu viel Wirbel um diese Angelegenheit? Doch ich gab aus Prinzip nicht nach: Ohne präzise Antwort auf meine Frage sah ich unsere Werte und unsere gesamte Kultur in Gefahr.

Damit war die Katze plötzlich aus dem Sack. Also wann? Wie eine Gesellschaft oder eine Gemeinschaft zu nennen wäre, die meiner Frage die Antwort schuldig blieb, sagte ich nicht. Auf dem Spiel standen aber immerhin sowohl die Rolle der Zeit als auch die Instrumente unserer Kultur, und nicht nur Instrumente, mit denen man den Zeitpunkt eines Mittag- oder Abendessens festlegt, sondern auch jene, mit denen man ein solches Essen genießt, und ich erinnerte meine Frau daran, dass man nicht sehr weit von hier, in Serbien, am Ortseingang der Stadt Kragujevac, das Monument einer riesigen und mittlerweile ziemlich rostigen Gabel aufgestellt habe, als Zeichen dafür, dass dieses Essbesteck und Instrument just dort erfunden worden sei (was eine höchst zweifelhafte Behauptung ist), ein Monument, das auch ohne Rost mehr über Anspruch und Komplexe als über Ursprung und Traditionen verrät.

Ebenso wie bei der Uhr konnte aber nicht der geringste Zweifel über die zivilisatorische Bedeutung dieses Instruments herrschen.

Bei meiner Schwiegermutter kam der Gabel allerdings kein fester Platz rechts oder links vom Teller zu, und der Salat wurde oft aus ein und derselben Schüssel gegessen, die mitten auf dem Tisch stand. Allein auf so einem Tisch oder in den intimsten Schlupfwinkeln des Alltags konnte sich die europäische Zivilisation somit als eher abwesend denn anwesend herausstellen.

Also wann?

Tief gekränkt, dass ihr eigener Mann ihr den Zutritt zu Europa verwehrte und sie zu jemandem von dessen Tellerrand abstempelte, ließ meine Frau unseren Streit wieder aufflammen. Zwar sah auch sie in einer Uhr eher ein Instrument, mit dem man die Zeit maß, als ein Schmuckstück, aber doch ein Instrument mit eng begrenztem Anwendungsbereich, allenfalls von Nutzen, wenn man einen Zug oder eine Fernsehsendung nicht verpassen wollte, womit sich die Sache aber auch habe.

Außerdem sei ich ungerecht gegen ihre Mutter; zwar lebten wir beide in derselben Gegenwart, aber ihre Zeit sei nicht meine Zeit. Ich trat zum Gegenangriff an. Der Gebrauch einer Uhr scheine mir in dieser Gesellschaft noch sehr viel begrenzter zu sein: Züge fuhren selten rechtzeitig, nicht einmal die Fernsehsendungen begannen zur angegebenen Zeit. Pünktlichkeit war etwas, was man vielleicht an anderen bewunderte, Deutsche und Protestanten galten als besonders pünktlich. Gleichzeitig aber wurde sie als hemmend, ja regelrecht als so unnatürlich betrachtet, wie man junge Damen früher ins Korsett geschnürt hatte.

Also wann?

Mit der Zeit *(sic)* lernte ich, dass sich diese Frage auch in meiner urbanen Familie kein richtiges Heimatrecht verschafft hatte. Die Frage scharrte und schnarrte, verdarb die Stimmung und offenbarte jedes Mal eine Gesellschaft, die das Bedürfnis der Moderne nach Präzision und Koordination bisher kaum berührt hatte, eine Welt, in der die Zeit noch nicht zur individuellen, eigenverantwortlichen Verfügung an alle verteilt worden war.

Lag in alldem nicht etwas Orientalisches? Oder vielleicht eher Fatalistisches? Und das in einer eigentlich soliden katholischen Kultur?

Dennoch hatten sowohl die katholische Kirche als auch später die kommunistische Partei versucht, die Menschen auf dem Balkan dazu zu erziehen, sich und das Ihre pfleglich zu behandeln und rechtzeitig ihr Haus zu bestellen, die Partei vielleicht noch eifriger als die Kirche, da die Kommunisten über die weltliche, rein physische Existenz hinaus nicht sehr viel zu bieten hatten. Über den Tod hatten sie ja wenig und über das, was danach kommt, überhaupt nichts zu sagen, jedenfalls nichts Befriedigendes oder Tröstliches. Auf die Seele, die es nicht gab, wartete im Jenseits nichts. Über die letzten Dinge schwiegen die Kommunisten lieber, aus Gründen, die bestenfalls aus metaphysischer Verlegenheit herzurühren schienen.

Meine Schwiegermutter fand dieses Schweigen schlimmer als eine Antwort welcher Art auch immer. Es war ein Skandal. Schließlich hatten die Kommunisten sonst auf alles weitschweifige und schulmeisterliche Antworten parat, doch für die Seele nicht die geringste Spur eines Vorausblicks, geschweige denn einen Plan, nicht einmal einen dieser Pläne für fünf Jahre, auf die sie ansonsten so stolz waren und die sie allen menschlichen Aktivitäten überordneten. Wie sie von Gott gelernt hatte, gehörte zum Menschsein aber auch der Tod. Was erwartet uns im Jenseits? Woher kommen wir? Wer sind wir? Und, für meine Schwiegermutter das Allerwichtigste, wohin gehen wir?

Was sie von der Kirche erwartete, war eine eindeutige Antwort, die auf ewig galt. Nicht mehr und nicht weniger. Von einer Partei aber war nichts zu erwarten; Marx, Stalin, Tito oder auf welche Propheten auch immer sich die Kommunisten jeweils beriefen, hatten dazu nichts zu sagen gehabt. Sie hatten geschwiegen. Über das Grab hinaus gab es für die Kommunisten nichts; mit jener dogmatischen Engstirnigkeit, die sowohl Unruhe als auch die Sehnsucht des Menschen fürchtete, hatten sie mit der letzten Schaufel Erde auch das Jenseits zugeschüttet.

Ein Skandal. Dass die Zeit auf Erden für jeden von uns bemessen und endlich ist, war für die Kommunisten nicht mehr als eine Tatsache von der Art, wie man eine Kerze ausbläst oder eine Flasche leert.

Hin und wieder begleitete ich meine Schwiegermutter am Sonntag in die Kirche. In der Regel war sie lange vor mir zum Gottesdienst bereit und saß im Garten unter dem zierlichen Kakibaum, während ich mich rasierte und anschließend in eine dunkle Bügelfaltenhose schlüpfte. An Sommersonntagen trug sie zum Schutz gegen die Sonne einen breitkrempigen Strohhut, wenn sie dort auf ihren Schwiegersohn wartete.

Ich ging aus Neugier mit in die Kirche und um ihr Gesellschaft zu leisten, was sie von Anfang an durchschaute. Sie ließ mich jedoch gewähren und rächte sich, indem sie mich bereits auf dem Kirchplatz einer Schar Maulaffen feilhaltender alter Frauen präsentierte, die alle ohne männliche Begleitung gekommen waren, und dann nach dem Gottesdienst demonstrierte, wie sie mich dressiert hatte, Scheine statt Münzen in den Klingelbeutel zu stecken, so dass meine Hand sich ohne begleitendes Klimpern und Klingen öffnete; und während ich meinen Obolus an die Kollekte entrichtete, blickte sie in die Runde, um sich von der Wirkung zu überzeugen.

Wenigstens so viel öffentliche Buße wurde mir für meine Kleingläubigkeit (die Sache mit der Linie und dem Abgrund) abverlangt. Normalerweise waren wir die Allerersten, die, Arm in Arm, die Kirche verließen, ein Paar, das wohl nur die gutgläubigsten der alten Frauen als harmonisch im selben Glauben vereint betrachteten.

Glaubte ich an Gott?

Meine Schwiegermutter errötete leicht vor Verlegenheit, hatte es aber wohl als ihre Pflicht angesehen, diese Frage zu stellen. Sie hörte sich an, als würde sie mich Hausaufgaben abfragen. Ich sprach die Gebete nie mit, hörte der Predigt nur zerstreut zu und ging nicht zur Kommunion. Woran glaubte ich eigentlich? Die Protestanten waren schon ein seltsames Volk. Waren sie überhaupt Christen? Konnte man sich dessen ganz sicher sein? Dem Namen nach vielleicht. In diesem Fall aber eher Nihilisten oder sogar Gottlose, was aber strenggenommen dasselbe war.

Ich versicherte ihr, dass ich an die Kirche als Institution glaubte, auch an ihre katholische, als mahnende Instanz und Vermittlerin von Moral. Sie sah mich argwöhnisch an, und ich verstand, dass es nicht die richtige Antwort war. Meine Kleingläubigkeit (wiederum die Linie und der Abgrund) würde sie mir wohl nie richtig verzeihen können; sie muss sie zu sehr an die Kommunisten erinnert haben, die immerhin aufrichtig genug gewesen waren, sich offen zu ihrer Gottlosigkeit zu bekennen.

Mit Stolz hatte sich ihr seliger Mann zu seinem Unglauben bekannt, und sie hatte ihn respektiert, obwohl es sie verletzt haben musste. Manchmal hatte ich aber das Gefühl, dass ich an seiner Stelle gemaßregelt wurde, dass ich als Stellvertreter herhalten musste, wenn sie sozusagen posthum den Gatten bestrafen wollte, den sie zu seinen Lebzeiten nie anzugreifen gewagt hätte.

Erinnerte sie die weltliche Machtfülle der Kommunisten manchmal an ihre eigene Kirche? Ich bezweifle es. Und wenn doch, dann nur als eine vulgäre und ketzerische Variante davon. Mit einem von Menschen erdachten wissenschaftlichen Plan über das Morgen herrschen zu wollen, betrachtete meine Schwiegermutter als Eitelkeit und Arroganz, und Hochmut *(superbia)* war die erste der sieben Todsünden. Doch wer wusste das heutzutage noch? In ihrer Vorstellungswelt waren die Kommunisten außerdem mit etwas Kindischem und Linkischem behaftet; sie bildeten eine Sekte, die auf eine Unreife ohne tiefere Kenntnisse über das Leben und die Welt gründete. Die Kommunisten schienen nie etwas vom Turmbau zu Babel gehört zu haben, davon, wie Gott ebendiesen Hochmut der Menschen bestraft hatte, und während sie strickte oder schon Fertiges wieder auftrennte und mit halbem Auge gleichzeitig eine spanische Seifenoper im Fernsehen verfolgte, spekulierte meine Schwiegermutter laut darüber, welche Art Strafe solche verdorbenen Menschen erwartete.

Dass ihr eigener Mann *einer von denen* gewesen war, tat ihrem Erfindungsreichtum keinen Abbruch.

Diese Strafen waren durchweg alttestamentarisch grausam. Mir erschienen sie unchristlich unbarmherzig, wie von einem Demiurgen oder balkanischen Hieronymus Bosch ersonnen, irdische und himmlische Strafen wild durcheinander, mehr vom flammenden Fegefeuer als von den zundertrockenen Paragraphen eines Gesetzbuches inspiriert.

Woher bezog sie diese Inspiration?

Ich vermute aus der Kirche in Omišalj, wo an einer der Wände das Fegefeuer abgebildet war. Sie war standhaft geblieben. All die Jahre, in denen sie an der Seite ihres Gatten in den Kreisen der kommunistischen Nomenklatura verkehrt hatte, hatten ihr den Blick nicht verwirrt: Sie betrachtete die Welt noch immer mit denselben Augen wie die Bauern und Fischer auf dem Krk ihrer Kindheit.

An diesem Sommerabend im Juni schauten wir uns gemeinsam die Nachrichten *(Dnevnik)* an, die an ebendiesem Abend fast vier Minuten nach der angegebenen Zeit anfingen. Meine Schwiegermutter wartete auf ihre spanische Soap und strickte vor dem Fernseher weiter.

Ein beschaulicher Abend zu Hause, könnte man meinen. Doch vor zweihundert Jahren hatten ihre französischen Schwestern vermutlich nicht anders mit den Stricknadeln geklappert und genau wie sie zwischendurch Fertiges wieder aufgetrennt, während auf dem Schafott unter dem Beil der Guillotine der Reihe nach die Köpfe der Adligen rollten.

Sollten wir das Haus in Omišalj kaufen oder nicht?

So ganz allmählich lief uns die Zeit davon. Bei meiner Schwiegermutter äußerte sich dies in zunehmender Gereiztheit und wiederholten Telefongesprächen mit Belgrad, die alle bestätigten, was wir schon wussten. Der Preis für das Haus in Omišalj betrug achtzigtausend Euro, nicht mehr und nicht weniger. Die Gespräche wurden von Mal zu Mal kürzer. Meine Frau versuchte nach wie vor, mich davon zu überzeugen, dass ihre Mutter es ohne weiteres schaffen würde, das Haus zu renovieren und anschließend allein darin zu wohnen. Ich für mein Teil war skeptisch und blieb dabei, das Geld – mein Geld – festzuhalten.

Wir müssen sie unterstützen, insistierte meine Frau. Damit war gemeint, dass wir meine Schwiegermutter auf meine Kosten einen so langen Abschied vom Leben wie möglich nehmen lassen sollten.

Das Haus war das geringste Problem. Weit mehr Sorgen hätte meiner Schwiegermutter dagegen die Gestaltung ihres

Abschieds vom Leben machen müssen, wenn sie denn wirklich daran gedacht hätte. Doch darüber wurde nicht gesprochen. In Fragen, die den letzten Dingen galten, war ja mit keiner Hilfe zu rechnen: Sie würde sich allein durch die Dämmerlandschaft zwischen Tod und Auferstehung tasten müssen, allein von Zweifeln und Unruhe heimgesucht werden, wohingegen es im Hinblick auf Ziegel, Mörtel oder Bauholz kein Zaudern gab.

Auf diesem Gebiet war sie gut vorbereitet. Die ständigen Wechsel mit ihrem Mann von Garnison zu Garnison hatten sie nicht nur daran gewöhnt, Koffer zu packen, um sie bald darauf wieder auszupacken, sondern auch an Zimmer, die frisch gestrichen, und Handwerker, die instruiert, bei Laune gehalten und nicht zuletzt überwacht werden mussten. Sicherlich, das war lange her. Aber mit fester Hand und einer Zigarette der richtigen Marke in der Zigarettenspitze könnte sie im Vertrauen auf ihre große Erfahrung und Autorität auch ein letztes Mal Handwerker kommandieren, die sich dieser Dame von Welt genau wie alle anderen Handwerker zuvor voller Respekt vor ihrer Sachkenntnis bedingungslos unterwerfen würden.

Trotzdem wurde ich meine Zweifel nicht los. Meine Schwiegermutter hatte außer ihrer Witwenpension kein Geld. Diese Pension war rein symbolisch, sie entsprach weniger als dreihundert Euro im Monat. Ich käme nicht umhin, sie zu finanzieren, ohne jedoch selbst in Omišalj zur Stelle sein und die Arbeiten überwachen zu können. Alle Verantwortung läge dann bei ihr. Sie würde dieses Projekt nach eigenem Ermessen auf – meine – laufende Rechnung leiten.

Aber würde sie mit so viel Geld wirtschaften können? Mit mehr Geld, als sie jemals zur Verfügung hatte? Eher nicht, befürchtete ich, sie kam ja nicht einmal mit ihrer Pension hin. Der neue kroatische Staat hatte diese kräftig beschnitten, wofür sie Franjo Tudjman persönlich verantwortlich machte, einen Präsidenten, der eine fast mittellose Offizierswitwe zur ehemaligen jugoslawischen Nomenklatura rechnete, der er im Nachhinein rauben wollte, was plötzlich als Privileg galt, obwohl es gerade ein General – wieder einer – und ehemaliger Partisan wie Tudjman laut meiner Schwiegermutter eigentlich hätte besser wissen müssen.

Wir waren daran gewöhnt, bei Bedarf ihre Pension aufzubessern und ihr Geld zu schicken, sobald sie darum bat. Und sie bat oft; in den Telefonaten mit ihrer Tochter klangen ihre Anfragen wie Befehle, in denen mit mir so, als eröffnete sie mir honigsüß gnädigst die Möglichkeit zu einer guten Tat.

Befehl oder Honig: Wir schickten das Geld. Jedes Mal. Trotzdem reichte es nicht.

Wenn ihre Tochter herauszufinden versuchte, wofür es draufgegangen war, bekam sie ausweichende oder unbefriedigende Antworten. Alles sei so viel teurer geworden, lautete die üblichste. Was ja stimmte. Doch wir vermuteten, dass sie das Geld vorwiegend für Dinge ausgab, die auch früher schon teuer gewesen waren, für Parfüm und Kosmetika der besten ausländischen Marken, die in einer Provinzstadt wie Rijeka zu bekommen waren. Und natürlich in der Kirche: in Kollekten und kleinen Umschlägen mit Scheinen für den Priester oder irgendeine Nonne, für Fürbitten, Messen und Blumen fürs Familiengrab.

Was dann noch übrig war, landete in den Taschen diverser Ärzte, ein jeder von ihnen mit einem Spezialgebiet, und bei dem Chauffeur, den sie weiß der Himmel wo aufgegabelt hatte, einem fixen Kerl in zerknittertem dunklem Anzug, der sich in diesen teuren Zeiten ein Zubrot damit verdiente, sie zwischen den Parfümerien und Arztpraxen herumzufahren und rauchend oder hinter dem Steuer schlafend auf sie zu warten.

Solche Chauffeure war sie von früher gewohnt.

Doch selbst wenn ihr Alltag so aussah, wie wir vermuteten,

war uns unbegreiflich, dass das Geld, das wir ihr gaben, nicht reichte. Es hätte reichen müssen, zumal ein Taxameter zwischendurch ausgeschaltet und ein Klingelbeutel in die nächste Bankreihe weitergetragen wird. Trotzdem hatte sie nach kurzer Zeit schon wieder kein Geld und klagte sofort, eine Litanei, die in unserer Familienliturgie bald einen festen Platz einnahm. In diesen schweren Zeiten rief sie uns um Hilfe an. Was sollten wir tun? Die Zeiten waren wirklich schwer. Andere Rentnerinnen und Rentner sammelten mittlerweile Pfandflaschen und stocherten auf der Jagd nach etwas Brauchbarem mit langen Stöcken in Mülltonnen herum, die Männer tagsüber, die Frauen erst in der Dämmerung, weil sie sich, wie ich annehme, schämten.

Man musste sich nur umsehen, um bestätigt zu bekommen, dass sie mehr Geld brauchte, als wir ihr gegeben hatten. Und sie konnte es sich nur bei uns beschaffen. Aus dem Blickwinkel meiner Schwiegermutter war das sowohl logisch als auch einfach und von zwingender Notwendigkeit diktiert. Wie sollte sie sonst zurechtkommen? Sie selbst hatte das Geld ja nicht. Wir aber hatten, was sie brauchte, laut meiner Frau die grundlegende Denkfigur ihrer ökonomischen Vorstellungswelt.

Die Lösung des Problems bestand ganz einfach darin, die Nachfrage das Angebot bestimmen zu lassen. Sie insistierte darauf, den Brotkorb tiefer zu hängen. Für mich ging dies wider alle Vernunft, wider alles, was nationalökonomische Handbücher lehrten, doch verlangte ich nicht einen Augenblick von ihr, sich dafür zu interessieren, geschweige denn solche Bücher zu lesen. Allerdings hatte ich meine Hoffnung auf ihren gesunden Menschenverstand gesetzt, der ja immerhin nicht auf Lehrbücher gegründet war.

Vergebens. Ihre Vernunft wollte sich nicht mit dem Geld befassen, das sie nicht hatte. Meine Schwiegermutter interessierte einzig und allein, wie sie dieses Geld ergattern könnte. Außerdem betrachtete sie meine Ansichten zu diesem Thema, wie schon die zum Thema Zeit, als viel zu kleinkariert und erdenschwer. Während ich auch hier im Kleinen dächte, dächte sie im Großen. Gleichzeitig war das, was ich zum Thema Geld zu sagen hatte, viel zu kompliziert. Es langweilte sie. Geld befand sich für sie auf nur unbedeutend niedrigerem Abstraktionsniveau als Zeit, es war als etwas durch und durch Trockenes und Immaterielles zu betrachten, das allerdings die ärgerliche Eigenart besaß, sich immer wieder in ihre sehr handfeste Wirklichkeit einzuschleichen, wo es sich im Nu von einer Abstraktion in einen nur allzu greifbaren Mangel verwandelte. Und aus diesem Mangel entstanden äußerst konkrete Probleme, sobald er auf ihren doch recht erklecklichen Bedarf traf. Es hätte schlecht ausgehen können. Zum Glück aber gab es ja uns, die wir diese Problemen lösen konnten, so dass in einer Art familiärer Transzendenz aus ihren Problemen unsere wurden.

So sah unser Dilemma aus, und ich für mein Teil konnte nicht erkennen, wie es zu lösen wäre.

Und dann diese ewige Wiederholung, diese andauernde Rückkehr zu ein und demselben Ausgangspunkt, an dem alles wieder von vorn losging! Sobald ihr Konto aufgefüllt war, war es auch schon wieder leer. Manchmal buchstäblich fast im selben Augenblick, weil das neue Geld gerade mal auf dem Konto landen konnte, bevor es für alte Schulden herhalten musste.

Das verhieß nichts Gutes. Würde sich diese Problematik der weichmachenden Cremes und der Wohlgerüche nicht wiederholen, allerdings in viel größerem Ausmaß, wenn sie von meinem Geld ein ganzes Haus restaurieren dürfte? Würde sie nicht verleitet, das Geld – also mein Geld – als ihr eigenes zu betrachten? Und die einzige Rechenschaft, die sie sich vorstellen könnte, wäre wohl, irgendwann in der Zukunft die Tür zu ihrem neuen Heim zu öffnen, um uns zu zeigen, wie schön es geworden war.

Und das alles auf meine Kosten.

Ich befürchtete, dass ihr Verhältnis zu Geld nicht nur abstrakt, sondern auch eher poetisch als prosaisch war. Meine Frau bestritt dies. Stattdessen bezichtigte sie mich, misstrauisch und geizig zu sein, wie alle aus dem Westen vom Geld terrorisiert, ganz und gar in dessen Bann geschlagen. Die Zahlenkolonnen auf den Kontoauszügen, die von der Bank kamen, schienen mich zu lähmen.

Warum befreite ich mich nicht aus dieser Abhängigkeit? Ich könne es mir doch leisten; mich unabhängig zu machen würde mich nicht sonderlich viel, wenn überhaupt etwas kosten (diese unbegründete Schlussfolgerung fand ich besonders sophistisch). Und sie korrigierte mich: Ihre Mutter habe ein überaus konkretes und praktisches Verhältnis zu Geld. In der Zeit des Kommunismus, als es so gut wie keine Kredite und nur wenige Banken gab, habe ihr Geld für das, was sie brauchte, immer gereicht. Von Geld sei damals fast nie die Rede gewesen, zu Hause habe es darüber nie Diskussionen gegeben. Sie könne sich nicht erinnern, dass ihre Eltern jemals über Geld gestritten hätten.

Ich fand das merkwürdig. Damals hatte es doch viel weniger davon gegeben, und trotzdem hatte es nicht wie heute gefehlt. Meine Frau vermutete, es habe mit dem zu tun, was ihre Mutter nach wie vor *richtiges Geld* nenne. So ein richtiges Geld, das es früher gegeben habe, sei heute freilich so gut wie verschwunden. Fast unmerklich habe sich diese Verwandlung von Gold und Silber in Papier vollzogen, nach und nach standen immer größere Zahlen auf dem Papier, was dazu eingeladen habe, mit den Scheinen achtlos umzugehen, weil sie, verglichen mit der Zeit, als die aufgedruckten großen Zahlen noch klein gewesen seien, zu weniger und nicht zu mehr reichten.

Wenn etwas Poesie war, dann das.

So sei Geld für ihre Mutter und deren Generation im Lauf der Zeit immer unwirklicher geworden. Gewicht und Metall wurden von Zahlen und Papier ersetzt. Aus etwas Wertvollem sei etwas geworden, was man zusammenknüllte, um es in die Hosentasche zu stecken, und erst diese Metamorphose von Metall zu Papier, von Scheinen in großem Format zu immer kleinerem, gleichzeitig von kleinen Zahlen zu großen, habe laut meiner Frau das Verhältnis ihrer Mutter zu Geld untergraben. Die Münzen ihrer Jugend seien schnell zu Wechselgeld mutiert, das man dem Kellner auf dem Blechtablett hinterlasse, weil es selbst für den Klingelbeutel zu mickrig sei.

Sogar das Klingen der Münzen wurde zu einem Armutszeugnis; großes Geld war klang- und geruchlos.

Mir war klar, dass meine Schwiegermutter aus einer Welt kam, in der es sehr wenig Geld gegeben hatte. Das galt für den Einzelnen ebenso wie für die Gesellschaft und nicht zuletzt für einen Familienhaushalt. Auch die Nachfrage nach dem Geld, das sich trotz allem in Umlauf befand, hatte sich in Grenzen gehalten. Wofür hätte man es damals verwenden sollen? Die Umwandlung einer sicheren, überschaubaren Welt in eine hektische und virtuelle hatte in ihrer Jugend gerade erst begonnen und war noch lange nicht vollendet; zwar zählte und sortierte sie ihr Geld nicht mehr in jugoslawischen Dinar, sondern in Kuna, der neuen kroatischen Währung, aber mit ihrem Haus und dem, was dessen Renovierung kosten würde, hatte diese lokale Währung sehr wenig zu tun.

Dieses Vorhaben ließe sich nur mit *richtigem Geld* bezahlen.

Das wusste sie, und nachdem die Deutsche Mark verschwunden war, hieß richtiges Geld Euro. Ihre lokale Kuna wurde zwar täglich verwendet, doch war diese Verwendung auf eine Weise begrenzt, die auch die Autorität des kroatischen Staates unterminierte, der auf Jugoslawien gefolgt war. Wollte man eine Wohnung oder ein Auto kaufen oder über eine Zeitungsanzeige versuchen, etwas Wertvolleres als einen Welpen oder einen durchgesessenen Korbstuhl zu verkaufen, dann verschwand die Kuna diskret und wurde durch den Euro ersetzt. Denn für etwas, was wirklich von Wert war, brauchte man *richtiges Geld*, und über einem gewissen Preis- oder Kostenniveau existierte die kroatische Währung als Zahlungsmittel einfach nicht mehr.

Sie verschwand; sie reichte fürs Alltägliche, zu viel mehr nicht. Auf Geld war wieder mal kein Verlass, zumindest nicht auf das Geld, das man jeden Tag in der Hand hatte.

Meine Schwiegermutter war bei weitem nicht die Einzige, die Geld mit Misstrauen begegnete. In ihrer Jugend waren Selbstversorgung und Tauschhandel das Übliche gewesen und hatten sich bis weit in spätere Zeiten gehalten. Nicht einmal in der Stadt kann Geld immer das ausrichten, wozu es vorgesehen ist, denn wer einen Arzt aufsucht, für den sind ein lufttgetrockneter Schinken, ein paar Flaschen Wein oder Rakija als sogenanntes Geschenk oder Erkenntlichkeit üblicher als ein Umschlag mit Scheinen. Im Supermarkt in Zagreb findet man eingestaubte Weinflaschen in einer Preisklasse, die sich niemand leisten kann, es sei denn als obligatorisches Geschenk für einen Arzt- oder Behördenbesuch.

Kein Normalsterblicher hat jemals solche Weine getrunken.

Ein Arzt hatte mir erzählt, dass ihm eine alte Frau vom Land einen Tag bevor er sie operieren sollte, ein halbes Kalb gebracht habe. Das Kalb war zerlegt und in Papier eingeschlagen. Dass sie als Staatsbürgerin ein Recht auf diese Operation hatte und dafür überhaupt nichts zu zahlen brauchte, hatte für sie mit der Sache nichts zu tun. Das war viel zu abstrakt. Der Doktor würde sie aufschneiden und wieder zusammennähen; dafür hatte sie ihr halbes Kalb zerhackt und ihm in Papiertüten geliefert. Arbeit gegen Arbeit, wie seit eh und je, die eine so gut wie die andere. Ihr Kalb war von prima Qualität, und dafür, dass sie dem Doktor das halbe Kalb schenkte, erwartete sie, dass sich von der Arbeit, die er mit dem Messer auszuführen hatte, hinterher dasselbe sagen ließe.

Meine Schwiegermutter tat, was sie konnte, um an einer Welt festzuhalten, die im Verschwinden begriffen war. Auf dem Grund einer Kommodenschublade im Schlafzimmer verwahrte sie eine Schatulle mit Mariatheresientalern. Ein Erbe dunkler Herkunft. Hin und wieder holte sie ihre Taler hervor, ich glaube, vor allem um sich davon zu überzeugen, dass sie noch da waren, und wog sie ein paarmal mit ernster, fast feierlicher Miene in der Hand. Es war wie ein Ritual oder eine Zeremonie, die sie sonst nur in der Kirche vollzog.

Allein das Gewicht der Münzen verriet ihren Wert. Das war eben *richtiges Geld*.

Es bestätigte vielleicht nicht, dass früher alles besser war, aber zumindest, dass die jetzigen Zeiten schlechter waren. Das reichte. Eine Handvoll Taler, in feinstes Seidenpapier eingewickelt, das vermutlich aus einem italienischen Schuhkarton stammte, bestärkte meine Schwiegermutter in ihrer im Grunde tragischen Lebensauffassung: Im Vergleich mit dem Gestern hatte die Gegenwart nicht viel zu bieten. Denn ihre Münzen von damals waren noch heute viel wert, viel mehr sogar als zu der Zeit, bevor sie in ihrer Schatulle gelandet waren, so viel mehr, dass schon fast unwichtig war, wie viel.

Ich glaube, sie hätte gern hineingebissen. Nicht so sehr, um sie besorgt zu prüfen, als um der Befriedigung willen, ihre Echtheit wieder einmal bestätigt zu bekommen. Doch sie tat es nicht, vermutlich aus Angst, ihre Zahnprothese zu beschädigen.

Ein paar Ziffern auf einem Schein oder ein Kontoauszug konnten ihr nicht denselben Respekt einflößen wie diese Silbermünzen mit ihrer lateinischen Inschrift M. THERESIA D. G. R. IMP. HU. BO. REG. M. Sie hatte gelernt, sie zu entziffern: »Maria Theresia, von Gottes Gnaden römische Kaiserin, Königin von Ungarn und Böhmen«. Auch ein solcher Titel bürgte für Sicherheit. Sie hatte die Brille auf die Stirn geschoben und musterte die Münzen aus der Nähe wie sonst nur ihre ganz feinen Kreuzstiche und Stickereien. Mit den Fingern strich sie über das Relief der Münzen, es war ein viel feierlicheres Gefühl, als einen Geldschein anzufassen, strich über das Profil Maria Theresias mit all seinen Doppelkinnen, zufrieden auch damit, dass es mehr waren als bei ihr selbst. Wie dürftig war doch ein Schein, verglichen mit einer solchen Münze!

Statt Buchstaben standen auf den Scheinen Ziffern, die aber nicht denselben Respekt einflößten wie ein lateinischer Text. Auch war Papier nicht so beständig wie Silber. Im Laufe ihres Lebens hatte sie Papierscheine kommen und gehen sehen, hatte gesehen, wie sie eingezogen wurden, um durch neue ersetzt zu werden, wie sie plötzlich ungültig zwischen den Rezepten in einer Küchenschublade oder zwischen den Seiten eines Buches gelandet waren.

Dort wurden sie dann vergessen. Tito war auf König Alexander oder Kaiser Franz Joseph gefolgt, hatte sich auf dem glatten Papier der Geldscheine aber ebenfalls nicht halten können, höchstens so wie seine Vorgänger zwischen den wahrscheinlich ungelesenen Seiten irgendeines Buches. Auf den neuen Scheinen waren die Ziffern zuerst weniger geworden, man hatte Nullen gestrichen, doch nach einiger Zeit waren es wieder genauso viele Ziffern mit bald noch mehr Nullen im Schlepp, ohne dass die Scheine damit mehr wert geworden wären, im Gegenteil, mit jeder neuen Null eher weniger.

Manchmal hatte man die Scheine nach so kurzer Zeit ausgetauscht, dass kein Mensch mehr wusste, welche nun gültig waren und welche nicht. Es kam vor, dass alte und neue gleichzeitig in Umlauf waren. Vertrauen hatte das bei meiner Schwiegermutter nicht geweckt, auch bei sonst kaum jemandem. Eher Verwirrung gestiftet. Die Scheine wurden beinahe ohne Vorankündigung ausgetauscht, sie vertrieben und vernichteten einander wie in einem Krieg auf Papier, und meine Schwiegermutter hatte mit den falschen Scheinen als einer Art monetärer Nachhut allzu oft auf der Verliererseite gestanden.

Durch die Umstände gezwungen, hatte sie dann Halt und Sicherheit bei Dingen gesucht, die die Geschichte bereits begraben hatte. Auf ihre Taler war Verlass. Auch sprach ihre Erfahrung dafür, dass eine Schatulle ein sichererer Aufbewahrungsort war als eine Bank. Auf Banken war nur Verlass, wenn sie sich jenseits der Landesgrenze befanden, wie sich ja zu allen Zeiten alles Erstrebenswerte woanders befunden hatte, nur nicht dort, wo sie und ihre Familie zu Hause waren. Wer immer konnte, hatte jenseits der Grenze ein Bankkonto. Allerdings konnte man nicht jedes Mal, wenn man etwas für *richtiges Geld* kaufen musste, nach Triest, Graz oder Klagenfurt fahren.

Meine Schwiegermutter hatte kein ausländisches Konto, nur ihre Mariatheresientaler, die aber viel zu wertvoll waren, um ausgegeben zu werden. Warum sich freiwillig von ihnen trennen? Im Gegenteil. Sie war fest entschlossen, sie zu behalten und stattdessen schnell die Scheine auszugeben, die sie zufällig im Portemonnaie hatte. Oder die paar Ersparnisse, die auf der Bank in Rijeka lagen, je eher, desto besser, bevor auch dieses Papiergeld wie jedes andere, das sie im Lauf der Jahre in der Hand gehabt hatte, plötzlich wertlos wäre und durch neues ersetzt würde.

So blieben ihre Taler nichtsnutzig in der Schatulle liegen, ein kleineres Vermögen, das nur die eine Aufgabe hatte, vorhanden zu sein, ohne verwendet werden zu müssen. Im wahrsten Sinne des Wortes totes Kapital. Ich konnte nur den Kopf schütteln darüber. So viele ungenutzte Möglichkeiten! Welch traurige Manifestation der Geschichte des balkanischen Misstrauens! Ängstlich verbarg sie ihre Taler unter Stapeln bestickter Taschentücher, allesamt für alle Ewigkeit mit den Initialen des toten Gatten versehen.

Geheimes zu verstecken und zu schaffen war eine ihrer großen Begabungen. Sie selbst betrachtete es als eine Tugend; die Leute spitzten schließlich ständig die Ohren und steckten ihre Nase in Dinge, die sie nichts angingen. Das Gerücht, Witwe Sušanj sei reich, schmeichelte ihr zwar, machte sie aber auch nervös, denn sie war überzeugt, dass Neid viel mehr noch als Gelegenheit Diebe mache. Dabei war es schon schlimm genug, dass es Gelegenheiten gab.

Und wer bot die meisten, wenn nicht die eigene Familie? In Rijeka gab es auf der Seite ihres verstorbenen Gatten einen schlecht beleumundeten Verwandten, von dem es hieß, er trinke und spiele Karten, obwohl gleichzeitig gesagt werden muss, dass er ein stiller Mensch war und niemanden störte, dennoch ein nicht gern gesehener Verwandter, der irgendwann angefangen hatte, sie anzurufen und sich ziemlich schamlos selbst einzuladen.

Könnte er nicht auf einen Sprung vorbeikommen? Es gäbe unter Verwandten doch so vieles zu bereden.

Meiner Schwiegermutter behagte diese Frechheit nicht, von der sie uns noch mehr Beispiele nennen konnte. Ständig rief er an, und seine Vorschläge und Anfragen wurden ihr zufolge von Mal zu Mal frecher. Das meiste, was er sagte oder vorschlug, verhieß für sie nichts Gutes. Sie zitierte ganze Passagen von dem, was er bei diesen Telefonaten gesagt hatte, und erwartete, dass wir es entrüstet verurteilten. Vielleicht war es nicht ganz sicher, dass er gesagt hatte, Blut sei dicker als Wasser; doch was vielleicht gar nicht gefallen war, war trotzdem das, was er meinte. Und dieser angeblich lasterhafte, offenbar arbeitslose Verwandte beharrte darauf, auf einen Kaffee und ein Plauderstündchen vorbeizukommen.

Warum?

Das lasse sich doch an fünf Fingern abzählen. Es gehe um Geld. Meine Schwiegermutter lachte kurz und schrill, ein Lachen, wie es in ihrer Jugend auf der Opernbühne in Rijeka zu hören war, denn war man nicht ins Offizierskasino gegangen, dann in die Oper. Schon während der Ouvertüre hatte sich ihr Gatte, genau wie die anderen uniformierten Männer in den mit purpurrotem Plüsch und Blattgold ausgekleideten Logen, nur mit Mühe wach halten können. Sie hingegen saß in ihrem besten Kleid dort, neugierig, wer unten im Parkett saß, und hörte sich die berauschende Musik an, am liebsten Rossini, aber noch mehr das, was gesungen wurde: im *Barbier von Sevilla* von dem böswilligen Gerücht und was Verleumdung und Tratsch anrichten können. Wie schnell ein solches Gerücht herumging, davon hatte schon der Komponist sie überzeugt. Im Rundfunk wurde damals auch oft die Ouvertüre zu seiner diebischen Elster – *La gazza ladra* – gespielt. Diese Oper Rossinis passte nur allzu gut auf ihren schlecht beleumundeten Verwandten.

Denn wer, wenn nicht er, verbreitete in Rijeka das Gerücht, dass sie reich sei?

Sie wisse das wohl, und alles in der Absicht, sie als gierig und geizig verleumden zu können, wenn sie nicht mit großzügigen Darlehen aushalf. Sie denke jedoch gar nicht daran, mit einem Trinker und Kartenspieler zu verkehren, mochten sie nun verwandt sein oder nicht.

Kam die Sprache auf diesen Verwandten, war sie ohne Erbarmen. Das eigene Blut sei das allerschlimmste; ohne ihre Taler zu erwähnen, wiederholte sie diese ihre Überzeugung immer wieder.

Wir waren der Meinung, dass sie übertrieb. Es war ausgeschlossen, dass jemand aus der eigenen Familie plante, sie auszunutzen oder gar zu bestehlen, doch darüber lachte sie nur aufs Neue, kurz und übertrieben theatralisch, mehr mit ihrer eigenen Jugend befasst als mit uns. Wie sollten wir das verstehen? Wir hatten sie verletzt. Und gleich darauf versicherte sie uns, dass wir natürlich über jeden Verdacht erhaben seien, wie könnten wir nur etwas anderes annehmen? Das verletzte nun uns.

Trotzdem, beharrte sie, sei die Verwandtschaft am schlimmsten.

Ich hatte ihr vorgeschlagen, ein paar Taler zu verkaufen, um wenigstens einen Teil zur Bezahlung des Hauses auf Krk beizusteuern, mehr aus symbolischen Gründen, als dass ihrerseits tatsächlich ein Beitrag nötig gewesen wäre. Ich hatte mir gedacht, es würde ihre Selbstachtung stärken und sie mit Stolz erfüllen, doch mein Vorschlag war auf der Stelle zurückgewiesen worden. Ihre Mariatheresientaler zu verkaufen erschien ihr als ein sehr schlechtes Geschäft. Wie konnte ich nur mit so einem Vorschlag kommen? War denn auch ich auf ihre Taler aus? Ihr eigener Schwiegersohn?

Da verwendeten wir doch besser mein Papiergeld von der Bank in Wien.

Und es war jetzt viel Geld nötig.

Der General in Belgrad hatte für das Haus in Omišalj achtzigtausend Euro verlangt. Nachdem ich es selbst gesehen hatte, hielt ich den Preis für einigermaßen angemessen. Um des

Familienfriedens willen gab ich schließlich nach; irgendwie würde ich das Geld schon zusammenkratzen können. Ich bat meine Schwiegermutter, wieder Kontakt nach Belgrad aufzunehmen und dem General mitzuteilen, dass wir bereit seien, das Haus zu kaufen, allerdings für fünfundsiebzigtausend.

Meine Schwiegermutter und meine Frau waren überrascht. Sie schienen mit meinem Vorschlag so gar nicht zufrieden zu sein. Ich war jedoch der Ansicht, dass es bei einem Geschäft dieser Größenordnung dazugehörte zu handeln. Auch wenn wir nur weitläufig verwandt seien, sollten wir meiner Meinung nach einen Rabatt bekommen. Noch dazu kämen wir dem General entgegen, wenn wir ihm etwas abkauften, was er, wie er wissen dürfte, im Augenblick nicht so leicht loswürde. Der Markt sei mausetot.

Das sollte ihm fünftausend wert sein.

Eines Augustnachmittags rief meine Schwiegermutter in Belgrad an. An diesem Tag hatten wir in den Zeitungen gelesen, dass die serbische Hauptstadt und große Teile des Landes von einer Hitzewelle lahmgelegt worden waren, Temperaturen bis vierzig Grad wurden gemeldet, und meine Schwiegermutter war sich unsicher, ob dies unsere Verhandlungsposition verbessern oder verschlechtern würde. Dass das Wetter Einfluss auf ein solches Geschäft nehmen würde, hatte ich mir nicht vorgestellt. Das Telefonat war kürzer als je zuvor. Meiner Schwiegermutter zufolge war der General auf eine Art laut geworden, die selbst bei einer schlechten Leitung beleidigend genug gewesen wäre. Sie wollte vor uns nicht wiederholen, was er gesagt hatte, nur so viel, dass es mit meinen fünfundsiebzigtausend zusammenhing. Mein Angebot soll den General aufgebracht haben. Schließlich hatte er zum Preis schon mehrfach gesagt, was er dazu zu sagen hatte: Achtzigtausend wollte er haben für sein Haus.

Und jetzt nahm sich da in Rijeka jemand heraus, eine ganz andere Summe zu nennen!

Noch obendrein ein Verwandter.

Wir hielten Familienrat. Sowohl meine Schwiegermutter als auch meine Frau meinten, man müsse ihn verstehen und seinen Preis akzeptieren, denn wenn wir das Haus kaufen wollten, hätten wir keine andere Wahl.

Und sie stellten klar, dass es meine Schuld sei, wenn der Hauskauf nun unsicher geworden sei. Ich hätte den Verkäufer nicht ernst genommen, sondern seinen Preis und damit sein Urteil, sein Kalkül oder was auch immer hinter seinen achtzigtausend stecken mochte, in Frage gestellt. So könne man keine Geschäfte machen, nicht hier auf dem Balkan. War es denn nicht sein Haus? Konnte er damit nicht machen, was er wollte? Wer könnte ihn daran hindern, es leer stehen zu lassen, eine Tür herauszunehmen, einen Balkon anzubauen oder dafür jeden Preis zu verlangen, der ihm gerade einfiel? Und hätte der General Lust, das Haus dem Erdboden gleichzumachen, könnte ebenfalls niemand etwas dagegen tun.

Wir hatten uns zu fügen.

Ja, es sei ihr Fehler gewesen, mir das nicht von Anfang an klargemacht zu haben. Um die Sache noch schlimmer zu machen, hätte ich ihn mit meinem Versuch zu verhandeln obendrein beleidigt: Für einen Offizier komme das einer Befehlsverweigerung oder Meuterei gleich.

Es stimmte. Ich hatte versucht zu verhandeln, und die beiden Frauen triumphierten. Diese unwürdige Feilscherei! Das war der springende Punkt. Sehr entschieden behaupteten sie, ich würde den General nie dazu bringen, sich auf ein solches Geschacher einzulassen, als wären wir unter Türken, Griechen oder Juden in einem Basar. Schon nachzugeben, um mir entgegenzukommen, wäre ein Zeichen von Schwäche. Der

General hielt sich aber für stark, und wenn hier jemand schwach sei, dann ich. Mit einem Schwachen verhandle man nicht, dem sage man klipp und klar, worum es gehe.

Aber vielleicht war es ja noch nicht zu spät. Obwohl der General sie tief gekränkt hatte, bot meine Schwiegermutter an, am selben Abend noch einmal in Belgrad anzurufen und zu sagen, dass wir seinen Preis akzeptierten. Noch sei es nicht zu spät, in Belgrad gehe man selten vor Mitternacht ins Bett.

Ich gab erneut nach und ließ es geschehen.

Da stellte sich heraus, dass der Preis auf einhundertzwanzigtausend Euro gestiegen war. Meine Schwiegermutter hielt die Hand auf den Hörer und informierte uns mit leiser Stimme. Auch sie war erschüttert. Der neue Preis lag plötzlich um die Hälfte über dem, der uns ursprünglich genannt worden war. Ich konnte nicht verstehen, wie ein Haus zwischen zwei Telefonaten an ein und demselben Tag so dramatisch teurer werden konnte.

Mit meiner Schwiegermutter als Vermittlerin stellte ich einige verwirrte, undurchdachte Fragen an Belgrad. Sprachen wir nach wie vor vom selben Haus? Ja. Hatten wir beim vorigen Mal vielleicht den Preis falsch verstanden? Die Telefonleitungen zwischen Kroatien und Serbien seien immerhin nicht immer die besten. Nein. War es dem Herrn General wirklich ernst mit diesem neuen Preis? Ja.

Bald wurde deutlich, dass weitere Fragen nicht willkommen waren. Sie würden uns ohnehin nicht helfen zu verstehen, was passiert war. Mit ein paar höflichen Floskeln beendete meine Schwiegermutter das Gespräch und legte auf.

Tags darauf rief die Frau des Generals bei ihr an, wahrscheinlich um zu hören, ob wir nicht doch bereit seien, die einhundertzwanzigtausend zu bezahlen, die ihr Mann verlangt hatte. Die beiden Frauen sprachen lange miteinander. Diesmal musste das Gespräch eine ganz andere Wendung genommen haben, da irgendwann Familienangelegenheiten und nicht mehr das Haus in Omišalj im Vordergrund standen. Das Paar in Belgrad hatte zwei erwachsene Kinder, die beide noch zu Hause wohnten, einen Sohn und eine Tochter, und jeweils dringend eine eigene Wohnung brauchten. Wie die Mutter der Kinder versicherte, sei dies der Grund für den neuen Preis, denn erst nachdem ihr Gemahl seinen ursprünglichen Preis von achtzigtausend verlangt hatte, habe sich herausgestellt, dass in Belgrad geeignete Wohnungen erheblich teurer waren, als die beiden gedacht hatten.

Um wie viel teurer, sagte sie nicht, auch nicht, was mit einer geeigneten Wohnung gemeint war. Doch offenbar bestand zwischen dem geforderten Preis und dem eigenen Bedarf ein ungleich stärkerer Zusammenhang als zwischen dem Preis und dem Marktwert dessen, was gerade zum Verkauf stand.

Vor allem aber hatten sich die beiden Frauen über Kindererziehung und Hunde unterhalten, darüber, wie viel besser es in der alten jugoslawischen Zeit gewesen sei, wie teuer inzwischen alles geworden sei, wie schwierig man im Alltag zurechtkomme, egal ob im serbischen oder kroatischen; und in diesem salomonischen Einvernehmen über frühere Zeiten schienen die beiden Frauen Rijeka und Belgrad friedlich vereint zu haben, ganz entgegen dem Willen der Nationalisten, die taten, was sie konnten, um alles Kroatische und Serbische auseinanderzureißen. Ich bin mir sicher, dass sie mit ihrem Einsatz sehr zufrieden waren und ihr Gespräch über eine offene Telefonleitung als mutigen Akt des Widerstands betrachteten.

Die Logik hinter dem neuen Preis des Generals erschien mir freilich merkwürdig. Warum sollten wir den Wohnungsmarkt in Belgrad berücksichtigen und nicht den auf Krk? Schließlich stand das Haus auf der Insel. Ohne Rücksicht auf die dortige Situation und darauf, was ein Käufer zu zahlen bereit war, konnte der General doch keinen Preis festsetzen. Stattdessen schien er sich einzubilden, dass wir womöglich Geld hätten, worauf er ein Recht habe. In meinen Augen war das eher ein Versuch des Betrugs oder der Erpressung als die Basis einer geschäftlichen Transaktion.

Konnte das, selbst auf dem Balkan, überhaupt funktionieren? Einhundertzwanzigtausend glaubte die Familie in Belgrad vielleicht zu brauchen; aus unserem Blickwinkel und ganz sicher auch aus dem jedes anderen Käufers war das jedoch unfassbar viel Geld.

Je länger wir in Rijeka diese Summe hin und her wendeten, desto mehr verblasste jeglicher rationale Grund für den neuen Preis. Ich wusste nicht, was ich glauben sollte. Die beiden Kinder – wenn es sie denn überhaupt gab – waren vermutlich nur ein Vorwand. Die Frau des Generals hatte versucht, uns zu beschwichtigen, und eine Erklärung geliefert, die plausibel wirken sollte.

Doch je länger wir diskutierten, was geschehen war, desto weniger schienen meine Schwiegermutter und meine Frau von dem neuen Preis des Generals abrücken zu wollen, als wäre er eine vollkommen natürliche Reaktion auf mein Angebot von fünfundsiebzigtausend. Sie schienen sich damit abgefunden zu haben. Doch sagten sie mir das nicht offen, möglicherweise aufgrund der Scham, die man mitunter gegenüber jemandem, der in einer ganz anderen Kultur zu Hause ist, über die sonderbaren und peinlichen Geheimnisse der eigenen Kultur empfindet.

So kamen wir jedoch nicht überein. Ich erklärte den beiden Frauen, dass ein Preis erst dann entsteht, wenn sich auf dem Markt Angebot und Nachfrage treffen, wenn ein Käufer de facto bereit ist, das zu bezahlen, was der Verkäufer haben will. Macht der eine jedoch ein zu geringes Angebot oder verlangt der andere eine Phantasiesumme, dann führt das nicht zu dem

Punkt, wo unterschiedliche ökonomische Vorstellungen in ein harmonisches Gleichgewicht kommen können.

Doch weder meine Schwiegermutter noch meine Frau interessierten sich für meine Lektion über die Grundlagen der nationalökonomischen Theorie. So leicht gab ich aber nicht auf. Ungeachtet dessen, was die Frau des Generals von den Kindern des Paares erzählt hatte, hegte ich den Verdacht, dass die Ursache des neuen Preises nur ein zweiter Interessent für das Haus sein konnte, ein Bieter, der im Hintergrund mit uns konkurrierte und den der General nun auszuspielen gedachte. Denn ohne einen solchen Trumpf in der Hand hätte er es nie gewagt, derart arrogant und selbstsicher aufzutreten.

Das aber hielten die beiden Frauen für völlig ausgeschlossen. Nachdem ich ihnen eine Weile zugehört hatte, musste ich ihnen recht geben. Dass außer uns noch jemand auf das Haus spekulierte, war ziemlich unwahrscheinlich. Das leere Haus in Omišalj war schließlich zu einem Zeitpunkt auf den Markt gekommen, als es keinen Markt mehr gab, als sich bereits die globale Finanzkrise ausbreitete, eine Krise, von der in diesem Teil Europas alle bis zuletzt behaupteten, sie habe mit ihnen überhaupt nichts zu tun. Wie sich jedoch schnell herausstellte, handelte es sich dabei um einen typischen Irrtum der Provinz, denn Tatsache war, dass in Kroatien kaum noch ein Haus verkauft oder gekauft wurde. Einen Käufer zu finden, der bereit war, für ein baufälliges Haus auf Krk fünfundsiebzigtausend zu bezahlen, wäre für jeden vernünftigen Verkäufer ein Geschenk des Himmels gewesen.

Der General hatte das Glück, in mir so einen gefunden zu haben. Und trotzdem war sein baufälliges Haus plötzlich anderthalbmal so teuer.

Ich hatte jedoch das Gefühl, meine Schwiegermutter und meine Frau schämten sich für mein Angebot. Mir schien *mein* Ansehen auf dem Spiel zu stehen, nicht das des Generals, und ich sah mich gezwungen, mein niedrigeres Angebot zu verteidigen. Ich versicherte, es habe weder mit Geiz noch mit Böswilligkeit zu tun; der Markt sei wirklich mausetot, niemand könne sich vorstellen, für dieses Haus mehr Geld hinzulegen. Umso unverständlicher sei mir deshalb, dass der General mein Geld gar nicht zu brauchen schien, dass er nicht begriff, dass sein Haus nur so viel wert war, wie jemand dafür zu zahlen bereit war. Vernünftig komme mir das nicht vor. Und was habe er für eine Alternative? Sein Haus bleibe unverkauft. Es sei immerhin der Markt und nicht er, der den Preis festlege.

Der Markt aber war in diesem Fall nun mal ich.

Meine Halsstarrigkeit machte die beiden Frauen allmählich nervös. Meine Schwiegermutter war so aufgebracht, dass sie in die Küche ging, um Kaffee aufzusetzen, obwohl sie außer zum Frühstück nur selten einen Espresso trank. Meine Frau nutzte die Gelegenheit, mir zu sagen, dass dem General mein sogenannter Markt völlig egal sei. Er existiere für ihn nicht. Mein Markt appelliere an die niedrigsten und schlechtesten Instinkte des Menschen, er gründe auf Selbstsucht und Gier und lege keinen Wert auf Großzügigkeit. Doch der General in Belgrad sei großherzig. Er habe sich bereit gezeigt, an uns zu verkaufen und nicht an jemanden ohne Visitenkarte oder persönliche Empfehlung, ohne Namen und Adresse, also an einen Unbekannten, der sich hinter meinem sogenannten Markt verberge und dessen einzige Aufgabe es sei, genau eine solche ihm vollkommen unbekannte Person – einen Irgendjemand – ausfindig zu machen, um sie ihm dann unter der Bezeichnung interessierter, potentieller Käufer zu präsentieren.

Einen solchen Umgang sei der General nicht gewohnt. Er

würde sich weder mit dem »Markt« noch mit einem »potentiellen Käufer« befassen, behauptete meine Frau, und meine Schwiegermutter, die aus der Küche zurückkam, nickte beifällig. Und die beiden ließen nicht locker: Begriffe, wie »Markt« und »potentieller Käufer« würden ihn nur ärgern. Dass dieser Markt mausetot sei, wie ich es ausdrückte, würde der General ausschließlich als Vorteil betrachten, weil es ihn von diesem Phantom befreie, diesem ihm unbekannten und anonymen »potentiellen Käufer«.

Irgendjemand?

Er habe doch gar kein Interesse daran, sein Haus an jemanden zu verkaufen, von dem er nichts wusste; ich müsse versuchen, zu verstehen, dass ein solches Geschäft in seinen Augen eine Demütigung wäre. Allein dass er sich überhaupt vorstellen könne, sein Haus abzugeben, sei eigentlich eine Gunst, eine große Wohltat, und dass wir seine wenn auch nur weitläufigen Verwandten seien, strenggenommen eine Voraussetzung dafür, dass er bereit sei, es tatsächlich zu tun.

Der Preis ist aber zu hoch, sagte ich.

Zu hoch? Wie komme ich darauf?

Der Preis, den der General in Belgrad verlange, sei reine Formsache, ich würde klug daran tun, ihn als die numerische Bestätigung seines Wohlwollens zu betrachten. Und selbstverständlich lege er ihn genau so fest, wie er wollte, einen Preis, der mit Stolz und nicht mit Gier zu tun habe, denn ein hoher Preis biete mehr Anlass zu Stolz als ein niedriger. Da aber der Preis seiner Gunst untergeordnet sei und sie im Grunde spiegle, hätte ich den General dadurch, dass ich seinen Preis zurückgewiesen hatte, statt Dankbarkeit zu zeigen, schwer gekränkt.

Meine Schwiegermutter servierte Kaffee, den niemand von uns trank, und unterstrich, was meine Frau gesagt hatte. Warum sollte ein vornehmer und geachteter Mann wie der General sein Haus an jemanden verkaufen, den er nicht kannte? Jemanden, den er vielleicht verabscheuenswert fände, wenn er ihn kennenlernte?

Mit vereinten Kräften fielen die beiden Frauen über mich her: Mein sogenannter Markt bestehe darauf, ausgerechnet einer solchen unbekannten Person den Vorzug zu geben, das Haus des Generals zu kaufen, einzig aus dem Grund, weil dieser Unbekannte zufällig mehr Geld zu bieten habe als jemand anders. Was habe das denn mit der Sache zu tun? Und würde sonst überhaupt niemand etwas bieten, wäre das nach den Launen meines Marktes schon Grund genug, jedem Preis zuzustimmen, den dieser Unbekannte zu zahlen bereit wäre.

Sah ich denn nicht ein, wie wahnsinnig das wäre?

Hier holten sie Luft, bevor sie mich warnten:

Ich unterläge einem schweren Irrtum, wenn ich glaubte, dass der General bereit wäre, sich auf ein solches Geschäft einzulassen. Ich sei nicht *von hier*, keiner *von ihnen*, weshalb ich am besten auf das hörte, was sie zu sagen hatten. Andere Länder, andere Sitten – alle täten klug daran, sich ihnen anzupassen. Wie käme ich darauf, zu glauben, der Verkauf des Hauses in Omišalj hätte irgendetwas damit zu tun, wie viel die Leute zu zahlen bereit seien?

Oder überhaupt mit Geld?

Ich hörte zu, wollte aber nicht so recht glauben, was ich hörte. Jetzt war es an mir zu protestieren. Dass ich nicht von hier war, strenggenommen nicht hierhergehörte, trieb mich zu meinen allergröbsten Argumenten. Ich war jetzt so aufgebracht, dass ich blindlings danach griff: Wenn Geld nicht Grund genug sei, könne ich nur davon ausgehen, dass der General im Unterschied zu mir einer *von denen* sei, also ein serbischer Nationalist, der sich vermutlich nur vorstellen könne, an einen anderen Serben zu verkaufen. Und da niemand von uns Serbe oder Serbin sei, stellten wir für den General wohl nur eine Notlösung dar, eine Art zweiter Wahl, Leute, die man gern ein bisschen schröpfen könne, eben deswegen, weil wir, das heißt sie, aus Kroatien seien und als Frauen ohnehin nicht richtig zählten.

Die Stimmung hatte sich verschlechtert, und die beiden Frauen waren sehr aufgeregt. Sie protestierten wieder. Der General sei kein Nationalist, jedenfalls nicht, wenn es um etwas so Prosaisches wie ein Geschäft gehe. Ohne zu zögern, wäre er jederzeit bereit, sein Haus an jemanden zu verkaufen, der kein Serbe sei, und nicht nur deswegen, weil es in Omišalj keine mehr gab und es nicht wahrscheinlich war, dass Serben von woanders sein Haus kaufen wollten, um auf eine kroatische Insel zu ziehen, auch nicht für ein paar Urlaubsmonate im Sommer. Serbe? Kroate? Montenegriner? Das spiele für den General überhaupt keine Rolle, solange er den Betreffenden persönlich kenne, also jemanden, dem er die Hand schütteln, dem er in die Augen sehen und mit dem er ein Glas trinken könne.

Oder zumindest jemanden, der die gleiche Uniform trage wie er.

Denn die Armee, der er gedient habe, sei gewissermaßen das genaue Gegenteil meines Marktes. Sie habe alle gleich behandelt. Die nicht mehr existierende jugoslawische Armee habe sich nicht darum gekümmert, ob jemand arm oder reich war, nicht zwischen Serben und Kroaten unterschieden, nicht einmal zwischen Serben und Albanern. Ihre Uniform habe allen gepasst. Die beiden Frauen versicherten, gerade was Ethnie oder Nationalität betreffe, habe der General weit weniger Vorurteile als diejenigen – laut meiner Schwiegermutter primitiven Menschen –, die behaupteten, es sei immer das Beste, an den zu verkaufen, der bereit sei, das meiste zu bezahlen.

Wieder einmal war es spät geworden; die Zeit war vergangen, ohne dass wir es gemerkt hatten. Die beiden Frauen schienen jedoch beschlossen zu haben, den Voraussetzungen dieses Geschäfts ein für alle Mal auf den Grund zu gehen, besonders da sie meinten, es handle sich letzten Endes um eine Familienangelegenheit. Die entstandene Situation müsse in erster Linie aus Sicht der Familie betrachtet werden.

Ich war mir nicht ganz sicher, was sie damit meinten. Welcher Familie? Allmählich war ihr Ton wieder sanfter geworden, und sie sprachen jetzt mit mir, als appellierten sie an einen geistig Minderbemittelten, in der Hoffnung, ihre gute Absicht würde mehr Wirkung zeigen als sachliche Argumente.

Letzten Endes ginge alles nur um die Familie. Obwohl der General und wir einander kaum kannten, zähle er uns zu seiner Familie. Damit sei die Sache für ihn praktisch entschieden. Und wir müssten uns dem anpassen und wiederum ihn zu unserer Familie zählen. Alles andere wäre eine Kriegserklärung. Das Haus in Omišalj? Eine reine Familientransaktion. Eine Frage des Blutes, nicht des Geldes. Das persönliche Eigentum des Generals bleibe damit in der Familie.

Ein merkwürdiges Argument, wie ich fand. Was für ein Interesse könnte der General daran haben, dass das Haus in der Familie bleibe? Warum sollte er Wert darauf legen, dass es nur an jemanden ging, der wusste, dass es einmal ihm gehört hatte? Wog diese sentimentale Überlegung nicht leicht gegen anderes, zum Beispiel das Geld, das er dringend brauchte?

Nein, sagte meine Schwiegermutter. Es darf nicht so aussehen, als wäre er gezwungen, das Haus zu verkaufen. Es innerhalb der Familie abzugeben schützt ihn vor diesem Eindruck.

Ist das alles, was ihn interessiert, fragte ich misstrauisch.

Nein, sagte meine Schwiegermutter. Wenn er an uns verkauft, weiß er, dass niemand die Büsche roden wird, die er gepflanzt hat. Auch werde ich sein Schlafzimmer nicht anders streichen, nur weil ich eine Farbe wie Braun nicht ausstehen kann.

Und dafür kann er sich sogar vorstellen, auf Geld zu verzichten?

Dafür, antwortete meine Schwiegermutter, ist er bereit, auf noch viel mehr zu verzichten.

Doch für etwas so Unwichtiges wie Geld würde er niemals aufgeben, was ihm sehr viel wichtiger sei: Ehre und Ansehen. Völlig ausgeschlossen. Ich müsse versuchen, zu begreifen, dass Geld das genaue Gegenteil dessen sei, was dem General hoch und heilig ist. Das Ganze sei eine Frage seiner Selbstachtung, die wir nicht untergraben dürften. Wenn das Haus nun so plötzlich einhundertzwanzigtausend koste, interpretierte ich das fälschlicherweise so, dass er den festen Grund ökonomischer Rationalität verlassen habe, ohne zu verstehen, dass das Einzige, was ihn interessiere, eben diese seine Ehre sei und er unter keinen Umständen das Gesicht verlieren dürfe; mit diesen einhundertzwanzigtausend teile er uns auf seine Art mit, dass mein Versuch zu feilschen ihm gerade Ehre und Ansehen zu rauben drohe. Die beiden Frauen wiederholten: Auf deine Weise werde es unmöglich zu einem Geschäft kommen.

»Aber er brauche das Geld doch für seine Kinder?«

Es war mein letztes Argument. Wir konnten getrost davon ausgehen, dass er keins mehr hatte. Es war nicht einmal auszuschließen, dass er auch noch das erniedrigende Joch der Armut zu tragen hatte. Seine Pension bezog er von einer Armee, die es nicht mehr gab; die Generalsuniform hing vermutlich mit Taschen voller Mottenkugeln von sicherlich bester österreichischer oder deutscher Qualität im Kleiderschrank, aber es war eben eine Uniform, in der er sich auf dem *Terazije*, dem großen Boulevard in Belgrad, nicht mehr zeigen konnte.

Nichts gegen Uniformen. Einige sind jedoch besser als andere, und manche stellen sich mit der Zeit sogar als falsch heraus und werden dann völlig unmöglich.

Seine war jetzt eine solche falsche und völlig unmöglich. Zusammen mit ihr hatte er sein Land verloren, und dagegen halfen auch keine Mottenkugeln. Wenn die Uniform manchmal hervorgeholt wurde, dann nicht für eine Parade, sondern um sie auszulüften oder zur chemischen Reinigung zu bringen. Dort wurde sie gewaschen, gebügelt und bewundert, ohne dass sich eine der jungen Damen hinterm Tresen darum kümmerte oder auch nur Notiz davon nahm, dass sie inzwischen von der falschen Art war.

Das stärkte vielleicht sein Vertrauen in die jüngere Generation und die Zukunft, denn wir tragen ja alle unsere Wunden, und auch die fragwürdigste Beachtung lindert sie, wenn sie sie schon nicht heilt. Doch ist diese Linderung oft höchst flüchtig, und die Einstellung einer Frau zu Uniformen überdies etwas, was mehr mit Augenfreude als mit Pflicht und Gewissen zu tun hat.

Auch das wusste der General. Und die Uniform wechseln? Die ihm der neue serbische Staat im Austausch gegen die alte geboten haben kann, war jedoch viel zu eng für jemanden, der einmal eine jugoslawische getragen hatte, zumindest, wenn es sich um eine Generalsuniform handelte.

Nichts davon interessierte also die beiden Frauen. Es ginge hier nicht um eine Uniform, sondern um Stolz. Sein Stolz war noch intakt. Nicht im Geringsten befleckt von dem Geld, das er nicht mehr hatte, und in keiner Weise von den neuen Zeiten untergraben. Im Gegenteil. Die hatten seine Ablehnung nur noch verstärkt und ihn überzeugt, das ebendieser Stolz sein einziges Kapital war, das er, wie meine Schwiegermutter und meine Frau es nannten, mit *inat* verteidigte: diesem plötzlich aufbrausenden, flammenden Zorn vom Schlage eines Achill.

Ich wusste, wovon sie sprachen.

Inat ist ein türkisches Lehnwort, das sich in etwa mit Trotz oder Starrköpfigkeit übersetzen lässt und mit dem »osmanischen Joch«, wie es auf dem Balkan genannt wird, zusammenhängt. Während der jahrhundertelangen Unterdrückung soll die christliche Bevölkerung versucht haben, sich der türkischen Obrigkeit mit Hilfe dieser Haltung zu erwehren, die auch dann noch gepflegt wurde, nachdem die Türken den Balkan längst geräumt hatten. Diese Trotzhaltung hat im balkanischen Alltag Wurzeln geschlagen und erfreut sich selbst dort, wo man den Ursprung des Wortes nicht mehr kennt, auch heute noch guter Gesundheit. Historisch ist *inat* seit dem Verschwinden der Türken passé, lebt aber als Mentalität weiter. Allerdings artet *inat* ohne seinen historischen Feind oft zum Trotz um des Trotzes willen aus, zu aggressiver Unnachgiebigkeit, die sich mangels Türken gegen alle und alles Missliebige richten kann.

Inat bedeutet vor allem Selbstzerstörung. Man ist mit sich selbst beschäftigt und bereit, alles zu ruinieren: die eigenen Interessen, das Haus, die Familie, um dann Trost in der Tatsache zu finden, dass man wenigstens nicht getan hat, wozu man beraten war. Unter Kroaten gilt *inat* als ganz typisch für die Serben; schließlich hatten sie unter der türkischen Herrschaft gelebt, nicht die katholischen Kroaten. Dennoch lässt sich die gleiche Art von Trotz unschwer auch dort entdecken, wo die Türken, oft auf dem Weg nach Wien, nur durchmarschiert waren. Den Rest hatte das monarchistische und später titoistische Jugoslawien besorgt, Staatsordnungen, denen man nachsagen kann, dass sie unfreiwillig eher eine Balkanisierung früherer habsburgischer Provinzen nach sich zogen als eine Europäisierung dessen, was früher osmanisch gewesen war.

Meine Schwiegermutter meinte, die hiesigen Männer seien stolz und eitel wie Gockel. Das galt nicht zuletzt für Männer in Uniform, wenngleich der General in Belgrad in seinem hartnäckigen Trotz eher hilflos wirkte. Was war von seiner Macht eigentlich noch übrig? Mit Jugoslawien auf dem Müllhaufen der Geschichte und einer eingemotteten Uniform ohne Verwendung? Seine Macht reichte allenfalls noch so weit, ins Telefon zu belfern und den Preis für das Haus in Omišalj zu diktieren.

Arm und vielleicht gedemütigt war er, ja, aber immer noch mit einer Lebenseinstellung, die ihm in seinen Augen jene Würde garantierte, welche die Umwelt ihm absprach. Diese war jetzt materialistisch und unbarmherzig, verfolgte ihn mit Rechnungen, wenn sie ihm nicht gerade immer magerere Pensionsbescheide schickte. Sich in einer solchen Welt zu orientieren fiel ihm schwer. Neue Fronten waren eröffnet worden, doch er war zu alt für Schlachten. Eines aber wusste er: Sich an Geld zu halten, darauf zu vertrauen, war ihm nicht möglich. Denn Geld hatte weder mit Blut noch mit Wurzeln zu tun, hatte keinen Geruch und keinen Geschmack, sprach nicht und taugte höchstens dazu, von Hand zu Hand zu gehen.

Mit einer Welt, in der für Anstand kein Platz mehr war, wollte er so wenig wie möglich zu tun haben und trotzte mit seinem *inat* allem, was seine wichtigsten Werte und Prinzipien bedrohte.

Mit derlei befasste der General sich nicht.

Mit zunehmender Verwunderung hörte ich mir an, was die beiden Frauen zu sagen hatten. Es war, als sei ich im Treibsand ihrer Auslegungen versunken, als könnte mich keines meiner Argumente daraus befreien, während mich alles, was sie sagten, nur immer tiefer hinunterzog. Waren meine Vorstellungen von Ökonomie praktisch und rational, so waren ihre schlicht unverständlich.

Ein General verhandelt nicht, sagte meine Schwiegermutter. Dafür hat er Personal.

Wir brauchen einen Kompromiss, sagte ich. Nur so kann man Geschäfte machen.

Meine Frau bestritt dies sofort. Vielleicht dort, wo ich herkäme, aber nicht hier. In diesem Teil Europas diktiere der Verkäufer seinen Preis, und werde dieser nicht akzeptiert, wird er ihn nur selten revidieren und anpassen, um einem Käufer entgegenzukommen. Dann lieber gar kein Geschäft. Auf dem Balkan gehe es um alles oder nichts, mein Sieg ist deine Niederlage oder umgekehrt.

Ein Kompromiss?

Der komme hier nur in allertiefster Not oder zähneknirschend unter Zwang zustande. Ein Kompromiss sei schließlich etwas Unvollkommenes, nichts Halbes und nichts Ganzes, so als wenn zwei erschöpfte Boxer miteinander ringen und rangeln und buchstäblich in den Seilen hängen, ohne dass einer von ihnen den Kampf für sich entscheiden kann. Besonders lang könne ein solch unnatürlicher Zustand aber nicht anhalten. Und wir würden klug daran tun, damit zu rechnen, dass der General weder zu ringen noch zu rangeln gedenke.

Dass beide Seiten bekommen sollten, was niemand haben wolle, weil keine bekommen könne, was sie wolle, könne man unmöglich als Lösung gelten lassen, höchstens als zeitweiligen Waffenstillstand, der in dem Augenblick ende, in dem die eine Seite sich stark genug fühle, das durchzusetzen, was sie haben wolle.

Die beiden Frauen wunderten sich, dass ich das nicht zu verstehen schien. Hatte ich nicht lange genug hier gelebt? Immer wieder kamen sie wie die Motten zum Licht auf mein Unverständnis zurück. Wie solle man denn auf Dauer leben können mit dem, was eigentlich keiner haben wolle? Für sie war ein Kompromiss kein Zeichen der Weisheit, sondern des Unvermögens (mir fiel auf, dass sie ein Wort wie Impotenz vermieden).

Ein Kompromiss sei nichts, worauf man bauen könne: ein Zustand ohne Dauer, fragil wie eine Bienenwabe, viel eher eben ein vorübergehend aufgeschobener Kampf als eine echte Waffenruhe. Von Gleichgewicht oder Harmonie könne man dabei schon überhaupt nicht reden. Er wäre nicht mehr als ein lästiges Provisorium, für niemanden von rechtem Wert und auch nicht vereinbar mit dem, was so viel wichtiger sei, als sich zu einigen, nämlich mit der Ehre und dem Ansehen eines Mannes.

Jeder Kompromiss müsse deshalb so lange wie möglich vermieden werden.

So würden nie irgendwelche Geschäfte zustande kommen, sagte ich. Nicht einmal hier. Was ihr da sagt, kann nicht stimmen.

Wir werden ja sehen, erwiderte meine Schwiegermutter.

Es war zum Verzweifeln. Ich musste mir das, was man mir sagte, unbedingt in eine Sprache übersetzen, die ich verstand. Schon als Rohübersetzung war das Ergebnis deprimierend. Ökonomie schien hier wenig mit Angebot und Nachfrage zu tun zu haben; mit diesen Kategorien wurden keine Preise gebildet. Nichts hier hatte einen Wert an sich, einen den Dingen innewohnenden ästhetischen oder aufgrund investierter Arbeit erworbenen Wert; ein Wert wurde ganz einfach in Form eines Preises deklariert, einer Sache wie ein Etikett aufgepappt und paradoxerweise von Mangel und Armut bestimmt, also von dem Geld, das man nicht hatte. So wurde hier, wie mir schien, jeder Preis gestaltet: Er bestimmte sich ausschließlich nach dem, was man zu brauchen meinte, und konnte deshalb fast nie gesenkt werden.

Doch auch Geiz und Gier schienen keine größere Rolle zu spielen, jedenfalls nicht im selben Maße wie nichtökonomische

Kategorien wie eben Ehre und Ansehen. Zwar ließen sich Ehre und Ansehen als etwas Vages und Unbestimmtes, größtenteils von Gefühlen Geleitetes betrachten, konnten aber von einem Augenblick zum nächsten in eine überaus konkrete Tat münden: in einen Schlag, eine Ohrfeige oder eine Umarmung.

Denn es wäre ein Irrtum zu glauben, Ehre und Ansehen seien nicht zu greifen: Ein Handschlag gilt mehr als Worte, besonders geschriebene Worte, die ja nicht direkt aus dem Mund kommen. In der Vorstellung des Generals saß das Misstrauen gegen die Feder tief, alles Geschriebene war mit größter Vorsicht zu behandeln. Ein schriftlicher Vertrag, mit Datum und Unterschrift besiegelt, war allenfalls ein unzulänglicher Ersatz für einen Handschlag. Ein letztmöglicher Termin oder Stichtag? Die Ehre eines Mannes befand sich schließlich jenseits der Zeit und musste jeden Augenblick verteidigt werden; eine Kränkung musste gesühnt oder gerächt werden, sie verging nicht bei einem bestimmten Sonnenstand oder an einem bestimmten Tag im Kalender.

Und wie konnte sich jemand, der dahintergekommen war, dass man ihn hereingelegt hatte, noch durch seine Unterschrift gebunden fühlen? Nur weil er mit Tinte – nicht einmal mit Blut – auf ein Stück Papier geschrieben worden war? Strenggenommen reichte es, dass sich ein Geschäft als unrentabel herausstellte, was man im Voraus ja nicht immer wissen konnte, damit ein Vertrag sich als völlig wertlos erwies. Nur ein Dummkopf oder ein Mensch ohne Stolz und Selbstachtung würde an etwas festhalten, was Schwarz auf Weiß bestätigte, dass man ihn für dumm verkauft hatte. Mein eigener Namenszug soll dort stehen? Jawohl, das stimmt. Umso triftiger der Grund, sich geschmäht zu fühlen. Der Übervorteilte hat ein Recht auf Wiedergutmachung; er braucht sich um das Geschriebene, das ihn an seine Schmach bindet, nicht mehr zu kümmern. Sein

Gesicht zu retten ist viel wichtiger als alles, was da handgeschrieben auf einem Stück Papier festgehalten ist.

Und ich hatte versucht, den General für Adam Smiths unsichtbare Hand zu interessieren!

Ich fragte mich allmählich, ob so jemand nicht in einer eigentlich vorökonomischen, homerischen Welt der Ehrenkultur steckengeblieben war, in der ein Familienhaushalt *(oikos)* mit Blut, Boden und dem Selbstbild eines Mannes zusammenhängt. Lieber wurde das Haus zu einer Ruine, als dass sein Ruf ruiniert würde. Das Haus in Omišalj war letztlich nur etwas Weltliches und Seelenloses, etwas Vergängliches aus Stein, Ziegeln und Mörtel.

Mit seinem Ruf war das etwas anderes. Der sollte ihm auch lange nach seinem Tod nachhängen.

Ohne dass es mir klar gewesen wäre, hatte er stets von etwas ganz anderem gesprochen. Wir hatten wie zwei Taube aneinander vorbeigeredet, und der General hatte es als Erster gemerkt. Die einhundertzwanzigtausend waren nicht das, was er forderte oder erwartete, dass wir es bezahlen würden, es war seine Art, uns zu sagen, dass das Haus – das heißt seine Ehre – nicht verkäuflich war.

Ein Verkauf kam nicht mehr in Frage. Es würde kein Geschäft geben.

Noch gab ich die Schlacht jedoch nicht verloren, und als letzten Versuch beschloss ich, ihm für sein Haus fünfundachtzigtausend zu bieten. Das waren immerhin fünftausend mehr, als er ursprünglich verlangt hatte, und zehntausend mehr, als ich zuvor zu zahlen bereit gewesen war. Hatte ich meine Meinung geändert? Nein. Doch ich hatte denen zugehört, die von der balkanischen oder homerischen Mentalität mehr verstanden als ich, und mich davon überzeugen lassen. Gleichwohl waren sie meinem neuen Angebot gegenüber skeptisch. Nur unwillig ließ sich meine Schwiegermutter darauf ein, noch einmal in Belgrad anzurufen, vermutlich vor allem, um mich davon zu überzeugen, wie sehr ich mich von Anfang an geirrt hatte, und um zu demonstrieren, dass jetzt alles zu spät sei.

Hoffnung, dass sich der General wirklich für das interessierte, was sie zu sagen hatte, hegte sie wohl kaum.

Lange stand meine Schwiegermutter mit dem Hörer in der Hand da, zögerte. Bevor sie die Nummer wählte, wiederholte sie, dass unser neues Angebot nichts nützen werde, sondern den General nur davon überzeugen, dass wir schon die ganze Zeit versucht hätten, ihn hereinzulegen, und erst jetzt, nachdem wir eingesehen hätten, dass er sich nicht hereinlegen lasse, bereit seien, die Summe zu bieten, die wir schon von Anfang an zu zahlen geneigt gewesen seien, ihm aber immer verschwiegen hätten.

Der General selbst nahm ab, reichte den Hörer aber sofort an seine Frau weiter. Auch am Telefon gab er sich nicht mehr mit uns ab. Das Gespräch durfte seine Frau führen, die sich mit ihrem Mann nur ab und zu kurz beratschlagte; meine Schwiegermutter hörte ihn im Hintergrund zornig bellen. Doch nicht einmal die vermittelnden Anstrengungen der beiden Frauen konnten uns noch vor der Katastrophe bewahren. Diese neue Runde der Feilscherei musste ihn in Rage gebracht haben; seine Frau legte mitten im Satz auf, und meine Schwiegermutter stand abermals mit dem Hörer in der Hand da.

Die Verbindung mit Belgrad war abgebrochen. Damit waren auch unsere Verhandlungen endgültig zusammengebrochen.

Das ist jetzt alles ziemlich lange her. Meine Schwiegermutter gab den Gedanken an das Haus in Omišalj notgedrungen auf. Doch auch ohne dieses Haus und den Umweg über Belgrad gelang es ihr mit einer Entschlossenheit, die uns überraschte, bald auf das Krk ihrer Kindheit zurückzukehren, wo sie ganz auf eigene Faust nicht weit von Omišalj ein Altersheim fand, das fast genauso hoch lag wie die Stadt, in der sie geboren worden war. Mit diesem Heim war sie sehr zufrieden, auch wenn der fesche Witwer, ein pensionierter Marineoffizier in kanariengelber Strickjacke, vom dem sie wohl gedacht hatte, er würde ihr den Hof machen, noch vor ihrem Einzug starb.

Sie nahm das sehr persönlich. Wie konnte er ihr das antun? Sie war gekränkt und ging nicht zu seiner Beerdigung.

Sie fühlte sich wohl im Altersheim. Einzig dass die anderen so alt waren, störte sie. Sie wurde geschätzt, vielleicht mehr respektiert als gemocht, zum Teil, weil ihr Schwiegersohn aus Schweden kam oder vielleicht auch aus der Schweiz. Allerdings hätte er sie öfter besuchen können. Doch man wusste ja, dass im Ausland alle sehr beschäftigt sind, dass sie zwar Geld, aber keine Zeit haben, und deshalb war er entschuldigt. Ihre Tochter war manchmal in der Zeitung und sogar im Fernsehen, und wenigstens sie hätte öfter kommen können, schließlich war sie ja nicht aus dem Ausland, vielmehr *eine von uns*.

Die seltenen Besuche meiner Frau boten daher mehr Anlass zu Kritik und Tratsch als zu Wertschätzung.

Das Altersheim lag auf einer Anhöhe über der kleinen Hafenstadt desselben Namens wie die Insel Krk. Die Luft war klar und rein und roch nach wilden Kräutern, Pinien und Salz, obwohl man von dem winzigen Balkon meiner Schwiegermutter aus das Meer nicht sehen konnte. Dennoch war es nah genug, um ihr, bis sie starb, an Leib und Seele gutzutun. Das galt nicht zuletzt auch für ihre Lungen. Von einem Tag auf den anderen hörte sie zu rauchen auf, und mit den Zigaretten verschwand auch ihr Husten.

Ohne Zigarette im Mund wirkte sie mit einem Mal älter, dafür aber nicht mehr so streng. Sie klagte jedoch nicht und machte auch nicht den Eindruck, als vermisste sie, was sie aufgegeben hatte. Ihre schwarze Zigarettenspitze lag fortan starr und leer zwischen den Familienporträts im Regal.

Vor einiger Zeit waren wir in Omišalj, nicht um das Haus des Generals zu besuchen, sondern das Familiengrab auf dem Friedhof in der Nähe der Stadt, wo mittlerweile auch meine Schwiegermutter begraben liegt. Ihr Kreuz und der Partisanenstern ihres Mannes sind dort beide in Stein gemeißelt. Hinterher gingen wir noch an dem Haus vorbei und blieben kurz vor dem Hoftor stehen. Der kleine Garten dahinter war verwildert, die Erde in den Beeten aschgrau und gesprungen; sie sah aus wie erstarrte Lava nach einem Vulkanausbruch, an den sich niemand mehr erinnern kann. In der Fassade zur Gasse hin hatten sich lange, stellenweise schon breite Risse gebildet. Farbe und Putz waren abgeblättert. Man konnte sich nur schwer vorstellen, dass sich jemand kümmerte, so ein Haus im Winter zu lüften und zu heizen. Vermutlich las auch niemand den Strom und das Wasser ab. Daran, ob es in dem Haus noch etwas zu stehlen gab, dachten wir lieber gar nicht.

Der Postvorsteher?

Ihn hundert Meter hangabwärts zu besuchen fiel uns nicht ein. Hatte er noch immer den Schlüssel zu dem Haus? Wahrscheinlich. Wer sollte ihn sonst haben? Von der Straße aus konnte man sehen, dass auf dem Haus des Generals mehrere Dachziegel fehlten, die wahrscheinlich ein Herbststurm heruntergefegt hatte, vielleicht waren welche ins Haus gefallen, so dass auf dem weißen Fliesenboden in Doktor Lazarevićs Badezimmer im Obergeschoss Ziegelscherben verstreut lagen.

Das Haus würde bald nicht mehr wiederzuerkennen sein.

Als ich da vor dem Haus stand, kam mir plötzlich der Gedanke, dass der General vielleicht gar nie die Absicht gehabt hatte, es zu verkaufen. Womöglich war alles nur ein Zeitvertreib gewesen? Eine Art, Aufmerksamkeit zu erlangen, sich wichtig zu machen? Und zusammen mit aller Aufmerksamkeit das Haus auch noch kostenlos taxiert zu bekommen.

Was für einen Beweis hatten wir eigentlich, dass er jemals die Absicht gehabt hatte, es zu verkaufen?

Der General hatte zwar seinen Willen durchgesetzt, aber war es mehr als ein Pyrrhussieg? Ohne das Geld bekommen zu haben, das er brauchte, und um dem Preis, sein Eigentum nicht mehr unterhalten zu können?

Auf Umwegen haben wir erfahren, dass er in Belgrad herumgeht und uns dafür verantwortlich macht, dass seine erwachsenen Kinder noch zu Hause bei den Eltern wohnen müssen und das Haus der Familie auf Krk nicht nur während des Krieges geplündert wurde, sondern jetzt auch noch verfällt: Jederzeit könne das Dach einstürzen, und auch daran seien wir schuld.

An dieser tragischen Familiengeschichte über Kapitalzerstörung und den Sieg einer archaischen präökonomischen Ehrenkultur über unsere moderne Marktwirtschaft fasziniert mich nicht nur das, was dem gesunden Menschenverstand und der Natur des Menschen zu widersprechen scheint, sondern auch, wie – wie wir uns gern einbilden – längst überholte Vorstellungen Seite an Seite mit unseren modernen existieren können: wie Menschen, von denen wir glaubten, sie gehörten der Vergangenheit an, die Gegenwart mit uns teilen.

Eigentlich dürfte es sie da gar nicht geben. Aber es gibt sie, es zeigt sich immer wieder, dass sie nie verschwunden sind, dass sie mit ihren Vorstellungen und Überzeugungen aus einer längst vergangenen Zeit mitten unter uns weiterleben. So kann ein

Zeitalter lange mitten in einem anderen existieren, bevor sie miteinander kollidieren oder das eine über das andere stolpert.

Ein und derselben geographische Raum scheint unsere moderne Welt neben der antiken zu beherbergen, die wir heute nur noch in Museen oder Bibliotheken anzutreffen glaubten, und sowohl unter Kroaten als auch unter Serben trifft man oft auf Menschen, die einer ökonomischen Vorstellungswelt verhaftet geblieben sind, die sich wohl bei Homer finden lässt, nicht aber in volkswirtschaftlichen Standardwerken. Aus den Lehrbüchern sind solche Menschen verschwunden. Dort wurden sie durch den *homo oeconomicus* ersetzt, der in Südosteuropa aber nie richtig heimisch werden konnte. Denn wenn es um Wirtschaft und Haushalt geht – den *oikos* der alten Griechen – verhalten sich die Menschen hier oft immer noch wie homerische Helden, von denen wir glaubten, sie gehörten der Geschichte an und es gäbe sie nicht mehr.

Und doch gibt es sie.

Dieser homerische Mensch lebt und gedeiht, selbst wenn er manchmal kaum mehr hervorbringt als unsere Irritation darüber, dass die Welt ist, wie sie ist, statt so, wie sie sein sollte.

* * *